Forschungen zur DDR-Gesellschaft

Dominik Geppert

Störmanöver

Das »Manifest der Opposition« und die Schließung des Ost-Berliner »Spiegel«-Büros im Januar 1978

Ch. Links Verlag, Berlin

Die Deutsche Bibliothek – CIP-Einheitsaufnahme

Dominik Geppert :
Störmanöver : Das »Manifest der Opposition«
und die Schließung des Ost-Berliner »Spiegel«-Büros im Januar 1978 /
Dominik Geppert. – 1. Aufl. – Berlin : Links, 1996
(Forschungen zur DDR-Gesellschaft)
ISBN 3-86153-119-4
NE: GT

1. Auflage, September 1996

Zehdenicker Straße 1, 10119 Berlin, Telefon (030) 449 00 21
Umschlaggestaltung: KahaneDesign, Berlin
Satz: Marianne Greiner, Ch. Links Verlag
Druck- und Bindearbeiten: WB-Druck, Rieden am Forggensee
ISBN 3-86153-119-4

Inhalt

Einleitung

In die nachweihnachtliche Behaglichkeit der Jahreswende 1977/78 platzte ein publizistischer Paukenschlag: Am 2. Januar 1978 veröffentlichte *Der Spiegel* unter der Überschrift »Wir sind gegen die Einparteien-Diktatur« den ersten Teil eines Textes, in dem ein »Bund Demokratischer Kommunisten Deutschlands« die Politik der SED-Spitze um Erich Honecker heftig kritisierte, Reformen in der DDR verlangte und die Wiedervereinigung Deutschlands forderte.[1] Die Redaktion bezeichnete das Papier als »Manifest der ersten organisierten Opposition in der DDR«.[2] Die Verfasser, die auf Anonymität Wert legten, seien »mittlere und höhere SED-Funktionäre«.[3] Eine Woche später erschien der zweite Teil der Schrift. Unter dem Titel »Korruption, wohin man blickt« enthielt er schwere persönliche Anschuldigungen gegen den Führungszirkel der SED.[4]

Die SED-Spitze reagierte ungewöhnlich heftig auf diese Veröffentlichungen. Am 6. Januar verweigerte sie dem neuen Ost-Berliner Korrespondenten des Magazins die bereits zugesagte Akkreditierung. Vier Tage später ließ sie das Büro des *Spiegel* in der ostdeutschen Hauptstadt schließen. Auch in der Bundesrepublik hatte die Publikation beträchtliche Auswirkungen: Sie löste zwei kontroverse Debatten im Bundestag und eine breite Diskussion in den Medien aus.

Die Ansichten über Ziele und Motive der anonymen Autoren des Textes gingen von Anfang an weit auseinander. Die Bundesregierung sah in ihm ein gezieltes »Störmanöver« gegen ihre Entspannungspolitik.[5] Die SED behauptete hingegen, es handele sich dabei »um ein elendes Machwerk, das in Wirklichkeit im Sitz des Bundesnachrichtendienstes [...] ausgedacht worden ist«.[6] Der Schriftsteller Stefan Heym vermutete, die Einheitspartei selbst habe den Text lanciert. »Das Ding las sich, wie der kleine Moritz sich den Seelenerguß einer innerparteilichen Fraktion vor-

1 Spiegel 1/1978, 21–24.
2 Ebd., 21.
3 Ebd.
4 Spiegel 2/1978, 26–30.
5 So Bundeskanzler Helmut Schmidt am 18. 1. 1978 zu Erich Honecker; siehe Kapitel: Die Geheimdiplomatie der Bundesregierung.
6 ND v. 4. 1. 1978.

stellt, die um Gefolgschaft im Lande wirbt«, urteilte er 1988 in seinen Erinnerungen. »Kein Mensch in der DDR, der je das Odeur der SED in der Nase gehabt, glaubte daran; es war Spielmaterial, in die Welt gesetzt in der Hoffnung, man könnte [...] eine organisierte Gruppe von Staatsfeinden aus den Löchern locken.«[7] Der Liedermacher Wolf Biermann dagegen hielt das Papier für authentisch. In einem offenen Brief an die Verfasser bemerkte er in der *Zeit*: »Das meiste von dem, was ihr schreibt, deckt sich mit meinen Erfahrungen und das meiste auch mit meinen Meinungen [...]. Die Beschreibung der DDR-Zustände trifft den Nagel auf den Kopf [...]. Endlich gibt es Ansätze zu einer linken Opposition, auch in der DDR!«[8]

Ähnlich unterschiedliche Bewertungen des »Manifests« finden sich bis heute in wissenschaftlichen Studien über Opposition in der DDR. Zwar behauptet niemand, der BND habe das Papier lanciert, doch viele DDR-Forscher zweifeln aus anderen Gründen an der Authentizität des Textes. Manche halten eine Beteiligung des MfS für wahrscheinlich[9], andere vermuten dahinter einen gezielten Schlag aus der »Chefetage« der SED gegen Honecker.[10] Wieder andere gehen davon aus, daß die *Spiegel*-Streitschrift tatsächlich das Werk höherer und mittlerer Funktionäre der SED war.[11] Innerhalb dieser letzten Gruppe gehen die Ansichten über die Bedeutung des Textes und die Motivation seiner Verfasser allerdings weit auseinander: Die einen möchten anhand des »Manifests« eine sozialistisch-sozialdemokratische Reformtradition innerhalb der SED nachweisen, um sie für die PDS nutzbar zu machen.[12] Andere verweisen auf die nationale Komponente des Papiers, die eine »Reaktion auf die antinationale Abgrenzungspolitik Honeckers in den 70er Jahren« gewesen sei.[13] Alle diese Positionen haben eines gemein: Sie beruhen auf bloßen Spekulationen, da bis heute wenig über Entstehungsgeschichte und Wirkung des Papiers bekannt ist. Eine eingehende wissenschaftliche Auseinandersetzung erscheint daher nicht nur zeitgeschichtlich interessant. Sie ist auch notwendig, um der Legendenbildung vorzubeugen.

7 Heym: 1988, 806.
8 Zeit v. 27. 1. 1978, 29–30.
9 So etwa Kleßmann: 1991, 60; Woods: 1986, 64; Staritz: 1986, 37; Holzweißig: 1995, 29.
10 Bender: 1978, 116. Ähnlich auch Spittmann: 1978, 789.
11 Prokop: 1995; Niemann: 1991; Vogt: 1986, 173; DDR-Handbuch: 1985, 955 (s. v. »Opposition und Widerstand«); Hacker: 1978, 5. In diese Richtung tendieren ebenfalls – wenn auch sehr vorsichtig – Weber: 1993, 90; Weber: 1990, 153; Fricke: 1984, 184–186 (vgl. auch Fricke: 1994, 999).
12 Prokop: 1995; Niemann: 1991.
13 Vogt: 1986, 173. Ähnlich auch Hacker: 1978.

Die vorliegende Untersuchung greift aus dem Wust unbeantworteter Fragen, die das »Manifest« bis heute begleiten, zwei Komplexe heraus. Erstens versucht sie, die Entstehung und Wirkung des Textes aus den vorhandenen Quellen zu rekonstruieren: Auf welche politischen, ökonomischen und ideologischen Entwicklungen in der DDR reagierten die Autoren des »Manifests«? Welches Ziel verfolgten sie? Ist es möglich, die Verfasser, ihre Motive und ihr weiteres Schicksal zu ermitteln? Wieso wurde der Text ausgerechnet im *Spiegel* veröffentlicht? Wie reagierte die DDR-Führung? Welche Reaktionen gab es in der Bundesrepublik? Zweitens soll das »Manifest« in den Kontext der deutsch-deutschen Entspannungspolitik[14] der siebziger Jahre eingeordnet werden. Wenn es im Januar 1978 tatsächlich eine innerparteiliche Opposition gegen Honecker gab, worin unterschied sie sich von früheren Oppositionsbewegungen in der SED? Welchen Beitrag leistete die Détente-Politik zu ihrer Entstehung? Welche Auswirkungen hatten entspannungspolitische Rücksichtnahmen auf die Handlungsweise der SED-Spitze und auf das Verhalten der Bundesregierung? Welche Möglichkeiten bot die Entspannung den Regierungen der beiden deutschen Staaten, welche Grenzen setzte sie ihnen?[15]

Die Quellen für die Bearbeitung dieser Fragen sind dank der Öffnung der DDR-Archive reichhaltig. Als erstes sind die Akten des ehemaligen Zentralen Parteiarchivs der SED[16] zu nennen, die über die Handlungsweise der SED-Spitze Aufschluß geben. Hinzu kommen die Unterlagen, die das MfS im Zusammenhang mit der *Spiegel*-Publikation angelegt hat.[17] Die dritte Quellengruppe umfaßt Berichte und Kommentare der

14 Unter Entspannungspolitik versteht der Verfasser ein durch die Schaffung gegenseitiger Abhängigkeiten und durch Interessenverflechtung geschaffenes Netz von Beziehungen, »das beiden Seiten Vorteile bringt, an dessen Aufrechterhaltung deshalb beide Seiten interessiert sind und dessen Zerstörung von keiner Seite ohne Beeinträchtigung wichtiger eigener Interessen unternommen werden könnte« (Görtemaker: 1979, 13). Vgl. auch Link: 1988, 40.

15 Die ideengeschichtliche Einordnung des Spiegel-»Manifests« kann nur kursorisch behandelt werden, ebenso die signifikanten Parallelen zu den zeitgleich entstehenden Oppositionsbewegungen in Polen und der Tschechoslowakei. Zum ideengeschichtlichen Kontext vgl. Weber: 1969. Zur Opposition in Polen und der Tschechoslowakei siehe Krzeminski: 1993, 150–160; Holzer: 1985, 37–41; Skilling: 1981; Pelikán/Wilke: 1977; Riese: 1977.

16 Heute in der Stiftung Archiv der Parteien und Massenorganisationen der ehemaligen DDR im Bundesarchiv (SAPMO-BA) aufbewahrt.

17 Diese werden von der Behörde des BStU verwaltet. Leider sind ihre Kriterien für die Gewährung oder Verweigerung der Akteneinsicht nicht immer einheitlich. So konnte der Verfasser einige relevante Dokumente nicht einsehen, die anderen zuvor zugänglich waren. Der Verfasser konnte einen Teil der Unterlagen daher nur anhand von Kopien auswerten, die ihm frühere Benutzer des Archivs zur Verfügung stellten. Der besseren Übersicht halber sind auch diese Dokumente mit den Signaturen des BStU zitiert.

ost- und westdeutschen Medien über das »Manifest«.[18] Außerdem werden die Plenarprotokolle der Bundestagssitzungen vom 19. und 24. Januar sowie vom 9. März 1978 ausgewertet. Der letzte Komplex von Quellen, der herangezogen wird, sind Berichte von Zeitzeugen. Mit dem Berliner Ökonomieprofessor Hermann von Berg und dem Leipziger Historiker Heinz Niemann haben sich inzwischen zwei Beteiligte öffentlich zur Entstehung des »Manifests« geäußert.[19] Außerdem konnte der Verfasser selbst Interviews mit einigen der wichtigsten Zeitzeugen führen. Er sprach mit Ulrich Schwarz, dem damaligen *Spiegel*-Korrespondenten in Ost-Berlin, mit Hermann von Berg, der Schwarz den Text diktierte; mit Heinz Niemann, der behauptet, zum engeren Kreis der Verfasser zu gehören[20]; mit dem Journalisten Manfred Rexin, einem intimen Kenner der DDR und langjährigen Bekannten von Bergs; mit Herbert Brehmer, einem Offizier der HV A, der 1992 den Verdacht äußerte, das MfS sei am »Manifest« beteiligt gewesen[21], und schließlich mit Markus Wolf, dem damaligen Chef der HV A, der diese Vermutung entschieden bestreitet.[22]

So verschiedenartig die angeführten Quellengruppen sind, haben sie doch eines gemein: Sie müssen mit äußerster Vorsicht betrachtet werden. Die Dokumente der SED und des MfS etwa wurden nicht in erster Linie erstellt, um die Adressaten wahrheitsgemäß zu informieren. Vielmehr waren ihre Verfasser in aller Regel bemüht, dem Empfänger genau das zu schreiben, was dieser hören wollte. Sie versuchten, den Willen der Führung zu erahnen und möglichst linientreu zu formulieren. Gleiches gilt für die Berichte der DDR-Presse. Sie unterlag rigiden Sprachregelungen, sollte nicht die Wirklichkeit abbilden, sondern die offizielle Parteimeinung verkünden. Die westdeutschen Medien sind diesem Zwang nicht ausgesetzt und daher für die politische Situation in der Bundesrepublik

18 Bei der Untersuchung der ostdeutschen Presse kann man sich auf das Zentralorgan der SED, Neues Deutschland, und die Parteizeitung der Hauptstadt, Berliner Zeitung, beschränken, wurde doch die Presse in der DDR von der Einheitspartei gerade deswegen zentral gelenkt, um Unterschiede in der Berichterstattung zu vermeiden. Aus der Fülle westdeutscher Medien zieht die vorliegende Arbeit die wichtigen überregionalen Tageszeitungen Frankfurter Allgemeine Zeitung, Die Welt, Süddeutsche Zeitung und Frankfurter Rundschau heran. Daneben werden die wichtigen meinungsbildenden Wochenzeitschriften Zeit, Stern und Spiegel ausgewertet. Weitere Zeitungen, Zeitschriften oder Pressedienste werden hinzugezogen, wenn sie bemerkenswerte Analysen oder Meinungen enthalten. Außerdem berücksichtigt die Studie Berichte und Kommentare der westdeutschen Rundfunk- und Fernsehanstalten.

19 von Berg: 1988, 135f. u. 206f.; von Berg: 1994, 209–232 (siehe auch Förster: 1995, 1995a, 1995b); Niemann: 1991; Niemann: 1994.

20 Niemann: 1991; Niemann: 1994.

21 Bohnsack/Brehmer: 1992, 183.

22 Vgl. Förster: 1995b.

meist verläßliche Quellen. Doch fehlten ihnen im vorliegenden Fall fast alle wichtigen Informationen. Sowohl über die Hintergründe der *Spiegel*-Publikation als auch über die Motive der SED-Führung konnten sie lediglich spekulieren. Den Aussagen der Zeitzeugen schließlich muß sich der Historiker gleichfalls mit Vorsicht nähern. Zum einen verblassen in der Erinnerung Details und bleiben feine Differenzierungen nur schwer haften, so daß sich das Grau der Historie meist zu Weiß verklärt oder zu Schwarz verdunkelt. Zum anderen droht immer die Gefahr, daß die Befragten ihre Geschichte absichtsvoll fälschen, damit ihr Handeln in günstigerem Licht erscheint. Dieses Risiko ist besonders groß, wenn die fraglichen Ereignisse nicht lange zurückliegen und wenn sie, wie im Fall der DDR-Geschichte, noch Gegenstand der öffentlichen Diskussion, zum Teil sogar von gerichtlichen Auseinandersetzungen sind.

Trotz dieser Vorbehalte kann die Studie auf die beiden eingangs formulierten Fragenkomplexe eindeutige Antworten geben: Das »Manifest« ist das authentische Dokument einer SED-internen Opposition gegen die Politik Erich Honeckers. Seine Entstehung und Wirkung wurde durch die Entspannungspolitik begünstigt, zugleich jedoch auch behindert. Beispielhaft werden an ihm die zwiespältigen Auswirkungen, die Grenzen und Möglichkeiten der deutsch-deutschen Détente deutlich.

Um diese Thesen zu erhärten und näher zu erläutern, wird zunächst der politische, ökonomische und ideologische Zustand der DDR in den Jahren 1976/77 kurz dargestellt. Vor diesem Hintergrund wird in einem zweiten Kapitel das »Manifest« selbst analysiert. Die Schwerpunkte der Kritik sowie die Lösungsvorschläge der Autoren werden skizziert und die Entstehungsgeschichte des Papiers soweit wie möglich zurückverfolgt. In einem dritten Abschnitt untersucht die Studie die Reaktion der SED auf die Publikation. Sie ordnet die Schließung des *Spiegel*-Büros in den Kontext der SED-Pressepolitik ein und zeigt, welche Motive den Maßnahmen der Partei zugrunde lagen. Ein viertes Kapitel beschäftigt sich mit den Reaktionen, die das »Manifest« und die darauf folgenden Sanktionen der SED bei den Medien, den Parteien und der Regierung der Bundesrepublik hervorriefen. Die öffentliche Diskussion wird ebenso untersucht wie die geheimen Verhandlungen westdeutscher Politiker und Journalisten mit der SED-Führung. Ein fünftes Kapitel geht der Frage nach, wer die Verfasser des Textes waren. Zunächst beschäftigt es sich mit den Ermittlungen des MfS, ehe einige eigene Erwägungen über den »Bund Demokratischer Kommunisten Deutschlands« und die Hintergründe der *Spiegel*-Publikation angestellt werden. Im sechsten Kapitel versucht die Studie schließlich, das Papier – in pointierter und bewußt thesenhafter Form – in die Geschichte der Opposition in der DDR einzuordnen. Um deutlich zu machen, wo der Text bestehende Kontinuitätslinien fortsetzte und wo er neue Wege beschritt, wird er mit anderen Formen SED-interner Resistenz verglichen.[23] Als Leitfaden dient dabei die These, daß die *Spiegel*-Streitschrift das letzte wichtige Zeugnis innerparteilicher Opposition in der DDR darstellt, ehe in der Friedens- und Umweltschutzbewegung der achtziger Jahre ganz andere Themen, Ziele und Aktionsformen bestimmend wurden.

Der Terminus »Opposition« wird dabei bewußt weit verstanden. Er bezeichnet hier prinzipiell »politische Gegnerschaft«.[24] Diese ist nicht an eine bestimmte personelle Stärke gebunden, sie muß keinen bestimmten Grad der Organisation erreicht haben oder ideologische und politische Alternativkonzepte anbieten können.[25] Eine derart weite Definition des Terminus' hat den Vorteil, daß sie sich im Einklang mit dem befindet, was die SED als maßgebende politische Kraft in der DDR selbst darunter verstand. Opposition war für sie ein negativer Kampfbegriff, der alles umfaßte, was nicht der gültigen – mitunter sehr sprunghaften – Parteilinie entsprach. Nach dem Verständnis der Einheitspartei existierte »in sozialistischen Staaten für eine Opposition [...] keine objektive politische oder soziale Grundlage«.[26] Da der von ihr geführte Staat nach Ansicht der SED die Herrschaft des Volkes verkörperte, richtete sich jede Opposition automatisch gegen das Volk selbst. Im SED-Staat bestimmte jedoch nicht die Einheitspartei, sondern allein deren Führungsspitze, was dem Volk nutzte. Nur sie durfte daher verbindlich den Marxismus-Leninismus interpretieren. Nur sie verfügte über einen angeblich zuverlässigen, »wissenschaftlichen« Kompaß für politisches Handeln. Aufgrund dieser Prämissen konnte es weder außerhalb noch innerhalb der Partei legitime ideologische oder politische Alternativen, sondern nur grundsätzliche Gegnerschaft geben. Wie groß und wie gut organisiert eine oppositionelle Gruppe war, welche weltanschaulichen oder politischen Gegenmodelle sie anbot, waren daher zweitrangige Fragen. Letztlich definierte sich Opposition in der DDR allein durch die Einstellung gegenüber der von der Parteispitze verfolgten Politik.

23 Immer noch unverzichtbar Fricke: 1984; Jänicke: 1964. Vgl. auch Poppe u. a.: 1995; Kleßmann: 1991; Staritz: 1987, 83–88.
24 Fricke: 1984, 13; DDR-Handbuch: 1985, 954 (s. v. »Opposition und Widerstand«). Ähnlich auch Schapiro: 1972, 3–10.
25 Anders Kleßmann: 1991, 52, Minnerup: 1989.
26 Kl. Polit. Wörterbuch: 1967, 471.

Diese offizielle politische Linie der SED-Spitze unterlag in der Ära Honecker erstaunlich wenigen Wandlungen. »Honecker blieb sich immer treu, hartköpfig und zielstrebig. Nur die Verhältnisse um ihn herum änderten sich«, hat der ehemalige Berliner Bezirkschef Günter Schabowski im Rückblick geurteilt.[27] Honeckers Linie, seine politische Strategie beruhte auf drei *essentials*: Erstens akzeptierte er (wenigstens bis zur zweiten Hälfte der achtziger Jahre) uneingeschränkt die Führungsrolle der UdSSR, die Ulbricht am Ende seiner Herrschaft demonstrativ in Frage gestellt hatte.[28] Die DDR würde unter seiner Führung ein im Innern stabiler und außenpolitisch folgsamer Verbündeter der Sowjetunion sein, versprach er. Anfang der siebziger Jahre bedeutete dieses Versprechen vor allem, daß Ost-Berlin die sowjetische Westpolitik nicht länger behinderte und sich zur begrenzten Kooperation mit der Bundesrepublik bereit erklärte.[29]

Allerdings machte der sowjetische Parteichef Breschnew von Anfang an unmißverständlich klar, daß es dabei »zu keinem Prozeß der Annäherung zwischen der BRD und der DDR kommen« dürfe.[30] Die begrenzte, vor allem wirtschaftliche Zusammenarbeit mit dem anderen deutschen Staat bei gleichzeitiger politischer und ideologischer Abgrenzung war daher die zweite Konstante von Honeckers Politik. Sie wurde ihm nicht nur von Moskau oktroyiert, sondern entsprach durchaus seinen eigenen Interessen. Denn er hoffte, daß die DDR wirtschaftlich wie politisch von den deutsch-deutschen Sonderbeziehungen profitieren, langfristig ihr Gewicht innerhalb des Ostblocks erhöhen und ihre Handlungsfähigkeit gegenüber der Sowjetunion vergrößern würde.[31]

Gleichzeitig war der SED-Chef bemüht, die schädlichen Auswirkungen des westdeutschen Einflusses in der DDR unter Kontrolle zu halten, um die innere Stabilität des Landes zu wahren. Er versuchte dies in erster Linie, indem er für die SED das Sozialprinzip entdeckte. Die »Erhöhung des materiellen und kulturellen Lebensniveaus des Volkes«, die er auf dem VIII. Parteitag der SED im Juni 1971 als zukünftige »Hauptaufgabe« der SED verkündete, war die dritte unveränderliche Größe seiner Politik.[32] Er versprach, die Konsumgüterproduktion zu steigern,

27 Schabowski: 1991, 114. Zustimmend Garton Ash: 1994, 7.
28 Vgl. Naumann/Tümpler: 1990, 53.
29 Vgl. etwa Wettig: 1976, 101–104.
30 Protokoll über ein Gespräch zwischen Breschnew und Honecker (28. 7. 1970); zit. nach Przybylski: 1991, 283.
31 Vgl. Schabowski: 1991, 204. Siehe auch Bender: 1995, 244–248.
32 ZK-Bericht an den VIII. Parteitag d. SED (15.–19. 6. 1971), in: Honecker: 1977, 163. Vgl.

Wohnungen zu bauen, die Löhne zu erhöhen, das Bildungssystem auszubauen, die medizinische und soziale Betreuung zu verbessern. Indem er den Wunsch der DDR-Bevölkerung nach Konsum und sozialer Sicherheit erfüllte, versuchte Honecker, seinem Regime die Legitimität zu verschaffen, die es so bitter benötigte.[33]

In der ersten Hälfte der siebziger Jahre schien es, als hätte der SED-Chef mit seiner Strategie Erfolg. Doch seit 1975 nahmen die Schwierigkeiten zu: Honeckers DDR geriet in schwere Turbulenzen, die sich auf die Außen- und Wirtschaftspolitik ebenso erstreckten wie auf die Innenpolitik und ideologische Fragen.

zum Folgenden Beschluß d. VIII. Parteitages d. SED zum Fünfjahrplan 1971–1975, in: Dokumente: 1974, 242. Siehe auch Cornelsen: 1988, 369. Eine zeitgenössische Analyse von Honeckers Wirtschaftspolitik bietet Schulz: 1972.

33 Croan hat Honeckers Strategie treffend als »konsumorientierten Autoritarismus« bezeichnet. Er sah darin den Versuch, einen Ausweg aus dem Dilemma zwischen der von Breschnew geforderten Entspannungspolitik und der für die DDR lebensnotwendigen politisch-ideologischen Abgrenzung von der Bundesrepublik zu finden; vgl. Croan: 1979, 1041f.

Honeckers DDR in der Krise

Außenpolitische Spannungen

Der 1. August 1975, an dem die Staats- und Regierungschefs Europas und Nordamerikas in Helsinki feierlich das abschließende Dokument der Konferenz für Sicherheit und Zusammenarbeit in Europa unterzeichneten, war für die UdSSR und für die DDR ein Freudentag. Die Sowjetunion erreichte zwei Ziele, die sie fast ein Jahrzehnt lang beharrlich verfolgt hatte: Der territoriale Status quo in Europa war nun – zumindest aus ihrer Sicht – auf multilateraler Ebene festgeschrieben[34], und die Staaten des Westens hatten sich vertraglich zu wirtschaftlicher und technologischer Zusammenarbeit mit der UdSSR bereit erklärt. Für die DDR bedeutete die Vertragsunterzeichnung die Bekräftigung ihrer internationalen Anerkennung als gleichberechtigter Staat. Nicht zuletzt wegen ihres gemeinsamen Interesses an der KSZE-Konferenz hatten sich die außenpolitischen Strategien der Sowjetunion und der DDR bis 1975 in Einklang miteinander befunden. Weil die bilateralen Ostverträge für die bundesdeutsche Mitwirkung an der multilateralen Entspannungspolitik unabdingbare Voraussetzung gewesen waren[35], unterstützte Moskau Honekkers Kooperation mit der Bundesrepublik, während der DDR-Chef – im eigenen wie im sowjetischen Interesse – darauf achtete, daß die wirtschaftliche Zusammenarbeit zwischen Ost-Berlin und Bonn nicht zu einer politischen oder ideologischen Annäherung führte.

Jedoch besaß die deutsch-deutsche Entspannungspolitik für die Sowjetunion und für die DDR einen völlig unterschiedlichen Stellenwert. Für Moskau war sie ein notwendiges Übel, das es in Kauf zu nehmen galt, um mit dem Westen, insbesondere mit der Bundesrepublik, vertraglich ins Geschäft zu kommen. Die deutsch-deutsche Kooperation gehörte zu jenen Entspannungsschritten, die »der Sowjetunion auf dem Wege zu

34 Die westlichen Staaten interpretierten die KSZE-Akte anders. Ihrer Ansicht nach war in Helsinki kein völkerrechtlicher Vertrag abgeschlossen, sondern lediglich eine modus-vivendi-Regelung getroffen worden, die den Fortbestand früherer Verträge – also auch die Verpflichtung der Vier Mächte für Deutschland als Ganzes und für Berlin – nicht berührte; vgl. Link: 1987, 299.

35 So auch Link: 1987, 305.

ihrer Sicherheitskonferenz abgelistet« wurden.[36] Nachdem die sowjetischen Führer in Helsinki erreicht hatten, was sie wollten, schrumpfte ihr Interesse an der deutsch-deutschen Entspannung spürbar. Für Honecker hingegen war die Kooperation mit Bonn ein unverzichtbarer Bestandteil seiner politischen Strategie. Nur mit westdeutscher Hilfe konnte er hoffen, seine ehrgeizige Sozialpolitik zu verwirklichen und der DDR innerhalb des Warschauer Paktes größeres Gewicht zu verschaffen.

Schon bald nach dem Ende der Helsinki-Konferenz machten sich diese Interessendifferenzen erstmals bemerkbar. Daß Honecker bei seiner Kooperation mit der Bundesrepublik jede politische und ideologische Annäherung peinlich zu vermeiden suchte, genügte der sowjetischen Führung jetzt nicht mehr. Sie war aus drei Gründen zunehmend an einer Abgrenzung der DDR ohne Kooperation interessiert:

Zum einen war die amerikanisch-sowjetische Détente in der zweiten Hälfte der siebziger Jahre wieder einer verstärkten Konfrontation gewichen.[37] In den USA stellte Präsident Jimmy Carter die Kontinuität der Détente-Politik seiner beiden Vorgänger in Frage, indem er die Einhaltung der Menschenrechte ins Zentrum der Politik rückte. Zusätzlich wurde das Verhältnis zur Sowjetunion durch die amerikanische Chinapolitik belastet, mit deren Hilfe vor allem Carters Sicherheitsberater Brzezinski die Sowjetunion unter Druck zu setzen versuchte.[38] Zuvor bereits hatte die UdSSR versucht, ihren Einfluß in der Dritten Welt auszuweiten, indem sie in ehemaligen Kolonien in Afrika marxistische und sozialistische »Befreiungsbewegungen« unterstützte.[39] Die amerikanischen Sorgen wurden dadurch genährt, daß die UdSSR ihr Militärpotential während der Entspannungsperiode drastisch ausgebaut hatte.[40] Augenfällig wurde die neue weltpolitische Spannung auf der ersten KSZE-Folgekonferenz, die am 4. Oktober 1977 in Belgrad begann. Während sich die Sowjetunion gegen die Intensivierung der Zusammenarbeit vor allem im humanitären Bereich sträubte, neigten die USA dazu, das Treffen zu einem Tribunal über Menschenrechtsverletzungen im Ostblock zu machen.[41] Vor dem Hintergrund dieses weltpolitischen Klimawechsels drang die Sowjet-

36 Baring: 1983, 230.
37 Auch im Verhältnis der beiden Supermächte zueinander war die Unterzeichnung der KSZE-Schlußakte ein Wendepunkt. Link bezeichnete sie treffend als »Scheitelpunkt der Entspannung« (Link: 1987, 305); siehe dazu auch Bender: 1995, 211f.; Kissinger: 1994, 810–843.
38 Siehe Link: 1994, 311; Kissinger: 1994, 810–843; Görtemaker/Hrdlicka: 1990, 105.
39 Siehe hierzu Garthoff: 1985, Kap. 19; Berner: 1976, 325–344; Schmidt: 1976, 460–471; aus amerikanischer Sicht Marcum: 1976, 407–425.; vgl. auch Kissinger: 1994, 846f.
40 Siehe dazu Link: 1987, 310; Hacke: 1985, 17.
41 Siehe Link: 1987, 311.

union darauf, daß die DDR die Blockdisziplin wahrte und keine separate Entspannungspolitik betrieb.

Zweitens fürchtete die UdSSR, sie würde durch die vielfältigen Geschäfte, welche die beiden deutschen Staaten miteinander abschlossen, benachteiligt werden. Die sowjetischen Bedenken gegenüber den sich intensivierenden deutsch-deutschen Handelsbeziehungen waren verständlich. Denn je mehr bundesdeutsches Geld in die DDR floß, so argwöhnte man in Moskau, würden sich die eigenen Chancen verringern, mit der Bundesrepublik ins Geschäft zu kommen.[42] Da gerade die Hoffnung auf eine Modernisierung ihrer Wirtschaft durch Technologie-Import und Handelsabkommen für die Sowjetunion ein wesentliches Motiv gewesen war, die Entspannungspolitik zu beginnen[43], lag ihr daran, daß die Beziehungen zwischen Bonn und Ost-Berlin nicht intensiver waren als die zwischen Bonn und Moskau.

Drittens erkannte man in der Sowjetunion rasch, daß der deutsch-deutsche Entspannungsprozeß, den man selbst herbeigeführt hatte, eine bedrohliche Dynamik entfaltete, die es zu begrenzen galt.[44] Moskaus Sorge, daß die nationalen Gemeinsamkeiten zwischen den beiden deutschen Staaten einmal über die Blockdisziplin siegen könnten, war der entscheidende Grund, warum die UdSSR auf eine stärkere Abgrenzungspolitik der DDR drängte. Offiziell beschwor Honecker zwar immer wieder die unverbrüchliche Freundschaft mit der Sowjetunion und profilierte sich als eifrigster Fürsprecher einer fortschreitenden Integration der sozialistischen Staatengemeinschaft.[45] Gleichzeitig versuchte er jedoch, Moskau aus seinen Beziehungen zur Bundesrepublik möglichst herauszuhalten. Wolfgang Mischnick, der damalige Fraktionsvorsitzende der FDP, erinnerte sich nach der Wende an einen gemeinsamen Waldspaziergang mit Honecker im Jahr 1973. Der SED-Parteichef habe ihm damals klipp und klar vorgeschlagen, einige Dinge zwischen den beiden deutschen Staaten auch »ohne den großen Bruder« abzuwickeln.[46]

42 So auch Wettig: 1977, 143.
43 So auch Garton Ash: 1993 136; Baring: 1983, 233–235.
44 Vgl. hierzu auch Wettig: 1977, 141, der freilich aus dem Blickwinkel des Jahres 1976 für ein vorübergehendes Phänomen hielt, was in Wirklichkeit zu einer dauernden Belastung des sowjetisch-ostdeutschen Verhältnisses wurde.
45 Im neuen SED-Parteiprogramm aus dem Jahr 1976 war nicht mehr – wie noch im Programm von 1963 – von der »Unabhängigkeit und Souveränität« der sozialistischen Länder die Rede. Vielmehr war die DDR nun laut SED-Programm ein fester Bestandteil der sozialistischen Völkerfamilie, »die eng um die Sowjetunion zusammengeschlossen ist«; vgl. Programm der SED von 1976, in: Dokumente: 1980, 70.
46 Garton Ash: 1993, 197.

Die Versuche des Generalsekretärs, eine weniger von der Sowjetunion abhängige Politik zu betreiben, blieben den argwöhnischen Deutschlandexperten in Moskau nicht verborgen. Unter Honecker seien immer neue deutsch-deutsche Vereinbarungen ausgehandelt worden, über die man Moskau bestenfalls im nachhinein informiert habe, schrieb der langjährige sowjetische Botschafter in Bonn, Julij Kwizinskij, 1993 in seinen Memoiren.[47] Die DDR habe immer mehr Besucher aus dem Westen einreisen lassen, ohne ihren eigenen Bürgern dieselbe Bewegungsfreiheit zu gewähren. Auf diese Weise sei die Westmark in der DDR bald zur begehrten Zweitwährung geworden. »Die DDR schluckte den goldenen Angelhaken immer tiefer, von dem sie dann nicht mehr loskam«, so Kwizinskij.[48] Valentin Falin, wie Kwizinskij lange Jahre sowjetischer Botschafter am Rhein, will schon im Oktober 1971 den damaligen KGB-Chef Andropow gewarnt haben: Eine DDR unter Honecker werde der Sowjetunion als Bundesgenosse verloren gehen, seine allzu große Abhängigkeit von Moskau werde schließlich einen »Drang nach Befreiung« hervorrufen.[49]

Sicherlich muß man in Rechnung stellen, daß Kwizinskijs wie auch Falins Erinnerungen durch das Ende der DDR und das Scheitern Erich Honeckers geprägt sind. Beide wollten sich im nachhinein als hellsichtige Propheten des Untergangs profilieren. Dennoch bleibt die Einmütigkeit ihres Urteils über den SED-Chef und seine Politik bemerkenswert, zumal die Memoiren der beiden Deutschlandexperten längst nicht in allen Fragen derart übereinstimmen.[50] Zudem belegen die heute zugänglichen DDR-Akten über Gespräche Honeckers mit sowjetischen Politikern, daß in Moskau das Mißtrauen ihm gegenüber tatsächlich groß war. Vor allem Außenminister Andrej Gromyko mahnte die DDR immer wieder zur Bündnistreue. Er war der Meinung, sie wage sich im Vergleich zur Sowjetunion und den anderen Warschauer Pakt-Staaten zu weit vor, »obwohl ihre innere Stabilität auf Grund der nationalen Spaltung wesentlich geringer war als die unserer anderen Verbündeten«.[51] Es gebe Momente in den Beziehungen zwischen der DDR und der BRD, die in Moskau Besorgnis hervorrufen, sagte Gromyko beispielweise 1978 bei

47 Kwizinskij: 1993, 261.
48 Ebd, 261.
49 Vgl. Falin: 1993, 187; siehe auch Kwizinskij: 1993, 256.
50 Vgl. dazu z. B. Stephan: 1994, 1312–1316.
51 Kwizinskij: 1993, 260. Vgl. Bender: 1995, 246–248; siehe auch Protokoll des Gesprächs zwischen Honecker und Gromyko (12. 5. 1978), in: SAPMO-BA, DY 30/J IV 2/2/1726 (Politbüro d. ZK).

einem Besuch in Ost-Berlin: Seit vier Jahren funktionieren die Konsultationen zwischen der UdSSR und der DDR nicht mehr richtig.[52]

Die sowjetische Sorge wurde dadurch vergrößert, daß Moskau seit der weltweiten diplomatischen Anerkennung der DDR ein wichtiges Kontrollinstrument gegenüber Ost-Berlin verloren hatte.[53] Wenigstens formal konnte sich die DDR jetzt selbst um die Wahrnehmung ihrer außenpolitischen Interessen kümmern. Der SED-Chef gewann damit eine gewisse Unabhängigkeit, die Moskau mit Argwohn beobachtete.[54] Hinzu kam, daß Honeckers wichtigster Fürsprecher in Moskau, Leonid Breschnew, seit 1975 gesundheitlich derart angegriffen war, daß er sein Amt kaum mehr ausfüllen konnte. Die Männer, die an seiner Stelle die Macht verwalteten, etwa KGB-Chef Juri Andropow, Außenminister Andrej Gromyko und der Chefideologe Michail Suslow[55], waren dem Deutschen weniger herzlich verbunden als der sieche Generalsekretär. Sie betrachteten Honeckers Wirtschafts- und Deutschlandpolitik mit wachsender Skepsis.[56]

Genauso mißtrauisch wie die sowjetischen Führer auf Ost-Berlin blickten, schauten freilich auch manche DDR-Funktionäre nach Moskau. Sie waren nicht nur verdrossen, daß die UdSSR die innerdeutsche Zusammenarbeit blockierte. Sie waren auch verärgert, weil Moskau zum 1. Januar 1975 die Preise für die Rohstofflieferungen an seine osteuropäischen Verbündeten erhöht hatte. Die Erhöhung der sowjetischen Ölpreise war zwar ökonomisch durchaus gerechtfertigt[57], widersprach jedoch zuvor getroffenen langfristigen Abmachungen mit den RGW-Partnern und stürzte damit deren Volkswirtschaften in erhebliche Schwierigkeiten. Besonders in der DDR, wo die Propaganda stets den stabilitätssichernden Charakter des sozialistischen Preissystems betont hatte, löste die Preiserhöhung einen gravierenden Vertrauensverlust gegenüber der UdSSR aus.[58]

52 Vgl. Protokoll des Gesprächs zwischen Honecker und Gromyko (12. 5. 1978), in: SAPMO-BA, DY 30/J IV 2/2/1726, 3 (Politbüro d. ZK).

53 Bis 1978 war die DDR von 123 Regierungen in aller Welt anerkannt worden, 1973 wurde sie als 133. Staat in die UNO aufgenommen (siehe Weber: 1993, 85).

54 So auch Wettig: 1977, 141f.

55 Siehe Falin: 1993, 273. Meissner: 1977, 52f.

56 Andropow habe bei einem Staatsbesuch in der DDR auf Walter Ulbrichts Grab demonstrativ einen Kranz niedergelegt – trotz aller Versuche Honeckers, dies zu verhindern; so jedenfalls Falin: 1993, 187. Vgl. auch Kwizinskij: 1993, 256.

57 Auch nach der Erhöhung der sowjetischen Rohstoffpreise zahlte die DDR ebenso wie die anderen osteuropäischen Staaten weniger als den Weltmarktpreis für ihre Rohstoffimporte aus der UdSSR. Hanson stellte zu Recht fest, die Sowjetunion »behaved like the better sort of landlord: raising the rent belatedly and by less than the general rate of inflation, and allowing more time to pay«; Hanson: 1981, 93. Vgl. Larrabee: 1986, 533.

58 Vgl. Wettig: 1977, 143.

Ähnlich unbeliebt war in der DDR die angestrebte wirtschaftliche Integration in den Ostblock[59], gingen doch die engeren ökonomischen Verflechtungen mit den Ostblockstaaten – und vor allem mit der UdSSR[60] – zu Lasten des Westhandels. Die Integration, in deren Folge sich allmählich Wirtschaftskraft und Lebensniveau der verschiedenen Ostblockstaaten einander angleichen sollten, nutzte in erster Linie der rückständigen Sowjetunion; sie ging auf Kosten derjenigen Länder, die wie die DDR über eine vergleichsweise starke Ökonomie und einen hohen Lebensstandard verfügten. Angesichts dieser wenig verlockenden Aussichten fragte sich mancher Genosse, ob man nicht die gewinnbringenden Kontakte mit der Bundesrepublik intensivieren solle, statt die Integration in einen von der UdSSR dominierten RGW voranzutreiben.[61]

Nicht nur die Bindungen der DDR an die Sowjetunion wurden in den Jahren nach 1975 komplizierter, auch die Beziehungen zur Bundesrepublik litten. Die Folgeverhandlungen, die den Grundlagenvertrag ergänzen sollten, gerieten seit Mitte der siebziger Jahre in eine Sackgasse.[62] Die laue Frühlingsluft der Entspannung kühlte immer mehr ab, bis schließlich im Winter 1977/78 »ein eisiger Ostwind in den deutsch-deutschen Beziehungen« wehte.[63] Dieser Temperatursturz hatte drei Gründe: Erstens war er von der internationalen Großwetterlage beeinflußt. Da die Bundesrepublik ihre Politik gegenüber der DDR nur im grundsätzlichen Einvernehmen mit ihren westlichen Verbündeten betreiben konnte und die DDR umgekehrt in noch viel stärkerem Maße auf die Interessen der Sowjetunion Rücksicht nehmen mußte, wirkten sich die Krise der Détente und die Stagnation des multilateralen Entspannungsprozesses auf die deutsch-deutschen Beziehungen aus.[64]

Zweitens verfolgten die Bundesrepublik und die DDR in ihren Verhandlungen gegensätzliche Ziele. Die Bundesregierung war aus *politischen* Gründen an der Stärkung und Nutzung wechselseitiger Verbindungen interessiert. Sie wollte durch konkrete Vereinbarungen die Kontakte zwischen den Deutschen in Ost und West erleichtern. Dem SED-Regime dagegen lag daran, aus den Beziehungen zu Bonn *ökonomischen* Nutzen zu ziehen. Allen vertraglichen Verpflichtungen, die die DDR gegenüber

59 Siehe ebd.; Weber: 1993, 83f.
60 Der Warenaustausch mit der Sowjetunion stieg von 1970 bis 1975 um 50 Prozent; vgl. Weber: 1993, 83.
61 So auch Wettig: 1977, 144.
62 Vgl. dazu Hacke: 1993, 303–317; Link: 1987, 360–363.
63 Link: 1987, 365.
64 So auch Garton Ash: 1993, 129; Link: 1987, 355.

dem Einfluß des Westens stärker geöffnet hätten, wollte es sich jedoch nach Möglichkeit entziehen. Aufgrund dieses Interessengegensatzes konnten nur einige Zwischenergebnisse und Teilvereinbarungen erzielt werden. Die Lösung politisch wichtiger Fragen – etwa des Staatsbürgerrechts oder des Status' von West-Berlin – scheiterte daran, daß die DDR-Unterhändler auf ihren Maximalpositionen beharrten und die bundesdeutsche Seite zu essentiellen Zugeständnissen nicht bereit war.

Drittens blieben der Rücktritt Willy Brandts und die Regierungsübernahme Helmut Schmidts nicht ohne Folgen. Die Aufbruchstimmung der Brandt-Jahre wich auch in der Deutschlandpolitik stärkerem Pragmatismus.[65] Der neue Bundeskanzler war zwar gewillt, die Ost- und Deutschlandpolitik seines Vorgängers fortzuführen. Jedoch setzte er andere Schwerpunkte. Seine Außenpolitik war in erster Linie Westpolitik.[66] An zweiter Stelle auf der Prioritätenliste folgte die Sowjetunion. Erst weit dahinter kamen die anderen osteuropäischen Länder und die DDR. Eingedenk der Bemerkung Egon Bahrs, daß der Schlüssel zur deutschen Frage in Moskau liege[67], war Schmidt überzeugt, daß die deutschlandpolitische Entspannung am besten über Verhandlungen mit Moskau voranzutreiben sei.

Die konkrete Ausführung der Deutschlandpolitik überließ Schmidt daher zunächst den zuständigen Ressorts und Günter Gaus, dem Ständigen Vertreter in Ost-Berlin. Dessen Verhandlungskompetenzen setzte der Kanzler allerdings enge Grenzen, verfocht Gaus doch eindeutig andere deutschlandpolitische Prioritäten als Schmidt.[68] In der Führung der SPD gebe es, was das Verhältnis zur DDR anbetreffe, drei verschiedene Gruppen, vertraute der Ständige Vertreter einmal einem ostdeutschen Gesprächspartner an[69]: Diejenigen, die derart antikommunistisch eingestellt seien, daß die DDR für sie gar nicht existiere, seien ohne wirklichen Einfluß. »Bei der zweiten Gruppe handele es sich um die ›Praktiker‹ und ›Macher‹, die sich vor allem in der Regierung und im Regierungsapparat befinden. [...] Manches ließe sich mit ihnen regeln, aber ihr Engagement

65 So auch Hacke: 1985, 17.

66 Das mußte sie wegen der internationalen Wirtschaftskrise auch sein, die seit 1974 ein koordiniertes Handeln der westlichen Industrienationen unumgänglich machte; vgl. dazu z. B. Nicklauß: 1988, 170; Link: 1987, 277–282; Haftendorn: 1986, 32–34, Garton Ash: 1993, 130.

67 So schon Bahr in seiner Tutzinger Rede; abgedruckt z. B. in: Meissner: 1970, 45.

68 Siehe Hacke: 1993, 298.

69 Information über ein Gespräch zwischen Häber und Gaus (18. 10. 1977), in: SAPMO-BA, DY 30/IV B2/2.028, 10 (Büro Norden). In diesem Sinne auch Hacke: 1993, 298; Winters: 1978, 1.

sei nicht sehr groß, wenn auf sie nicht Druck ausgeübt wird.« Zu ihnen gehörte Gaus' Meinung nach der Bundeskanzler und seine engere Umgebung. Die dritte Gruppe schließlich umfasse diejenigen, »für die die Normalisierung des Verhältnisses mit der DDR von zentraler Bedeutung für die Entspannungspolitk sei und die deshalb versuchten, über die Perspektiven und die gegenseitigen Interessen nachzudenken. Sie seien besonders in der Bundestagsfraktion anzutreffen.« Zu dieser Gruppe rechnete Gaus außer sich selbst auch den SPD-Fraktionschef Herbert Wehner und dessen Stellvertreter Bruno Friedrich.

Vertreter der letzten Gruppe drängten den Kanzler seit langem, die Entspannung durch Spitzenkontakte auf deutsch-deutscher Ebene, durch konkrete Verhandlungen und vertragliche Abmachungen voranzutreiben. Da Schmidt jedoch fürchtete, die DDR durch ein deutsch-deutsches Gipfeltreffen lediglich aufzuwerten, ohne dabei auch konkrete Ergebnisse zu erzielen, versagte er sich diesem Ansinnen. So stagnierten die deutschdeutschen Beziehungen, während sich gleichzeitig das Klima zwischen Moskau und Ost-Berlin verschlechterte. Außenpolitisch stand der Jahreswechsel 1977/78 für Honecker unter keinem guten Stern.

Das wirtschaftspolitische Vabanquespiel

Die siebziger Jahre seien Honeckers goldenes Jahrzehnt gewesen, urteilte Günter Schabowski nach der Wende.[70] Mutmaßungen, daß Honeckers Erfolge schon zu dieser Zeit auf einer unsoliden Finanz- und Wirtschaftspolitik beruhten, seien damals noch ungerechtfertigt gewesen.[71] Diese Einschätzung muß zumindest im Hinblick auf die zweite Hälfte des Jahrzehnts relativiert werden: Die ostdeutsche Wirtschafts- und Finanzpolitik geriet seit 1975 in beträchtliche Schwierigkeiten, und die zuständigen Fachleute in Partei und Regierung wußten das.[72]

Die Versprechungen des VIII. Parteitages, die große Erwartungen in der Bevölkerung geweckt hatten, konnten nicht erfüllt werden. Zwar hatte die DDR in den ersten Jahren der Honecker-Ära den höchsten Lebensstandard aller kommunistisch regierten Staaten erreicht.[73] Die weitere Steigerung des Lebensniveaus erlahmte jedoch seit Mitte der siebziger

70 Schabowski: 1991, 210.
71 Ebd., 206.
72 Vgl. Haendcke-Hoppe-Arndt: 1995, 591f.
73 Siehe z. B. Weber: 1993, 87.

Jahre spürbar.[74] Schuld daran war zum einen der Abbruch der marktorientierten Wirtschaftsreformen, die Ulbricht unter der Bezeichung NÖSPL (Neues Ökonomisches System der Planung und Leitung) in den sechziger Jahren zaghaft angestrebt hatte[75] und die Honecker durch eine Konsolidierung der zentralen Planwirtschaft nach sowjetischem Vorbild ersetzte.[76]

Hinzu trat die Entwicklung des Weltmarktes, insbesondere die weltweite Rohstoffkrise der siebziger Jahre. Als 1973 die Preise für aus dem Westen importierte Rohstoffe drastisch anstiegen, geriet die DDR in Schwierigkeiten. Laut Günter Mittag, von 1973 bis 1976 Stellvertreter des Ministerpräsidenten, bescherten die Verteuerung und die damit verbundenen Exporteinbußen der DDR Verluste in Höhe von 14 Milliarden Valutamark.[77] Dramatisch spitzte sich die Lage jedoch erst zu, als 1975 auch die Preise für Rohstoffexporte aus dem RGW – insbesondere aus der UdSSR – anstiegen. Zwischen 1975 und 1980 wuchs das Defizit in der Warenbilanz der DDR gegenüber der Sowjetunion auf insgesamt 2,5 Milliarden Transfer-Rubel an.[78]

Da auch die westlichen Industriestaaten von der Rohstoffkrise betroffen waren, reagierten sie zunehmend mit Abschottung ihrer Märkte gegenüber Importen aus dem Ostblock, was die Exportmöglichkeiten der DDR weiter verschlechterte. Die Importe aus dem westlichen Ausland wurden jedoch nicht im gleichen Maße eingeschränkt, weil Honecker Unruhen in der Bevölkerung fürchtete. In der Folge erhöhte sich das ostdeutsche Handelsbilanzdefizit gegenüber dem Westen, und die Schulden der DDR bei den kapitalistischen Ländern nahmen immer mehr zu – seit 1975 um jährlich 20 Prozent.[79]

74 Selbst die offiziöse ostdeutsche Statistik räumte ein, daß das Nationaleinkommen der DDR zwischen 1977 und 1979 weniger stark gewachsen sei als in den zwei Jahren zuvor: nämlich nur noch um 8 statt wie vorher um 12 Prozent; siehe Stat. Jahrbuch: 1980, 13f. Westdeutschen Berechnungen zufolge lag das Wachstum des Nationaleinkommens der DDR 1977 bei 5,2 Prozent (vgl. Bethkgenhagen: 1980, 922). Das Wachstum der Investitionen, das 1975 bis 1977 noch 14 Prozent betragen haben soll, sei zwischen 1977 und 1979 auf 4 Prozent zurückgegangen (siehe Stat. Jahrbuch: 1980, 13f.). Vgl. auch Cornelsen: 1988, 369.

75 Mit Hilfe dieser wirtschaftspolitischen Reformkonzeption hatte Ulbricht in den Jahren 1963 bis 1967 versucht, das Lenkungssystem der DDR-Planwirtschaft zu dezentralisieren und z. T. sogar marktwirtschaftliche Elemente in die Wirtschaft der DDR einfließen zu lassen. Vgl. dazu u. a. Hamel/Leipold: 1988; Krol: 1972; Leptin: 1968. Zum Ende von NÖSPL siehe auch Steiner: 1990. Eine allzu positive Darstellung des NÖSPL-Konzepts gibt Roesler: 1990 u. 1990a.

76 Siehe z. B. Garton Ash: 1993, 278.

77 Ebd., 70. Vgl. auch Danos: 1988, 39–43.

78 Vgl. Cornelsen: 1988, 359.

79 Siehe ebd., 360. Siehe auch Frerich/Frey (Hg.): 1993, 85f.; Grabas: Beitrag, 27; Janson:

Neben dem Konsumgüter-Import belastete vor allem das gewaltige sozialpolitische Programm Honeckers die Staatskasse. 1977 wandte die DDR zum Beispiel über 44 Milliarden Mark an staatlichen Subventionen auf, um den Lebensstandard der Bevölkerung zu verbessern.[80] Eine vierköpfige Familie erhielt auf diese Weise jeden Monat durchschnittlich 685 Mark staatliche Zuwendungen.[81] Zu jeder Mark, die ein Fahrgast für die Beförderung in Bus oder Tram ausgab, wurden aus der Staatskasse 1,37 Mark dazugegeben.[82] Die Finanzierung der teuren Sozialpolitik wurde zu einem großen Teil durch westliche Kredite abgedeckt. Angeblich sollen Honecker und sein wichtigster Mitstreiter Günter Mittag einmal im Politbüro verkündet haben: »Wer Schulden im Westen hat, der hat auch Ansehen.«[83] 1975 erreichten die Nettoschulden der DDR im kapitalistischen Ausland, die 1970 noch rund zwei Milliarden Valutamark betragen hatten, elf Milliarden Valutamark. Bis 1980 stiegen sie auf 25,3 Milliarden Valutamark.[84]

Honecker, der für diesen »Aufschwung auf Pump« verantwortlich war[85], ignorierte alle warnenden Stimmen, die vor allem im Regierungsapparat laut wurden. Gerhard Schürer, der Vorsitzende der Staatlichen Plankommission, soll Honecker schon 1972 auf die gefährlichen Folgen seiner Wirtschaftspolitik hingewiesen haben. Dieser Appell blieb ebenso erfolglos wie ein zweiter Mahnruf fünf Jahre später.[86] Auch die Politbüromitglieder Willi Stoph und Werner Krolikowski standen Honeckers Wirtschaftspolitik skeptisch gegenüber. Sie wurden nicht zuletzt deswegen zeitweise auf unbedeutende Posten abgeschoben. So war Stoph seit 1964 Vorsitzender des Ministerrats, ehe ihn Honecker 1973 mit dem ein-

Totengräber, 91; Schabowski: 1991, 119. Zwar behauptete Mittag nach dem Ende der DDR, die Importe aus dem kapitalistischen Ausland hätten damals in erster Linie dazu gedient, notwendige Exportverpflichtungen innerhalb des RGW zu erfüllen (Mittag: Preis, 74). Doch das war lediglich eine Schutzbehauptung, um seine Mitschuld am wirtschaftlichen Niedergang zu vertuschen, indem er bündnispolitische »Zwänge« dafür verantwortlich machte. Tatsächlich wurden die Importe zum großen Teil weder für den RGW-Export noch für die Modernisierung und Leistungssteigerung in der Produktion eingesetzt, sondern flossen in den Konsum.

80 BZ v. 9. 11. 1977, 3.

81 Vgl. Winters: 1977, 1234.

82 Tribüne v. 9 11. 1977, 2.

83 Handschriftliche Aufzeichnung Werner Krolikowskis (16. 1. 1990), in: Przybylski: 1991, 325; ähnlich auch Schabowski: 1991, 122.

84 Janson: Totengräber, 65; Jansons Zahlen decken sich mit den Berechnungen westdeutscher Fachleute; vgl. Schulz: 1977, 1240 u. Cornelsen: 1988, 367.

85 Janson: Totengräber, 63.

86 Siehe Schabowski: 1991, 122f.

flußlosen Amt des Staatsratsvorsitzenden betraute.[87] Erst drei Jahre später kehrte Stoph – nicht zuletzt aufgrund sowjetischen Drucks – wieder in sein ursprüngliches Amt zurück. Krolikowski war zwischen 1973 und 1976 als ZK-Sekretär für Wirtschaftsfragen zuständig, bevor ihn der SED-Chef als Ersten Stellvertreter Stophs in die Regierungsmannschaft weglobte.[88]

Auch an der SED-Basis mehrten sich Zweifel. Die Kritik äußerte sich gewöhnlich in Form scheinbar unschuldiger Fragen, die auf den zahllosen Grundorganisationssitzungen der Partei gestellt wurden. So wollte im Dezember 1977 ein Genosse wissen, ob sich die Parteiführung voll im klaren über die außenwirtschaftlichen Belastungen gewesen sei, als sie die sozialpolitischen Maßnahmen beschlossen habe. Ein anderer erkundigte sich, ob man die wirtschaftliche Entwicklung nicht gründlicher habe vorausberechnen können.[89] Ein dritter fragte: »Wäre es für den Wettbewerb mit dem Imperialismus nicht besser, mehr Mittel für den wissenschaftlich-technischen Fortschritt einzusetzen?«[90]

Die Sowjetunion war über das Ausmaß der ostdeutschen Verschuldung genauso beunruhigt wie die Kritiker innerhalb der SED. Zum einen ging jede Ausweitung der wirtschaftlichen Beziehungen Ostdeutschlands mit dem Westen automatisch auf Kosten der Verflechtung im RGW. Außerdem fürchtete Moskau, Ost-Berlin könnte in eine vollständige ökonomische Abhängigkeit vom Westen geraten. Schon 1974 oder 1975 soll Kossygin, der sowjetische Ministerpräsident, Willi Stoph erklärt haben, die DDR dürfe aufgrund ihrer Wirtschaftskraft höchstens für sechs Milliarden Valutamark Kredite im Westen aufnehmen. »Alles was darüber hinausgeht, [sei] sehr von Übel.«[91] Auch Moskaus Appell verhallte ungehört. Die Westschulden der DDR hatten zu diesem Zeitpunkt schon fast die doppelte Höhe erreicht.

Honecker erwog zu keiner Zeit eine einschneidende Kurskorrektur. Trotz immer größerer Schwierigkeiten versuchte er, sich durchzuwursteln. Carl-Heinz Janson, der von 1967 bis 1989 die Abteilung »Sozialistische Wirtschaftsführung« im ZK leitete, schilderte nach der Wende, wie sich die ökonomische Krise schon 1977 zuspitzte.[92] 1976 sei der

87 Vgl. etwa Kusmin: 1995, 286f.; Cramer: 1978, 225–227.
88 Siehe Kusmin: 1995, 286f.; aber auch Przybylski: 1991, 353–357.
89 Monatsbericht d. SED-Bezirksleitung Berlin (Dezember 1977), in: SAPMO-BA, DY 30/IV B2/5/134.
90 Monatsbericht d. SED-Kreisleitung d. Humboldt-Universität (Dezember 1977), in: SAPMO-BA, DY IV/B2/9.04/23.
91 Handschriftliche Aufzeichnung Werner Krolikowskis (16. 1. 1990), in: Przybylski: 1991, 325.
92 Vgl. Janson: 1991, 90–93.

Zuwachs des Exports ins kapitalistische Ausland um rund eine Million Valutamark unter der geplanten Größe geblieben. Für 1977 habe sich eine ähnliche Entwicklung abgezeichnet. Der Import sei hingegen nicht gesunken, sondern weiter gewachsen. Alle Anstrengungen, Einfuhrwaren zu ersetzen, hätten nicht die gewünschten Ergebnisse gebracht.

»Der Ansatz für den Plan 1978 kündigte noch größere Lücken an«, so Janson. »In allen Betrieben, Kombinaten und Ministerien arbeiteten die Chefs und Planer hart, um die Lage zu verbessern, aber die Ergebnisse waren nicht zufriedenstellend. ›Unten‹, in den Betrieben, wurde der Ernst der Lage allerdings nur teilweise erkannt. Es gab ja keine öffentliche Information über die tatsächliche Lage. Die allgemeinen Zahlen in den Medien verschleierten die Schwierigkeiten. Deshalb entwickelte sich nur wenig Initiative, um Reserven zu erschließen. In den oberen Rängen nahmen Nervosität und Hektik weiter zu.«[93]

Dennoch beschloß das Politbüro am 27. April 1977, daß der Volkswirtschaftsplan 1978 trotz beträchtlicher Lücken im vorgesehenen Umfang durchgezogen werden sollte. Honecker selbst erklärte zu dem Plan großspurig: »Nichts, aber auch gar nichts streichen wir davon ab, sehen wir doch darin die zuverlässige Basis, welche die Masseninitiative braucht, um sich zu entfalten.«[94] Die Folgen der ökonomischen Vogel-Strauß-Politik blieben nicht aus: Die Rückstände beim Export in den Westen stiegen weiter, zudem wurden nun auch die Exportziele gegenüber den sozialistischen Partnern mit Ausnahme der UdSSR verfehlt. Fleisch, Zigaretten und einige Industriewaren konnten auch der eigenen Bevölkerung nicht mehr in ausreichendem Maß zur Verfügung gestellt werden.[95] Die DDR befand sich in einer tiefen ökonomischen Krise.[96]

Die wirtschaftlichen Schwierigkeiten des Staates wirkten sich auf die Stimmung in der Bevölkerung aus. Zwar zögerte die SED-Spitze aus Sorge um die Stabilität ihrer Herrschaft, die Verbraucherpreise zu erhöhen, wie es die anderen Staaten des Warschauer Paktes getan hatten.[97] Die Preise für Mieten, Verkehrstarife, Dienstleistungen und sogar Lebensmittel blieben in der DDR zunächst stabil. Doch viele – vor allem hochwertige – Waren verschwanden nach und nach aus den Geschäf-

93 Ebd., 92.
94 Rede Honeckers auf der propagandistischen Großveranstaltung zur Eröffnung des Parteilehrjahres 1977/78 in Dresden (26. 9. 1977), in: Honecker: 1983, 489.
95 Janson: 1991, 93.
96 Siehe auch Schulz: 1977, 1241.
97 Vgl. Winters: 1977, 1234.

ten.[98] Die Bevölkerung reagierte verärgert, wie das Beispiel der »Kaffeekrise« beispielhaft zeigte. Um Devisen zu sparen, beschloß das Politbüro im Sommer 1977, die Kaffee-Einfuhren zu verringern. Daraufhin nahm das Ministerium für Handel und Versorgung die meistgekaufte Kaffee-Sorte »Kosta« unangekündigt aus den Regalen und ersetzte sie durch einen in Silberfolie verpackten »Kaffee-Mix«. Dieser Ersatzkaffee, den der Volksmund bald »HoMo« – Honeckers Mokka – taufte, war zwar geringfügig billiger als Bohnenkaffee, dafür aber auch nur zur Hälfte aus Kaffeebohnen gewonnen. Die andere Hälfte bestand laut der Werbung des Herstellers VEB Kaffee Halle aus »fein abgestimmten Kaffeesurrogaten«.[99] Angesichts des üblen Geschmacks dieser Ersatzstoffe, die der *Spiegel* mit den Worten »muffig-erdig, wirklich gemein«[100] beschrieb, wird der große Unmut verständlich, den der Schwindel in der Bevölkerung erregte.[101] In einem Betrieb in Karl-Marx-Stadt legten die Beschäftigten wegen der Kaffeepreis-Politik sogar spontan die Arbeit nieder. Etwa 50 Arbeiter wurden von den Betriebskampfgruppen und dem Staatssicherheitsdienst festgenommen und aus dem Werk abtransportiert.[102]

Der Volkszorn entzündete sich außerdem an der wachsenden Zahl von Intershop-Geschäften. Mit ihnen versuchte die SED das Westgeld bei ihren Bürgern abzuschöpfen. Der auf den ersten Blick einleuchtende Gedanke, in den Intershops Devisen einzunehmen und gleichzeitig den Lebensstandard der Bevölkerung zu verbessern, hatte einen entscheidenden Nachteil: Er spaltete die DDR-Bevölkerung in die Privilegierten, die wegen ihrer Kontakte zum Westen über Devisen verfügten, und die Benachteiligten, die sich mit der DDR-Währung nur Einkäufe in Konsum- und HO-Geschäften leisten konnten. Auf diese Weise etablierte sich ein »Zweikassenzahlrecht«[103], wie ein westlicher Beobachter spitz formulierte. Da gerade treue Parteigenossen an der Basis, die erzwungenermaßen und aus ideologischer Überzeugung Westkontakte mieden, zu den Unter-

98 Z. B. berichtete die SED-BL Berlin im Dezember 1977, daß die Kritik der Bevölkerung über die schlechte Versorgung, insbesondere mit Kinderbekleidung und Ersatzteilen für Autos, zugenommen habe; vgl. SAPMO-BA, DY 30/IV B2/5/134 (SED-BL Berlin).

99 Vgl. Spiegel 43/1977, 54.

100 Spiegel 43/1977, 57.

101 Selbst SED-Mitglieder mißbilligten die Kaffeepreis-Politik der Partei. Auf einem »Lehrgang zur Qualifikation leitender Propagandisten« fragte ein Teilnehmer kritisch: »Ist der Preis für Kaffee-Mix nicht zu hoch?« Ein anderer monierte: »Warum wurde die Bevölkerung nicht informiert über Veränderungen bzw. Maßnahmen hinsichtlich der Kaffee-Sorten?«; vgl. SAPMO-BA, vorl. SED 34947.

102 Siehe Schulz: 1977, 1238f.

103 Oldenburg: 1978.

privilegierten zählten, reichte die Empörung bis weit in die SED hinein. »Wird der ›Normal-Verdiener‹ [durch die Einrichtung von Intershop-Läden] nicht insgesamt benachteiligt?« fragte etwa ein Genosse auf einer Sitzung der SED-Grundorganisation der Humboldt-Universität.[104] Auch im politischen Witz wurde dieses Thema glossiert: »Was ist der Unterschied zwischen asozial und kriminell?« Antwort: »Früher war kriminell, wer Westgeld besaß – heute ist man asozial, wenn man keines hat.«[105]

Erich Honecker sah sich im September 1977 genötigt, öffentlich zu erklären, daß die Intershop-Läden »selbstverständlich kein ständiger Begleiter des Sozialismus« seien. Sie dienten lediglich dazu, Valuta von den Besuchern aus dem Westen abzuschöpfen. Diese Behauptung führte Honecker jedoch selbst ad absurdum, als er wenig später einräumte: »Natürlich übersehen wir nicht, daß nun Bürger der DDR, die keine Devisen besitzen, in gewissem Sinne im Nachteil gegenüber denen sind, die über solche Währung verfügen.« Die SED-Führung beschloß deswegen, das Netz der Delikat- und Exquisitläden auszubauen, in denen man westliche Produkte – freilich zu besonders hohen Preisen – auch für DDR-Mark kaufen konnte. Allerdings trieb die SED-Spitze auf diese Weise den Teufel mit Beelzebub aus. Sie ersetzte die Zweiteilung der Gesellschaft durch eine Dreiteilung: Erstens die Westmarkbesitzer, zweitens diejenigen mit genügend Ostgeld für die Exquisit- und Delikatläden und drittens jene, die sich nur das übliche Angebot in den Konsum- und HO-Geschäften leisten konnten.[106]

Ähnlich delikat war in Anbetracht des chronischen Devisenmangels der DDR das Geschäft, das die SED-Führung Anfang Dezember 1977 mit dem Volkswagenkonzern abschloß. Für rund 80 Millionen D-Mark kaufte die DDR 10.000 VW-Golf, obwohl sie sich bislang gegen Auto-Importe aus dem Westen gesträubt hatte. Die meisten DDR-Bürger reagierten auf den Handel mit Verständnislosigkeit und Ärger. Sogar viele SED-Mitglieder äußerten offen Kritik. »Ist ein solcher Einkauf ange-

104 SAPMO-BA, DY 30/IV B2/9.04/23
105 Siehe SZ v. 7./8. 1. 1978, 6.
106 Wie unbeliebt diese Maßnahme denn auch war, verdeutlicht z. B. der Monatsbericht der SED-KL der Humboldt-Universität vom Dezember 1977, in dem es heißt: »Die Maßnahmen zur Einrichtung von Exquisit- u. Delikatläden unter dem Gesichtspunkt einer Konkurrenz zu den Intershopläden werden nach wie vor als eine unpopuläre Maßnahme bewertet und als eine ungerechtfertigte Differenzierung bei der Warenverteilung angesehen.« SAPMO-BA, DY IV B2/9.04/23. Vgl. auch Fernschreiben der SED-BL Cottbus an die Abt. Parteiorganisation beim ZK (11. 1. 1978), in: SAPMO-BA, DY 30/IV B2/5/241 u. verschlüsseltes Fernschreiben der SED-BL Karl-Marx-Stadt an den Sektor Parteiinformation des ZK (13. 1. 1978), in: SAPMO-BA, DY 30/IV B2/5/1000.

sichts der wachsenden außenwirtschaftlichen Belastungen vertretbar?« fragten die Genossen.[107] Andere kritisierten: »Diese Valutabeträge hätten wir lieber für volkswirtschaftlich nützlichere Erzeugnisse oder Geräte verwenden sollen.« Die Parteimitglieder an der Humboldt-Universität wollten wissen, warum man Westautos kaufe und nicht Fachbücher, »die uns helfen würden bei der Mitbestimmung des Weltniveaus«.[108] Viele erinnerten sich an die Versuche der Partei, beim Kaffee-Import Devisen einzusparen, und fragten, wieso gleichzeitig für die Volkswagen harte Währung ausgegeben werde. Im sächsischen Klingenthal fand die SED-Kreisleitung eine Postkarte in ihrem Briefkasten, auf der zu lesen war: »an sed-kl (auch kreml genannt) – teure genossen – arbeiter und bauern waren fleiszig – jetzt gehts auf die 30[109] – die kleinen leute laufen sich den wolf – die großen fahren mit dem golf – kein odol im laden, aber paraden – es lebe unser arbeiter- und bauernstaat – oder – der untergang ist uns gewisz – denkt mal richtig nach«. Unterzeichnet war die Karte mit »gruppe alter ehrlicher genossen, keine materialisten«.[110]

Oft verband sich der Unmut über die schlechte Versorgungslage mit Ressentiments gegen die Besatzungsmacht. Nicht umsonst beklagte der sowjetische Außenminister Gromyko gegenüber Honecker antisowjetische Tendenzen in der DDR. Gerade unter Jugendlichen war der Haß gegen den großen Bruder, der sich mit der Ablehnung des SED-Staates verband, verbreitet.[111] Wenn Jugendliche auf Rockkonzerten oder anderen Festen zuviel Alkohol getrunken hatten, brach die Frustration häufig durch, und es kam zu gewalttätigen Auseinandersetzungen mit der Staatsmacht. Besonders brutal waren die Krawalle am Abend des 7. Oktobers 1977, als auf dem Berliner Alexanderplatz der Nationalfeiertag der DDR mit einem Volksfest begangen wurde. Nach dem Ende eines Rockkonzerts am Fuße des Ost-Berliner Fernsehturmes entwickelte sich eine Schlägerei zwischen der Polizei und mehreren hundert Jugendlichen, die

107 Siehe hierzu und zum folgenden Monatsbericht der SED-BL Berlin (Dezember 1977), in: SAPMO-BA, DY 30/IV B2/5/134. Vgl. auch Fernschreiben der SED-BL Cottbus an die Abt. Parteiorganisation beim ZK (11. 1. 1978), in: SAPMO-BA, DY 30/IV B2/5/241 (SED-BL Cottbus) u. Verschlüsseltes Fernschreiben der SED-BL Karl-Marx-Stadt an den Sektor Parteiinformation des ZK (13. 1. 1978), in: SAPMO-BA, DY 30/IV B2/5/1000 (SED-BL Karl-Marx-Stadt).

108 Hierzu und zum Folgenden siehe Monatsbericht der SED-KL der Humboldt-Universität (Dezember 1977), in: SAPMO-BA, DY IV B2/9.04/23 (SED-KL Humboldt).

109 Gemeint war das dreißigjährige Bestehen der DDR, das im Oktober 1979 gefeiert werden sollte.

110 Verschlüsseltes Fernschreiben der SED-BL Karl-Marx-Stadt an den Sektor Parteiinformation des ZK (13. 1. 1978), in: SAPMO-BA, DY 30/IV B2/5/1000.

111 Vgl. Protokoll des Gesprächs zwischen Honecker und Gromyko (12. 5. 1978), in: SAPMO-BA, DY 30/J IV 2/2/1726, 5f. (Politbüro d. ZK).

sich vom Anblick der Uniformierten und den laut über das Volksfest schallenden russischen Balalaikaklängen offensichtlich provoziert fühlten.[112]

Neues Deutschland berichtete erst eine Woche später von dem Aufruhr, den es verharmlosend eine »Konfrontation zwischen der Polizei und einigen Schreihälsen« nannte. Es sei zu Handgreiflichkeiten einiger jugendlicher Rowdys gekommen, »die unter dem Eindruck der heißen Rhythmen nicht wußten, was sie taten«.[113] In Wirklichkeit waren die Krawalle blutig verlaufen. Die britische Nachrichtenagentur Reuter berichtete, daß es bei der abendlichen Schlägerei rund 200 Verletzte und drei Tote gegeben habe: Ein Mädchen sei beim Sturz in einen Luftschacht ums Leben gekommen, ein Volkspolizist sei erstochen, ein zweiter mit einem vollen Bierkasten erschlagen worden. Die etwa 1.000 bis 2.000 Jugendlichen hätten Parolen wie »Russen raus«, »Deutschland«, »Freiheit« und »Mauer weg« skandiert. Nach einem Bericht des *Spiegel*, der einen Monat später erschien, waren insgesamt 68 Volkspolizisten verletzt worden, zwei weitere Polizisten inzwischen ihren Verletzungen erlegen. 200 Randalierer seien verhaftet worden.[114]

Zwar waren die Ausschreitungen auf dem Alexanderplatz keine gezielten politischen Proteste. Sie zeigten jedoch, welche gewalttätigen Ausbrüche gegen den SED-Staat möglich waren, wenn antisowjetische Emotionen und eine tiefe Abneigung gegen die Staatsmacht eine alkoholisierte Masse in Hysterie versetzten. Entsprechend nervös reagierte die DDR-Führung. Hochrangige SED-Funktionäre rechneten nach den sogenannten Oktober-Krawallen ernsthaft mit Unruhen, wie sie zehn Jahre zuvor in der Bundesrepublik stattgefunden hatten. Günter Sarge, damals Erster Vize-Präsident und seit 1986 Präsident des Obersten Gerichts der DDR, erinnerte sich nach der Wende daran, daß die Ausschreitungen auf dem Alexanderplatz den bei der Parteispitze ohnehin bestehenden »68er Schock, der aus dem Westen kam«, verstärkten.[115] Nicht zuletzt wegen dieser Unruhen habe die DDR-Führung 1979 das 3. Strafrechtsergänzungsgesetz erlassen, welches das Demonstrationsverbot drastisch verschärfte.[116]

112 Hierzu und zum Folgenden siehe Spiegel 43/1977, 62 u. Schütze: 1977, 1244.
113 ND v. 14. 10. 1977.
114 Vgl. Spiegel 47/1977, 65f.
115 Lorenz: o. J.
116 Ebd. Der ehemalige Leiter der Staatlichen Plankommission, Gerhard Schürer, erklärte nach der Wende ebenfalls, daß Ende der siebziger Jahre in der DDR eine gefährliche Krise entstanden sei, in der das Regime Unruhen in der Bevölkerung mit unabsehbaren Folgen erwartete; so Schürer 1991 im Gespräch mit Garton Ash (Garton Ash: 1993, 232).

Ideologische Herausforderungen

Die SED-Spitze war vor allem deswegen besorgt, weil die wachsende Unruhe in der Bevölkerung durch spektakuläre Protestaktionen von Künstlern, Intellektuellen und Kirchenleuten verstärkt wurde. Am 18. August 1976 verbrannte sich in Zeitz der Pfarrer Oskar Brüsewitz aus Protest gegen die Kirchenpolitik der SED.[117] Zwar bemühten sich sowohl der SED-Staat als auch die evangelische Kirche, die verzweifelte Tat des Pfarrers nicht zum Politikum werden zu lassen. Dennoch konnten sie nicht verhindern, daß sich die Menschenrechtsdiskussion in der DDR nach Brüsewitz' Tod intensivierte.[118] Wolf Biermann etwa, der nicht gerade als ein der Kirche nahestehender Künstler bekannt war, solidarisierte sich wenig später demonstrativ mit kirchlichen Oppositionsgruppen, indem er am 9. November ein Konzert in der Prenzlauer Nikolaikirche veranstaltete.

Als dem unbequemen Sänger und Dichter eine Woche nach seinem Auftritt in Prenzlau während einer Tournee in Westdeutschland die DDR-Staatsbürgerschaft aberkannt wurde, löste das eine noch größere Protestwelle innerhalb und außerhalb der DDR aus als der Freitod des Pfarrers.[119] Das Protestschreiben, das zwölf namhafte Autoren und ein Bildhauer unter der Federführung Stefan Hermlins am Abend des 17. November 1976 verfaßten[120] und dem sich später weitere Schriftsteller und Künstler anschlossen, hatte Signalwirkung. Biermann selbst sah die Reaktionen auf seine Ausbürgerung Jahre später in historischen Dimensionen: »Obwohl die Ausbürgerung eines Menschen natürlich unvergleichlich weniger bedeutet als der Einmarsch in die ČSSR am 21. August 1968, war die Protestbewegung gegen meine Ausbürgerung doch breiter und tiefer.«[121]

Richtig an dieser selbstbewußten Einschätzung des Künstlers ist sicherlich eines: Öffentlicher Protest wegen der Verletzung von Menschenrechten war für die DDR-Führung 1976 viel gefährlicher als noch wenige Jahre zuvor. Sie hatte sich schließlich 1975 durch die Unterzeichnung der

117 Siehe zum »Fall Brüsewitz« und den folgenden Reaktionen des Staates, der Kirche und der Medien die ausführlichen Dokumentationen und Interpretationen von Müller-Enbergs: 1993; Müller-Enbergs u. a.: 1993 und Schultze: 1993; vgl auch Fricke: 1984, 192f.

118 Vgl. Besier: 1995, 200–208.

119 Siehe z. B. Berbig u. a.: 1994; Keller/Kirchner: 1991, aber auch die Materialsammlung von Mytze: 1977.

120 Vgl. zur Entstehung des Textes die Autobiographie eines Beteiligten; Heym: 1987, 797–805.

121 In: Spiegel 10/1992, 50. Zustimmend Berbig u. a.: 1994, 11.

Helsinki-Schlußakte verpflichtet, »die Menschenrechte und Grundfreiheiten einschließlich der Gedanken-, Gewissens-, Religions- oder Überzeugungsfreiheit für alle ohne Unterschied der Rasse, des Geschlechts, der Sprache oder der Religion« zu achten.[122] Immer mehr Bürger nahmen die ihnen drohenden Nachteile in Kauf und stellten unter Berufung auf die KSZE-Schlußakte Ausreise-Anträge oder klagten öffentlich die Einhaltung der Menschenrechte ein. Aufsehenerregende Beispiele waren die sogenannte »Riesaer Petition« des Arztes Karl-Heinz Nitschke, der im Juli 1976 eine »Petition zur vollen Erlangung der Menschenrechte« verfaßte, die von 79 ausreisewilligen DDR-Bürgern unterzeichnet wurde, und der Brief des Ost-Berliner Germanistik-Professors Nitsche, in dem er den amerikanischen Präsidenten Carter auf Menschenrechtsverletzungen in der DDR aufmerksam machte.

Der sächsische Arzt wie der Berliner Professor büßten ihre öffentliche Kritik mit längerer Haft, beide wurden schließlich ohne Gerichtsverfahren in die Bundesrepublik abgeschoben.[123] Die DDR-Behörden wollten mit aller Macht verhindern, daß sich wie in Polen und der Tschechoslowakei organisierte Oppositionsbewegungen bildeten.[124] Genauso entschieden wie gegen die Menschenrechtsbewegung gingen sie gegen Kritiker vor, die wie Wolf Biermann von einem kommunistischen Standpunkt aus Reformen in der DDR forderten. Der Nestor und potentielle Wortführer der kommunistischen Opposition in der DDR, Robert Havemann, stand seit Biermanns Ausbürgerung, gegen die er heftig protestiert hatte, unter einem von der Staatssicherheit generalstabsmäßig organisierten Hausarrest.[125]

Im August 1977 veröffentlichte Rudolf Bahro, der mit 16 Jahren Kandidat der SED geworden und bis zur Intervention in der Tschechoslowakei deren überzeugter Anhänger geblieben war, in einem westdeutschen Verlag seine persönliche »Kritik des real existierenden Sozialismus«.[126] Bahro hatte zehn Jahre lang nahezu seine gesamte Freizeit darauf verwandt, heimlich ein Buch zu schreiben, das aus streng marxi-

122 Texte: Reihe II, Bd. 3, 336.
123 Siehe Winters: 1977, 1233f.
124 Siehe Krzeminski: 1993, 144–160; Holzer: 1985, 37–41; Skilling: 1981; Pelikán/Wilke: 1977; Riese: 1977.
125 Siehe hierzu den Beitrag von Klaus Richter und Manfred Wilke in Havemann: 1991, 191–239 (220f.). Havemanns Protest gegen die Ausbürgerung Biermanns ist dokumentiert in: DA 1977 (1), 76–79.
126 So lautet der Untertitel seines Buches; siehe Bahro: 1977. Bahros Buch löste in der Bundesrepublik eine breite Diskussion über die Reformierbarkeit der DDR aus. Vgl. Wolter: 1978; aber auch Schenk: 1978, 469–472; Thalheim: 1978, 1160–1171.

stischer Sicht den Entwurf »einer umfassenden politisch-ökonomischen Analyse und Alternative« zur bestehenden DDR liefern wollte.[127] Er plädierte dafür, einen demokratischen »Bund der Kommunisten« ins Leben zu rufen, der die erstarrte, stalinistische »Politbürokratie«[128] der SED ablösen sollte. Der neue kommunistische Bund sollte »keine Massenpartei der Art [sein], in der eine selbsternannte Führungselite nach dem Gesetz der großen Zahlen die numerierten Mitglieder manipuliert, sondern eine Vereinigung Gleichgesinnter, d. h. an der Lösung der gleichen Probleme in der gleichen Richtung interessierter Individuen von gleicher allgemeiner Kompetenz«.[129] Diese Forderung traf die auf Machtsicherung fixierte SED-Spitze bis ins Mark. Am 24. August, einen Tag nach dem Erscheinen des Buches in der Bundesrepublik, wurde Bahro verhaftet. Der folgende Prozeß, in man ihm vorwarf, für die Bundesrepublik spioniert und für 200.000 D-Mark alle möglichen Geheimnisse verraten zu haben, wurde in aller Heimlichkeit durchgeführt und endete mit Verhängung einer achtjährigen Freiheitsstrafe.[130]

So verschieden die Motive des Protests in den geschilderten Fällen auch waren, hatten sie doch eines gemeinsam: Sie wandten sich unter Berufung auf elementare Menschenrechte gegen die von der Sowjetunion vorgegebene und von Honecker bedingungslos befolgte ideologische Linie. Zwar gelang es dem DDR-Regime durch hartes Eingreifen, die Bildung organisierter Oppositionsgruppen zu verhindern. Erich Mielke schrieb anläßlich des 100. Geburtstags von Feliks Dserschinskij, dem berüchtigten Chef von Lenins Tscheka, im *Neuen Deutschland*: »Klarheit in der Frage der Macht war, ist und bleibt eine Grundforderung der marxistischen Weltanschauung.« Drohend fügte er hinzu: »Niemals werden wir Wühl- und Zersetzungstätigkeit gegen den Sozialismus zulassen. [...] Feinde werden wie Feinde bekämpft.«[131] Doch das Säbelrasseln machte nur deutlich, daß die SED-Führung um die Stabilität ihrer Herrschaft zu fürchten begann.

Der sowjetische Führungsanspruch in ideologischen Fragen wurde freilich nicht nur innerhalb des Ostblocks in Frage gestellt. Nachdem China mit der maoistischen Ideologie bereits eigene Wege gegangen war, wehrten sich seit Ende der sechziger Jahre auch die kommunistischen

127 Bahro: 1977a, 9 u. 56.
128 Bahro: 1977, passim.
129 Ebd., 448.
130 Die Bevölkerung erfuhr davon erst nach der Urteilsverkündung am 30. 6. 1978 in einer knapp gehaltenen ADN-Meldung (abgedruckt in: DA 1978 (9), 921).
131 ND v. 10./11. 9. 1977.

Parteien in Westeuropa, vor allem in Spanien und Italien, gegen die ideologische Hegemonie der Sowjetunion.[132] In ihren Augen war die sowjetische Ideologie für die konkrete politische Lage, in der sich Westeuropas Kommunisten befanden, unbrauchbar. Die kommunistischen Parteien in Frankreich, Spanien, Italien und auch in Großbritannien, die man bald allgemein als »Eurokommunisten« bezeichnete[133], konnten hoffen, irgendwann einmal nach freien Wahlen an die Regierung zu gelangen. Das Warten auf eine Revolution schien dagegen wenig erfolgversprechend.

Ein eigener Weg zum Sozialismus war für die westeuropäischen Kommunisten darüber hinaus erstrebenswert, weil die Sowjetunion gemäß ihrer Doktrin der »friedlichen Koexistenz« den Kontakten zu den westlichen Regierungen Vorrang einräumte gegenüber den Beziehungen zu den kommunistischen Parteien des Westens.[134] Moskaus Außenpolitik hatte die Erhaltung des Status quo zum Ziel, an dem den italienischen, französischen, spanischen und englischen Kommunisten wenig gelegen war. Sie fürchteten, daß die UdSSR ihre imperialen Interessen letztlich auf Kosten der westeuropäischen Genossen verfolgte.

Die Eurokommunisten unterschieden sich nicht nur in den Methoden der Machtergreifung von der sowjetischen Orthodoxie. Sie bekannten sich außerdem zu Parteienpluralismus, Meinungs- und Religionsfreiheit sowie zu autonomen Gewerkschaften. Diese Werte waren zu tief in den Gesellschaften des Westens verwurzelt, als daß eine Partei, die sie nicht anerkannte, jemals eine Chance gehabt hätte, größere Wählermassen für sich zu gewinnen.[135]

132 Zur Geschichte der Emanzipation der westeuropäischen Kommunisten von Moskau vgl. z. B. Steinkühler: 1977; Timmermann: 1976, 1278f. Eine abschließende Bewertung des Eurokommunismus aus heutiger Sicht bietet Bäuerlein: 1992, 653–663.

133 Die Entstehung des Terminus' »Eurokommunismus« ist genauso umstritten wie der Terminus selbst; vgl. zur Begriffsgeschichte Timmermann: 1976, 1278 u. Timmermann: 1977, 956; Steinkühler: 1977a, 347–349; Rühle: 1977, 345. Die Gegner des Begriffs kritisieren, daß die Bezeichnung »Eurokommunismus« eine größere Gemeinsamkeit der kommunistischen Parteien Westeuropas vortäusche, als tatsächlich vorhanden sei; so etwa Croan: »Eurocommunism ought to be regarded less as a single, integrated ideological-political platform juxtaposed to Soviet Marxism-Leninism than as an updated expression of polycentrism and national communism.« (Croan: 1980, 143).

134 Vgl. Laudon: 1976, 158.

135 Dabei kann hier offenbleiben, ob die Anerkennung der westlichen Werte lediglich ein taktisches Manöver der westeuropäischen KPs auf dem Weg zur Macht war oder ob der Eurokommunismus eine langfristige Strategie zur Schaffung eines demokratischen Sozialismus war. Die erste Ansicht vertritt z. B. Timmermann: 1976, 1276–1298; eher zur zweiten Meinung neigt – mit guten Argumenten – Ludz: 1981.

Die Sowjetunion beobachtete den Sonderweg der Eurokommunisten mit Besorgnis. Sie fürchtete, daß die kommunistischen Parteien ihrer osteuropäischen Satelliten mit dem eurokommunistischen Virus infiziert werden könnten. In Kombination mit der Menschenrechtsdiskussion konnte dieser Virus für einige von ihnen tödliche Folgen haben.[136] Die UdSSR wollte daher eine tiefgehende Spaltung des europäischen Kommunismus verhindern. Die Eurokommunisten sollten politisch und ideologisch wieder stärker mit dem Ostblock verklammert werden. Der DDR war dabei die Rolle des Vermittlers zugedacht.[137] Die Sowjetunion wählte daher Ost-Berlin zum Schauplatz eines Konzils aller kommunistischen Parteien, auf dem sie ihre ideologische Hegemonie wiederherstellen wollte. Dieser Versuch scheiterte am 29. und 30. Juni 1976 spektakulär. Zwar vermieden die spanischen, italienischen, französischen und englischen Kommunisten den offenen Bruch. Jedoch äußerten sie deutlich ihre von der sowjetischen Linie abweichenden Meinungen. Der Chef der kommunistischen Partei Italiens, Enrico Berlinguer, bekannte sich zum Pluralismus und Wettstreit der Parteien, zu Kultur-, Kunst- und Wissenschaftsfreiheit[138], der französische Kommunist Marchais propagierte einen »Sozialismus in den Farben Frankreichs«.[139] Am weitesten ging der Spanier Santiago Carillo, indem er verkündete, Moskau sei nicht das Rom des Sozialismus[140], und damit dem politischen und ideologischen Führungsanspruch der Sowjetunion eine eindeutige Absage erteilte.

Das Bekenntnis zum »proletarischen Internationalismus«, mit dessen Hilfe die Sowjetunion in der Vergangenheit ihre Führungsrolle durchgesetzt hatte[141], konnten Breschnew und Honecker nicht im Abschlußdokument der Konferenz verankern. Statt dessen war dort von »internationalistischer, kameradschaftlicher und freiwilliger Zusammenarbeit und Solidarität« die Rede, »bei strenger Wahrung der Gleichberechtigung und souveränen Unabhängigkeit jeder Partei, der Nichteinmischung in die inneren Angelegenheiten, der Achtung der freien Wahl verschiedener Wege im Kampf um fortschrittliche gesellschaftliche Umgestaltungen und für den Sozialismus«.[142]

136 Vgl. hierzu und zum Folgenden Timmermann: 1976a, 606f.
137 Vgl. Timmermann: 1977a, 965.
138 ND v. 1. 7. 1976.
139 Ebd.
140 Ebd.
141 Vgl. Lexikon: 1986, 275 (s. v. »Internationalismus«); DDR-Handbuch: 1985, 670–672 (s. v. »Internationalismus, proletarischer«).
142 Ebd., auch in: Dokumente: 1980, 280–301 (288). Siehe auch Fricke: 1976, 676.

Dieses Dokument löste in der DDR eine Diskussion über die eurokommunistischen Ideen aus. *Neues Deutschland* hatte als einzige osteuropäische Zeitung die Reden von Berlinguer, Marchais und Carillo ungekürzt abgedruckt, so daß die Positionen der Eurokommunisten allgemein bekannt wurden.[143] Das gab den sozialistischen Oppositionellen in der DDR zusätzlichen Auftrieb. Unmittelbar nach dem Ende der Ost-Berliner Konferenz meldete sich Havemann in einem Rundfunkinterview zu Wort. Die kommunistischen Parteien Europas hätten sich endgültig dem Hegemonieanspruch der KPdSU entzogen. Die Konferenz hätte die SED daran erinnert, »daß man einen eigenen Beitrag zur Entwicklung des Kommunismus zu leisten hat, daß man sich endlich auch hier in der DDR frei und unabhängig bewegen kann, politisch und ökonomisch«.[144] Bahro schlug in die gleiche Kerbe. »Man muß die Situation seit Helsinki und mehr noch seit der Berliner Konferenz, seit der Profilierung des Eurokommunismus, ausnutzen, um den Apparat ideologisch in die Enge zu treiben«, schrieb er. »Möglichst keine Ruhe geben, keine Atempause im ideologischen Kampf. Ein Auftritt sollte dem anderen folgen. Ich nenne das, den Apparat daran gewöhnen, einer offenen Opposition ins Gesicht sehen zu müssen.«[145]

Das konnte die SED-Spitze nicht dulden, zumal die Eurokommunisten in der Auseinandersetzung um die Biermann-Ausbürgerung ihr Eintreten für die Meinungsfreiheit unter Beweis stellten und sich mit den protestierenden Künstlern und Intellektuellen solidarisierten.[146] Trotz des offiziell zurückhaltenden Kurses griffen führende SED-Funktionäre daher die Eurokommunisten intern scharf an. In einer Rede vor SED-Gesellschaftswissenschaftlern setzte der ZK-Sekretär Kurt Hager »eurokommunistisch« mit »sozialdemokratisch« gleich, indem er feststellte, es gebe »nur die Alternative zwischen dem revolutionär-marxistisch-leninistischen Kurs und dem eurokommunistisch-sozialdemokratischen Kurs der Biermann und Havemann«.[147] Nach der allgemeinen Sprachregelung im

143 ND v. 1. 7. 1976. Es kann davon ausgegangen werden, daß diese Maßnahme als Bestandteil der angestrebten ostdeutschen »Brückenfunktion« von der DDR-Führung mit Moskau abgesprochen war.

144 Robert Havemann im DLF am 1. 7. 1976; zit. nach Welt v. 3. 7. 1976.

145 Bahro: 1977a, 60. Freilich setzte Bahro andere Akzente als die Eurokommunisten, z. B. forderte er nicht wie sie die Einführung eines Mehrparteiensystems. Dafür war seine Kritik an der ökonomischen Konzeption des »real existierenden Sozialismus« radikaler als die der westeuropäischen Kommunisten.

146 Vgl. die Dokumentation »Der Fall Biermann«, in: DA 1977 (1), 102–104.

147 Zit. nach Spiegel 51/1976, 20. Diese Passage der Rede Hagers wurde weder in der Zusammenfassung im ND erwähnt noch in der umfangreichen Broschüre »Der IX. Parteitag und die Gesellschaftswissenschaften« abgedruckt (siehe Hager: 1976).

Warschauer Pakt wurde der Eurokommunismus als »Neoreformismus« bezeichnet und in seiner Gefährlichkeit dem Maoismus gleichgestellt.[148]

Tatsächlich war der Eurokommunismus für den ideologischen Alleinherrschaftsanspruch Breschnews und seiner Anhänger in Mittel- und Osteuropa jedoch weitaus gefährlicher als die maoistische Theorie. Denn während der Maoismus vor allem als Befreiungsideologie für Völker der Dritten Welt attraktiv war, knüpften die Eurokommunisten ausdrücklich an die europäische Tradition des Humanismus und der Aufklärung an, die in vielen osteuropäischen Staaten tief verwurzelt ist. Die Betonung der zivilisatorischen Leistungen Europas schloß zugleich ein – bewußtes oder unbewußtes – Ressentiment gegen Rußland ein, das an vielen dieser Errungenschaften keinen Anteil hatte. Mit seiner These, jede Nation müsse ihren eigenen Weg zum Sozialismus finden, griff der Eurokommunismus überdies eine alte Forderung national gesinnter Kommunisten in allen Satellitenstaaten auf. In der DDR stellte diese Forderung in Verbindung mit der ungelösten nationalen Frage freilich nicht nur das bestehende System in Frage, sondern die Existenz des ganzen Staates.[149]

Die ungelöste nationale Frage

Die nationale Frage war für die SED *das* Problem par excellence. Sie offenbarte das grundsätzliche Dilemma, in dem sich die Partei während der gesamten Zeit ihrer Existenz befand. Einerseits bedurfte sie für die Sicherung ihrer Herrschaft in Ostdeutschland der sowjetischen Protektion, wobei die Hegemonie der UdSSR hinter der offiziellen Bezeichnung »proletarischer Internationalismus« schamhaft verborgen wurde. Andererseits mußten die deutschen Kommunisten aus ihrem Scheitern in der Weimarer Republik die Lehre ziehen, daß sie »lange Zeit das verletzte Nationalgefühl [...] nicht genügend berücksichtigt« hatten.[150] Wollten sie diesen Fehler nach 1945 vermeiden, mußten sie sich bemühen, die nationalen Gefühle der Deutschen anzusprechen.

Die Spannung zwischen Nationalismus und Internationalismus hat ihre Ursache freilich nicht nur in den konkreten politischen Machtverhältnis-

148 Vgl. etwa Protokolle der Beratung der Sekretäre der Zentralkomitees für internationale und ideologische Fragen, die am 28. 2. 1978 in Budapest stattfand; in: SAPMO-BA, DY 30/IV 2/2.035, 179.

149 Sehr instruktiv dazu Croan: 1980, 140–156 (150).

150 So der Generalsekretär der Komintern, der Bulgare Georgi Dimitroff, 1935 auf dem VII. Kongreß d. Komintern (zit. nach Vogt: 1986, 153). Vgl. dazu Stern: 1963, 215f.

sen nach dem Zweiten Weltkrieg. Sie war bereits im Marxismus selbst angelegt, in dem sich sowohl internationalistische als auch nationalistische Traditionslinien finden. Beide kann man bis zum »Kommunistischen Manifest« von 1848 zurückverfolgen, in dem Marx und Engels auf den Vorwurf, die Kommunisten wollten das Vaterland abschaffen, antworteten: »Die Arbeiter haben kein Vaterland. Man kann ihnen nicht nehmen, was sie nicht haben. Indem das Proletariat zunächst sich die politische Herrschaft erobern, sich zur nationalen Klasse erheben, sich selbst als Nation konstituieren muß, ist es selbst noch national, wenn auch keineswegs im Sinne der Bourgeoisie.«[151]

Diesen Sätzen kann man einerseits eine klare »Absage an jeglichen Eigenwert einer Nation« entnehmen.[152] Die Nation ist demnach keine dauernde Gemeinschaftsform eines Volkes, sondern eine bloße »Entwicklungsform der Gesellschaft, die sich mit der kapitalistischen Gesellschaftsformation herausbildet und in der kommunistischen Gesellschaftsformation vergeht«.[153] Die nationale Frage sei ein Teil der allgemeinen Frage der proletarischen Revolution, konnte Stalin daher feststellen.[154] Auf die deutsche Frage nach 1945 angewandt, bedeutete das: Nation und Nationalismus der Deutschen waren begrüßenswert, wenn sie der proletarischen Revolution – und damit der Sowjetunion – nützten. Andernfalls waren sie reaktionär.

Jedoch ist eine andere Interpretation des »Kommunistischen Manifests« ebenfalls möglich. Heißt es dort doch auch: »Obgleich nicht dem Inhalt nach, ist der Form nach der Kampf des Proletariats gegen die Bourgeoisie zunächst ein nationaler. Das Proletariat eines jeden Landes muß natürlich zuerst mit seiner eigenen Bourgeoisie fertig werden.«[155] Da dies den deutschen Kommunisten erst in einem Teil ihres Vaterlandes gelungen war, blieb die Lösung der nationalen Frage unabhängig vom Willen der sowjetischen Führung ein ständiger revolutionärer Auftrag für die SED.

Die SED-Spitze sah sich daher stets genötigt, beide Aspekte auf einen gemeinsamen Nenner zu bringen. Sie mußte sich bemühen, die notwendige Anlehnung an die Sowjetunion und die patriotischen Gefühle der Deutschen miteinander zu vereinbaren. Unter Ulbricht gelang dies – wenigstens rhetorisch –, indem sich die KPD bzw. SED als »die Partei des

151 Marx: 1968, 545.
152 Vogt: 1986, 139.
153 Philos. Wörterbuch: o. J., 376.
154 Stalin: 1947, 64.
155 Marx: 1968, 537.

Kampfes für die Einheit der Nation« ausgab.[156] Diese Strategie deckte sich solange mit den Plänen Moskaus, wie die deutschlandpolitischen Initiativen der SED die sowjetische Herrschaft in Ostdeutschland nicht in Frage stellten. Da der Osten während der fünfziger und sechziger Jahre sicher war, daß die Bundesrepublik auf seine gesamtdeutschen Vorschläge, Angebote und Losungen ablehnend reagieren würde, konnte die SED bis 1968/69 eine offensive und dem Anspruch nach nationale Politik verfolgen.[157] Otto Grotewohl verkündete etwa 1949 in seiner Regierungserklärung, daß nur die SED »den Weg des deutschen Volkes zu einem einheitlichen, demokratischen und friedliebenden Deutschland zu finden« wisse.[158] 1960 hieß es im *Neuen Deutschland*: »Es gibt ein Deutschland und wird auch den deutschen Nationalstaat wieder geben. Dafür sorgt die deutsche Arbeiterklasse und ihr Staat, der im Kampf um die nationale Wiedergeburt und zur Verteidigung der nationalen Interessen des deutschen Volkes geschaffen wurde.«[159] Und noch in der Verfassung von 1968 war in Artikel 8 von der »Überwindung der [...] Spaltung Deutschlands« die Rede.[160]

Für Erich Honecker war es jedoch unmöglich, Ulbrichts Politik in der nationalen Frage fortzusetzen. Das lag zum einen daran, daß einige Moskauer Spitzenfunktionäre ihn von Anfang an verdächtigten, ein deutscher Nationalist zu sein. Julij Kwizinskij betonte in seinen Memoiren, daß Teile des sowjetischen Politbüros Honecker gegenüber mißtrauisch gewesen seien. Dieser habe ihnen als weniger zuverlässig und berechenbar gegolten als Ulbricht, der durch die brutale Schule des sowjetischen Exils gegangen war. In Honecker sahen sie dagegen einen typischen »Vertreter der KZler, die im Unterschied zu Ulbricht und Pieck weniger geneigt waren, die Treue zu Moskau über die Interessen des eigenen Landes zu stellen«. Anders als Leonid Breschnew fürchteten sie, daß Honeckers Machtantritt das »nationalpatriotische Element« in der DDR stärken und ein größeres Streben nach Selbständigkeit hervortreten lassen werde.[161]

156 Ulbricht am 12. 10. 1945 (zit. nach Vogt: 1986, 156). Vgl. dazu Stern: 1963, 216.
157 So auch Seiffert: 1984, 11; Seiffert: 1982, 164; Vogt: 1986, 156.
158 Grotewohl: 1959, 495.
159 ND v. 11. 6. 1960.
160 Dokumente: 1976, 527. Freilich modifizierte Ulbricht diese Doktrin gegen Ende seiner Herrschaft, indem er die selbständige Identität der DDR als Staat stärker betonte; vgl. Hacker: 1987, 52; Schweitzer: 1985, 47. Seiffert datiert die Zäsur in der nationalen Doktrin der DDR auf 1968/69 (siehe Seiffert: 1984, 11).
161 Kwizinskij: 1993, 257.

Schon aus Rücksicht auf die argwöhnischen Sowjets mußte der neue SED-Chef mit gesamtdeutscher Rhetorik vorsichtiger umgehen als Ulbricht. Wichtiger war jedoch, daß sich mit dem Beginn der neuen sowjetischen Westpolitik seit 1968 und dem Regierungswechsel in Bonn 1969 die außenpolitische Lage völlig verändert hatte.[162] Die neue Bundesregierung war bereit, die DDR als zweiten deutschen Staat anzuerkennen und mit ihrer Führung konkrete Verhandlungen aufzunehmen. Sie begründete diesen Schritt dabei ausdrücklich mit ihrer Überzeugung von der »Lebendigkeit der Wirklichkeit einer deutschen Nation«.[163] Moskau seinerseits legte Wert darauf, daß die SED auf das Angebot einging, wollte aber von Ost-Berlin gewährleistet wissen, daß es gerade *nicht* zu einer deutsch-deutschen Annäherung unter dem Schlagwort der »Nation« komme.[164]

Mit einem Schlag wurde somit der gesamtdeutsche Populismus der Ulbricht-Ära unbrauchbar. Honecker mußte den Ausgleich zwischen den sowjetischen Interessen und der erwünschten nationalen Legitimierung der DDR auf andere Weise erreichen: An die Stelle der Wiedervereinigungsrhetorik trat die Zwei-Nationen-Lehre. Mit ihrer Hilfe versuchte der SED-Chef, die durchlässiger werdende Mauer durch zusätzliche ideologische Barrikaden wieder zu verstärken. Schon im Mai 1971 verkündete er: »Die herrschenden Kreise in der BRD suchen ihre revanchistische Linie von den bereits erwähnten ›innerdeutschen Beziehungen‹ mit der betrügerischen Behauptung zu stützen, es bestehe unverändert eine einheitliche deutsche Nation. Davon kann natürlich keine Rede sein. Was die nationale Frage betrifft, so hat hierüber bereits die Geschichte entschieden.«[165]

Der damalige ZK-Sekretär für Propaganda, Albert Norden, ging ein Jahr später sogar noch weiter, indem er schlichtweg die historische deutsche Nation leugnete und die Existenz zweier Nationen – die der Ausbeuter und die der Unterdrückten – in die Vergangenheit projizierte.[166]

Schließlich setzte sich eine etwas weniger radikale Position durch, derzufolge sich in der DDR seit 1945 eine sozialistische »Nation« her-

162 Siehe hierzu u. zum Folgenden Schweitzer: 1985, 48; Hacker: 1987, 51–53.

163 Brandt am 20. 3. 1970 während des Erfurter Treffens mit DDR-Ministerpräsident Stoph (zit. nach Texte: Reihe I, Bd. 4, 352).

164 Siehe etwa Garton Ash: 1993, 118.

165 Der Text dieser Rede, die Honecker am 15. 6. 1971 auf dem VIII. Parteitag d. SED gehalten hat, ist abgedruckt in: ND v. 21. 6. 1971; Auszüge ebenfalls in: DA 1971 (4), 770f.

166 Referat Albert Nordens an der Parteihochschule »Karl Marx« am 3. 7. 1972; auszugsweise dokumentiert in: DA 1972 (5), 1223–1225.

ausgebildet habe, während eine einheitliche deutsche »Nationalität« bestehen geblieben sei.[167]

Die praktische Umsetzung der ideologischen Kurskorrektur äußerte sich darin, daß die Vokabeln »deutsch« und »Deutschland« aus dem öffentlichen Leben verschwanden. Der »Deutschlandsender« erhielt den Namen »Radio DDR«. Die »Nationale Front des demokratischen Deutschland« wurde in »Nationale Front der DDR« umgetauft. Der Text von Bechers Nationalhymne, der die verfängliche Zeile »Deutschland, einig Vaterland« enthielt, fiel der Kampagne ebenfalls zum Opfer: Die Hymne durfte fortan nur noch instrumental vorgetragen werden.[168] Die Abgrenzungsbekundungen gipfelten darin, daß in der revidierten DDR-Verfassung von 1974 alle Hinweise auf Deutschland, eine deutsche Nation oder gar eine mögliche Wiedervereinigung getilgt wurden.[169]

An der Basis der Einheitspartei rief der schroffe Kurswechsel Zweifel und Konfusion hervor. SED-Mitglieder, die jahrelang geglaubt hatten, an der Spitze der deutschen nationalen Bewegung zu stehen, waren irritiert. Manche vermuteten, daß es sich lediglich um eine taktische Maßnahme der Parteispitze handele.[170] Andere, besonders eifrige Parteimitglieder fragten, warum nicht auch die »Sozialistische Einheitspartei Deutschlands« und deren Zentralorgan *Neues Deutschland* andere Namen erhielten. Sie waren besorgt, ob sie sich künftig überhaupt noch als »Deutsche« bezeichnen dürften.[171]

Der übrige Teil der DDR-Bevölkerung reagierte ablehnender auf die neue nationale Doktrin. Die Krawalle auf dem Alexanderplatz vom Oktober 1977, bei denen die jugendliche Menge »Mauer weg« und

167 In diesem Sinne äußerte sich Honecker auf der 13. Tagung des ZK (12. 12. 1974); Text in ND v. 13. 12. 1974 u. auszugsweise in: DA 1975 (8), 89–107 (93f.). Theoretisch untermauert wurde die spitzfindige Unterscheidung zwei Jahre später von dem Philosophen und »Nations«-Experten der Akademie für Gesellschaftswissenschaften beim ZK Alfred Kosing und dem Historiker Walter Schmidt. Der Trick, mit dem Schmidt und Kosing die verwegene Konstruktion Honeckers zu retten versuchten, bestand darin, daß sie zwischen ethnisch-sprachlichen Faktoren (Nationalität) auf der einen Seite und einer umfassenderen Gesamtheit von »sozial-historischen Faktoren in der Einheit mit dem Ethnischen« (Nation) auf der anderen Seite unterschieden. »Nationalität« war somit ein – unwichtiger – Bestandteil von »Nation«. Vgl. Kosing/Schmidt: 1975, Kosing: 1976; siehe auch Schweitzer: 1985, 51 und Hacker: 1987, 55.

168 Siehe Schweitzer: 1985, 49f.

169 Vgl. Hacker: 1987, 54; Schweitzer: 1985, 50; Seiffert: 1984, 13; Roggemann: 1989, 67.

170 Ein ehemaliges SED-Mitglied erinnerte sich später, daß ein Funktionär, der darlegte, daß es jetzt zwei Nationen in Deutschland gebe, in einer Parteiversammlung unterbrochen wurde und ein Zuhörer in Anlehnung an das berühmte Wort Stalins ausrief: »Wir wissen schon, die Nationen kommen und gehen, die Deutschen aber bleiben« (siehe Seiffert: 1984, 13).

171 Dieser Absatz beruht auf der Darstellung von Seiffert: 1984, 13.

»Deutschland« skandierte, waren nur ein besonders krasses Beispiel dafür, daß viele Ostdeutsche die Zwei-Nationen-These nicht akzeptierten. Die Anziehungskraft der reichen Bundesrepublik wurde durch ideologische Abgrenzungsversuche nicht entscheidend geschwächt, zumal die westdeutschen Waren in den Schaufenstern immerfort eine »Vergegenständlichung der Idee der nationalen Einheit im Alltag« der DDR-Bürger darstellten.[172]

172 Spiegel 6/1978, 41.

Das »Manifest« im *Spiegel*

Die Kritik an Erich Honecker und seiner Politik

Wie auf einer Blaupause waren in dem Papier, das der *Spiegel* im Januar 1978 veröffentlichte, die Schwierigkeiten abgebildet, in die Honeckers DDR geraten war. Gleichzeitig enthielt der Text eine pointierte Begründung, wie es zu den Mißständen gekommen war. Die immer engere politische, wirtschaftliche und ideologische Orientierung an der UdSSR, welche die DDR unter der Führung Honeckers vollziehe, sei der entscheidende Grund für die aktuelle Krise: »Die DDR ist der Abklatsch einer 16. Unionsrepublik, wobei deren negative Seiten mit deutscher Gründlichkeit vergröbert sind.«[173]

Außenpolitisch bedeutete die enge Anbindung an die Sowjetunion nach Ansicht der »Manifest«-Verfasser eine Gefahr für Frieden und Entspannung in Europa, ja in der ganzen Welt: »Die sowjetische Aufrüstung zu Lande, zu Wasser und in der Luft, das Schüren von Kriegsherden im afrikanisch-arabischen Raum durch Lieferung von Waffen, Personal und Ausbildern, die zunehmende Militarisierung des gesamten öffentlichen Lebens im Ostblock gefährden den Weltfrieden.«[174] Solange Moskau aktiv an der Entspannung interessiert gewesen war, hätten sich die sowjetischen Interessen mit denen der DDR gedeckt. Doch weil die UdSSR der Détente nur zugestimmt habe, um ihre ökonomische und technologische Rückständigkeit mit Hilfe des Westens zu überwinden, sei ihr entspannungspolitisches Engagement nicht von Dauer gewesen. Inzwischen betreibe sie wieder »Großmachtpolitik ohne Rücksicht auf die internationale Arbeiterbewegung oder die sogenannten Bruderländer«, wie die Spannungen um West-Berlin bewiesen, die Moskau absichtsvoll aufrechterhalte.[175]

Anders als für die Sowjetunion sei die Entspannungspolitik für das geteilte Deutschland jedoch nicht bloß ein zeitlich begrenztes taktisches Mittel, sondern eine nationale Notwendigkeit. Denn nur mit Hilfe der

173 Spiegel 2/1978, 26.
174 Spiegel 1/1978, 22.
175 Ebd., 22.

Entspannung könne die Spaltung des Landes allmählich überwunden werden.[176]

Neben diesen politischen sahen die Autoren auch ökonomische Interessengegensätze. Denn die Wirtschaftspolitik der den RGW dominierenden UdSSR sei ebenfalls von eigensüchtigen Interessen geleitet. Mit der Anhebung der Preise für ihre Rohöllieferungen beispielsweise versuche sie, die Kosten für ihre veraltete und kostenintensive Produktionsweise durch »intensive Preistreiberei« auf die DDR und die anderen RGW-Staaten abzuwälzen.[177] Auch die angestrebte ökonomische Integration des RGW werde »zum hohen Teil auf Kosten der DDR praktiziert, deren wirtschaftliche Perspektive es ist, zur Reparaturwerkstatt der Russen degradiert zu werden«.[178]

Für noch verheerender hielten die »Manifest«-Autoren die Konsolidierung der traditionellen zentralen Planung nach sowjetischem Vorbild, die in den siebziger Jahren stattgefunden hatte. Nach Absetzung von Ulbrichts NÖSPL-Reformen habe die DDR endgültig die »asiatische Produktionsweise des bürokratischen Staatskapitalismus« von der Sowjetunion übernommen.[179] Die Rückkehr zur totalen Planwirtschaft habe für die DDR desaströse Folgen: »Der Plan wird schon in der Brigade-Abrechnung mit dem Bleistift erfüllt, die Leistung gefälscht, damit die Lohntüte stimmt. [...] Es fehlt an Ersatzteilen, die wertmäßig Pfennige ausmachen, aber ganze Produktionsabschnitte fallen dadurch aus. Zeit, Sprit und Arbeitskraft gehen massenweise verloren beim Kreuz und Quer durch die Republik. [...] Jeder Kapitalist ginge bei dieser Wirtschaftsweise zugrunde.«[180] Dieses organisierte Chaos werde nur durch Kredite aus dem Westen aufrechterhalten: »Die DDR-Bevölkerung lebt über ihre Kosten auf Kredit, die Zins- und Schuldtilgungen fressen die Investitionsmittel auf.«[181]

An die Erfüllung der hochgesteckten Erwartungen, die Honecker auf dem VIII. Parteitag geweckt hatte, war vor diesem Hintergrund natürlich nicht zu denken. »Die Honecker-Administration, die den Mund so voll nahm, alles zu bessern, hat das organisierte Chaos bis zur Unerträglichkeit vergrößert. Nie in der Geschichte der DDR klafften Anspruch und

176 Ebd., 24.
177 Ebd., 22f.
178 Spiegel 2/1978, 30.
179 Spiegel 1/1978, 22. Zu NÖSPL vgl. auch Spiegel 2/1978, 26 u. 29.
180 Spiegel 2/1978, 26.
181 Ebd., 29.

Wirklichkeit derart weit auseinander.«[182] Die Wartezeiten zur Reparatur von Hausgeräten hätten sich inzwischen verdreifacht. Manchmal könnten monatelang im ganzen Land keine Gas- oder Elektroherde, Umlaufpumpen, Waschmaschinen und Staubsauger oder Kühlschränke repariert werden. »Auf eine Wohnung in der Hauptstadt mußte man unter Ulbricht durchschnittlich vier, heute muß man durchschnittlich acht Jahre warten. Trotz des Wohnungsbauprogramms, das zwanzig Jahre zu spät kommt. Abriß und Substanzzerfall fressen in Berlin den Neubauzuwachs auf. Das ist die Wirklichkeit.«[183] Der Arbeiter und Bauer zahle in der DDR für die Unfähigkeit des bürokratischen Apparates mit niedrigerem Lebensstandard als im Westen, lautete das Fazit zu Honeckers Wirtschaftspolitik.[184]

Die Verfasser des »Manifests« waren überzeugt, daß durch die sowjetische Hegemonie, die Honecker anerkannte und unterstützte, auch der Marx'schen Lehre erheblich Schaden zugefügt werde. An die Stelle eines wissenschaftlichen Marxismus, der auf der Analyse konkreter Situationen beruhe, sei eine »Staatsreligion des Marxismus-Leninismus« getreten, die selbständiges Denken verbiete. Daß seit der Oktoberrevolution keine bahnbrechende wissenschaftlich-technische Erkenntnis zuerst aus der Sowjetunion gekommen sei, zeige den verderblichen Einfluß, den ein ideologisch festgefahrener Marxismus auf die Wissenschaft habe: »Seine antiquierten Religionsdogmen ersticken schöpferisches Denken und Tun.«[185]

Laut *Spiegel*-Text war der Marxismus unter dem Einfluß der sowjetischen Orthodoxie außerdem brutal von seinen westlichen Wurzeln abgetrennt worden. »Lebten Marx, Engels, Lenin heute, blickten sie voller Abscheu auf das dogmatisierte heidnische Götzenbild, was man von diesen bemerkens- und liebenswerten Persönlichkeiten übriggelassen hat, und sie befänden sich heute, wie gehabt, in der West-Emigration – bei den Eurokommunisten.«[186] Nur dort würden kommunistische Tugenden, wie »die Verpflichtung zur sozialen Gerechtigkeit, zum Kampf gegen asoziales Schmarotzertum und für einen kämpferischen Humanismus«, noch hochgehalten. Rußland hingegen habe weder eine Reformation noch eine Aufklärung noch eine liberale Zivilisation kennengelernt. Entsprechend deckten sich die praktischen Forderungen der Streitschrift

182 Ebd., 26.
183 Ebd., 29.
184 Siehe ebd., 26.
185 Spiegel 1/1978, 23.
186 Ebd., 22.

weitgehend mit den Gedanken der Eurokommunisten. Wie diese verlangten die »Manifest«-Autoren die Einführung eines Mehrparteiensystems sowie Versammlungs-, Glaubens- und Pressefreiheit für die DDR, wandten sich gegen die Diktatur des Proletariats und den demokratischen Zentralismus.[187] Wie sie wollten die Verfasser einen eigenen, von Moskau unabhängigen nationalen Weg zum Sozialismus einschlagen.[188]

Indem die Autoren der Streitschrift »auf dem Recht unseres eigenen deutschen nationalen Weges zum Sozialismus« bestanden[189], wandten sie sich nicht nur gegen die Anerkennung der ideologischen Vormachtstellung Moskaus, sondern verwarfen auch Honeckers Kurswechsel in der nationalen Frage. Sein Versuch, mit Hilfe der Zwei-Nationen-Lehre die Abgrenzung von der Bundesrepublik theoretisch zu untermauern, sei unhaltbar: »Keine pseudotheoretischen Haarspaltereien um die Nation schaffen das praktisch ungelöste nationale Problem aus der Welt.«[190] Im übrigen befände sich das Politbüro unter Honecker in direktem Gegensatz zur Theorie und Praxis anderer kommunistischer Staaten: Denn die »historischen Erfahrungen in der UdSSR, Vietnam und Korea beweisen [...], daß die nationale Komponente langlebiger als die soziale ist«.[191] Solange die Teilung Deutschlands Bestand habe, bleibe daher auch ein ständiger Spannungsherd in Europa bestehen.

Die »Manifest«-Autoren beschränkten sich bei ihrer Kritik an Honekkers politischer Linie nicht auf sachliche Argumente. Vielmehr gaben sie ihren Bemerkungen durch persönliche Angriffe auf einige Spitzenfunktionäre eine besondere Schärfe. Die derzeitige Führungsriege der SED sei nicht nur politisch kurzsichtig, in ideologischen Fragen starrsinnig und unfähig in Wirtschaftssachen, sondern auch doppelzüngig und korrupt: »Keine herrschende Klasse Deutschlands hat jemals so schmarotzt und sich jemals so gegen das Volk gesichert wie jene zwei Dutzend Familien, die unser Land als einen Selbstbedienungsladen handhaben. Keine hat sich derart exzessiv goldene Gettos in die Wälder bauen lassen, die festungsgleich bewacht sind. Keine hat sich derart schamlos in Sonderläden und Privatimporten aus dem Westen, durch Ordensblech, Prämien und Sonderkliniken, Renten und Geschenke so korrumpiert und bereichert wie diese Kaste.«[192]

187 Ebd., 23 u. Spiegel 2/1978, 27f.
188 Spiegel 1/1978, 22.
189 Ebd.
190 Ebd., 24.
191 Ebd.
192 Spiegel 2/1978, 27.

Im Zentrum der Kritik standen Erich Honecker und seine Frau Margot, die ZK-Sekretäre Kurt Hager, Werner Lamberz, Albert Norden, der Berliner SED-Bezirkschef Konrad Naumann, Staatssicherheitsminister Erich Mielke und Joachim Herrmann, der Chefredakteur des *Neuen Deutschland*. Honecker und Naumann würden Vetternwirtschaft betreiben, ihren Familien hohe Posten verschaffen und ihre Häuser mit »modernstem West-Komfort« einrichten.[193] Hager, Norden und Lamberz verfälschten ihre Biographien: Hager habe als angeblicher »Spanien-Kämpfer« an der Front keinen Schuß gehört; Lamberz beschäftige als ehemaliger Schüler einer »Nazi-Ordensburg« bis in die Gegenwart ehemalige Nationalsozialisten in seinem Apparat; Norden schließlich bezeichne sich als Schreiner von Beruf, »weil er vor 56 Jahren einmal vier Wochen einem Meister beim Sortieren von Brettern geholfen hat«. Gegen Mielke solle ein Ermittlungsverfahren wegen Machtmißbrauchs eingeleitet werden, forderten die anonymen Verfasser. Hermann schließlich könne »weder denken noch schreiben«.

Das politische Ziel der Streitschrift

Bei der Darlegung ihrer Alternative zu Honeckers Strategie gingen die Autoren von zwei Prämissen aus: Erstens war soziale Gerechtigkeit und die Verwirklichung eines demokratischen Kommunismus ihrer Meinung nach nur in einem Nationalstaat möglich. Zweitens sei die nationale Frage in Deutschland ungelöst, solange zwei deutsche Staaten existierten. Bis zu einer deutschen Wiedervereinigung bleibe trotz aller Entspannungspolitik ein gefährlicher Spannungsherd in Europa bestehen. Aus diesen Gründen war die Wiederherstellung der Einheit der deutschen Arbeiterklasse in einem wiedervereinigten Deutschland ihr erklärtes Ziel. »Die deutsche Arbeiterklasse ist *eine* Arbeiterklasse und muß es bleiben«, hieß es an einer Stelle.[194] Und an einer anderen: »Wir sind für eine offensive nationale Politik, für ein Konzept, das auf die Wiedervereinigung Deutschlands zielt, in dem die Sozialdemokraten, Sozialisten und demokratische Kommunisten ein Übergewicht gegen die konservativen Kräfte bilden. [...] Dieses Deutschland kann und muß eine Brücke zwischen Ost und West, ein friedensstabilisierender Faktor werden.«[195]

193 Vgl. Spiegel 2/1978, 27f.
194 Spiegel 1/1978, 24.
195 Ebd.

Ihr Ziel glaubten die Autoren durch eine stufenweise Verschmelzung der beiden Teilstaaten erreichen zu können, an deren Ende ein neutrales, entmilitarisiertes Gesamtdeutschland stehen sollte. Als erste Schritte in diesem Prozeß waren die »Beseitigung der Staatsverschuldung und festgefrorenen Inflation« in der DDR sowie die »Enteignung der Polit-Bürokratie und der DDR-Millionäre« geplant.[196] Dann könne die DDR dem Allgemeinen Zoll- und Handelsabkommen (GATT) beitreten, die Zusammenarbeit mit der Weltbank aufnehmen, die freie Konvertierbarkeit der DDR-Mark und eine in beiden deutschen Staaten gültige Berlin-Mark einführen. Die DDR solle der EWG und umgekehrt die Bundesrepublik dem RGW assoziiert werden. Gleichzeitig sollte ungehinderter Reiseverkehr zwischen den beiden Teilstaaten gestattet, Bewegungsfreiheit im geteilten Berlin ermöglicht und alle überflüssigen Zoll- und Kontrollformalitäten abgeschafft werden. Da diese Regelungen einen freien Arbeitsplatzwechsel innerhalb Deutschlands ermöglichen würden, müßten »dem Ausbildungsbetrieb, falls er im anderen deutschen Staat liegt, die Ausbildungskosten voll« ersetzt werden.[197]

Die Vorteile dieser ökonomischen und politischen Übergangsregelungen lagen für die »Manifest«-Autoren auf der Hand. Die RGW-Partner der DDR könnten leichter westliche Technologie und Qualitätswaren einführen. »Die BRD-Wirtschaft könnte für die nächsten zehn Jahre mit der Aufpäppelung des herabgewirtschafteten Entwicklungslandes DDR auf Hochkonjunktur laufen. Die OECD-Staaten erschlössen sich eine massive Handelsschleuse zum RGW-Markt.«[198]

Während dieser Übergangsphase sollten alle sowjetischen Truppen aus Osteuropa und alle amerikanischen Nato-Verbände aus Westeuropa abgezogen werden. »Die BRD soll aus der Nato, die DDR aus dem Warschauer Pakt ausscheiden, und ganz Deutschland soll total abgerüstet werden«, hieß es in ihrem Papier.[199] Die geeignete Institution, um die Neutralität Deutschlands zu garantieren, sei der UN-Sicherheitsrat. In Stichworten faßten sie zum Schluß die letzten Etappen auf dem Weg zur Wiedervereinigung zusammen: »Zulassung aller BRD- und DDR-Parteien in ganz Deutschland, freie, geheime Wahlen zur Nationalversammlung, Konstituierung einer Nationalversammlung zur Ausarbeitung einer

196 Ebd.
197 Ebd.
198 Ebd.
199 Ebd., 22.

Verfassung, stufenweise Rechtsangleichung in allen gesellschaftlichen Bereichen.«[200]

Diese Vorschläge waren nicht neu. Die meisten davon hatten Ende der vierziger und in den fünfziger Jahren schon Gegner Adenauers vorgebracht, die wie Jakob Kaiser, Paul Sethe, Rudolf Augstein oder Herbert Wehner anstelle der Westintegration der Bundesrepublik einen »dritten Weg« Gesamtdeutschlands zwischen den beiden Paktsystemen befürworteten.[201] Der Kernpunkt all dieser Konzepte war, daß sie »sich gegen eine Einbeziehung der Teile Deutschlands in die militärischen Bündnissysteme des Westens und Ostens [aussprachen], nicht aber unbedingt auch gegen eine Zugehörigkeit Deutschlands zum gesellschaftlichen, kulturellen und wirtschaftlichen System des Westens gerichtet« waren.[202]

Ganz bewußt griffen die Autoren der *Spiegel*-Streitschrift auf diese Vorstellungen zurück. Wörtlich zitierten sie Jakob Kaisers Idee eines sozialistischen, aber westlichen Werten verpflichteten Deutschlands, das zur »Brücke zwischen Ost und West« werden solle.[203] Wie Paul Sethe, von 1949 bis 1955 Mitherausgeber der *Frankfurter Allgemeinen Zeitung*, bezogen sie die Interessenlage der Sowjetunion in ihre sicherheitspolitischen Überlegungen ein und votierten aus diesem Grund für die Bündnisfreiheit des wiedervereinigten Deutschland. Wie Sethe hielten sie jedoch die Einführung bzw. Beibehaltung eines freiheitlichen Systems in Deutschland für nicht verhandelbar. »Wenn die Sowjetunion darauf bestehen sollte, daß auch das erhalten bleibe, was sie die politischen Errungenschaften nennt, so wird es keine Einigung geben«, schrieb Sethe.[204] Ähnliche Ansichten vertrat Anfang der fünfziger Jahre auch der *Spiegel*-Herausgeber Rudolf Augstein. Die totale Entmilitarisierung und die Neutralisierung Deutschlands sei »der einzige Weg, die Ostzone zurückzuholen«, schrieb er im Februar 1951.[205] Wie die Verfasser der Streitschrift spekulierte auch er vor über 25 Jahren darauf, daß die Sowjetunion aus ökonomischen Gründen an einem wiedervereinigten Deutschland mit kapitalistischer Wirtschafts- und Gesellschaftsform interessiert sei, wenn man ihre Sicherheitsinteres-

200 Ebd., 24.
201 Vgl. dazu Zitelmann: 1993; Zitelmann: 1993a.
202 Dohse: 1974, 13, Anm. 17. Ähnlich auch Zitelmann: 1993a, 189; Jesse: 1993, 217.
203 Zit. nach Conze: 1969, 68. – Zum ersten Mal vertrat Kaiser seine »Brücke«-These in einer Grundsatzrede vor dem erweiterten Vorstand der CDUD der SBZ und Berlins am 13. 2. 1946; vgl. zu Kaisers Konzeption auch Zitelmann: 1993a, 178f.; Kaiser: 1988; Mayer: 1988.
204 Sethe: 1966, 157f.
205 Spiegel 9/1951, 4. Vgl. zu Augsteins deutschlandpolitischen Ansichten Doler: 1993, 195–203.

sen berücksichtige. »Die Russen brauchen ein Deutschland, das nicht Aufmarschgebiet ist, sondern beruhigende Flanke und Waren-Arsenal.«[206]

Noch stärker war der Text von den sozialdemokratischen Wiedervereinigungskonzepten der fünfziger Jahre beeinflußt. Die SPD vertrat damals den Standpunkt, daß die ungelöste deutsche Frage die eigentliche Bedrohung der europäischen Sicherheit darstelle und man darum die Vier Mächte zu einem neuen Ansatz in der Wiedervereinigungsdiskussion bewegen müsse.[207] Als Lösung schwebte den Sozialdemokraten die Idee eines kollektiven Sicherheitssystems in Europa vor, in das ein blockfreies Deutschland eingebunden sein sollte. Insbesondere Herbert Wehners Initiativen aus dieser Zeit haben das »Manifest« geprägt. Wehner unterschied sich damals von den meisten seiner Parteifreunde darin, daß er nicht – wie etwa Fritz Erler – den Draht zur Sowjetführung für entscheidend hielt. Er glaubte vielmehr, die Wiedervereinigung durch direkte Kontakte zwischen Bonn und Ost-Berlin vorantreiben zu können. Er baute darauf, mit gesamtdeutsch ausgerichteten Kräften in der SED ins Gespräch zu kommen, um gemeinsam mit ihnen die Bonner wie die Ost-Berliner Regierung zu einer Politik der pragmatischen Annäherung der beiden Teilstaaten zu bewegen.[208] Auch in der SED gebe es »deutsche Patrioten«, mit denen man »ins Gemenge kommen« müsse, erklärte Carlo Schmid, der Wehners deutschlandpolitische Pläne unterstützte.[209]

Diesem Gedanken folgend, unterbreitete Wehner der SED-Spitze immer wieder Verhandlungsangebote. Im April 1953 schlug er konkrete Schritte eines Wiedervereinigungsprozesses vor: die Vereinfachung der Kontrollen an der Zonengrenze, die Wiederaufnahme des im Sommer 1952 abgebrochenen kleinen Grenzverkehrs und den Abbau des Flüchtlingsstroms durch Verbesserung der Wirtschaftslage der DDR.[210] Ein Zehn-Punkte-Programm für eine aktive Wiedervereinigungspolitik, das der SPD-Parteivorstand im April 1955 beschloß, kommentierte Wehner mit den Worten: »Man sollte sich nach dem Grundsatz verhalten, so viel wie möglich Sachgebiete menschlicher Beziehungen und Tätigkeitsgebiete im Sinne größtmöglicher Freizügigkeit für den gesamtdeutschen Verkehr und den Austausch freizugeben [...]. Die berufliche und wissenschaftliche Fachausbildung und Weiterbildung sollte in diesem Rahmen

206 Spiegel 46/1950, 23.
207 Vgl. dazu Klotzbach: 1982, 362–364.
208 Vgl. Soell: 1976, 49–58; Klotzbach: 1982, 364, 484 u. Freudenhammer/Vater: 1978, 166–201.
209 Zit. nach Soell: 1976, 57.
210 SZ v. 11./12. 4. 1953, 4. Vgl. Freudenhammer/Vater: 1978, 168.

ebenfalls gefördert werden.«[211] Drei Jahre später formulierte er in der *Süddeutschen Zeitung* einen Plan, der über eine »deutsche Wirtschaftsgemeinschaft« in vier Stufen zur Wiedervereinigung führen sollte.[212] Auf der ersten Stufe sollte ein Verrechnungssystem zwischen den beiden Währungsgebieten eingeführt werden zur »Erleichterung aller wirtschaftlichen, menschlichen und sonstigen Beziehungen«. Stufe zwei sah die Gründung eines gemeinsamen Investitionsfonds vor. Auf der dritten Stufe war die Angleichung der ost- und westdeutschen Währungen und die Schaffung einer Berlin-Währung durch die Siegermächte geplant. Auf der vierten Stufe schließlich wollte Wehner die wirtschaftliche und staatliche Einheit Deutschlands erreichen. Das wiedervereinigte Deutschland sollte in einer atomwaffenfreien Zone liegen, aus der die dort stationierten ausländischen Truppen schrittweise abgezogen würden und in der auch die Stärke der verbleibenden nationalen Streitkräfte begrenzt werden würde.

Es ist augenfällig, in welchem Maße zwanzig Jahre später die Verfasser des »Manifests« Wehners Vorstellungen aufgriffen. Der von ihnen unterbreitete Wiedervereinigungsplan enthielt fast alle Vorschläge der Wehner'schen Initiativen. Auch indem sie sich auf die gemeinsame demokratische Tradition der sozialistischen Arbeiterbewegung und die Fortexistenz einer gesamtdeutschen Arbeiterklasse beriefen, griffen die Verfasser auf Ideen des SPD-Politikers aus den fünfziger Jahren zurück. 1957 hatte Wehner im *Vorwärts* Ulbricht vorgeworfen, »die gesamtdeutsche Aufgabe der deutschen Arbeiterklasse völlig verkannt« zu haben, wenn für ihn die Sicherung seiner Machtposition wichtiger sei als die Wiedervereinigung.[213] Zwei Jahre später schrieb er wieder im *Vorwärts*: »Jeder Sozialdemokrat [der am Gedanken der Wiedervereinigung festhält] wird einst das Verdienst haben, zum Bauvolk des neuen vereinigten Deutschlands und zu den Vorkämpfern der Einheit der Arbeiterklasse gezählt zu werden.«[214]

Nicht nur für ihre deutschlandpolitischen Konzepte griffen die »Manifest«-Autoren auf ältere Ideen zurück. Auch sonst bedienten sie sich reichlich aus dem Fundus der Ideengeschichte. Sie stellten sich in die Tradition eines demokratischen, pluralistischen und humanistischen Kommunismus', dessen Geschichte »von Morus und Campanella über die französischen, englischen und deutschen Utopisten, die Aufklärung,

211 Vorwärts v. 1. 5. 1955 (Sonderausgabe). Vgl. auch Klotzbach: 1982, 350.
212 SZ v. 24. 2. 1958, 3. Vgl. Klotzbach: 1982, 483f.; Freudenhammer/Vater: 1978, 190f.
213 Wehner: 1957. Vgl. auch Klotzbach: 1982, 364.
214 Wehner: 1959.

die Klassik bis hin zu Bebel, Rosa Luxemburg und Liebknecht [...] bis hin zu Bloch, Harich, Havemann und Bahro« reiche.[215] Um die antisowjetische Stoßrichtung ihres Textes zu untermauern, zitierten sie Kurt Schumachers Diktum von den Stalinisten als »rotlackierten Nazis«[216] ebenso wie die maoistische Einschätzung vom »neofaschistischen Typ der sowjetischen Machthaber«.[217] Ihr Bekenntnis zu den Werten der westlichen Welt unterstrichen die Autoren, indem sie sich gleichzeitig auf Lessings »Nathan«, die KSZE-Charta und den Eurokommunismus beriefen. Walter Ulbrichts NÖSPL diente ihnen als Beispiel für die Integrierbarkeit marktwirtschaftlicher Elemente in die Planwirtschaft.[218] Als Kronzeugen eines nationalen Kommunismus führten sie Anton Ackermann an, der 1946 die These vom »besonderen deutschen Weg zum Sozialismus« verkündet hatte.[219] Außerdem beriefen sie sich auf die Ansicht sowjetischer Wissenschaftler, »daß die nationale Komponente langlebiger als die soziale ist«[220], und auf Karl Marx, der 1848 gefordert hatte: »Ganz Deutschland wird zu einer einigen unteilbaren Republik erklärt.«[221]

Die ideologischen Versatzstücke, aus denen das »Manifest« gezimmert war, fügten sich nicht zu einem geschlossenen Gedankengebäude. Polemisch, aber durchaus zu Recht hat der sozialdemokratische *Parlamentarisch-Politische Pressedienst* den Text einen »Neujahrscocktail« genannt, der aus unterschiedlichsten Ingredienzien zusammengemixt worden sei: »Man nehme eine Portion Rosa Luxemburg und Rudolf Bahro, eine Prise Marx und Lenin, Anton Ackermann [...] und Tito, einen kräftigen Schuß Walter Ulbricht, übergieße das Ganze mit einer Tunke aus Eurokommunismus und Maoismus.«[222]

Doch nicht zuletzt *wegen* ihres eklektizistischen Charakters war die Streitschrift für Erich Honecker gefährlich. Das Sammelsurium von Argumenten und Ideologien erlaubte es allen möglichen Lesern, sich in ihrer Kritik am SED-Chef bestätigt zu sehen. Insgesamt lassen sich min-

215 Spiegel 1/1978, 21f. Mit großer Sympathie hat die Idee eines »demokratischen Kommunismus« Weber beschrieben; siehe Weber: 1969, 273–305. Zur utopischen Dimension des Marxismus siehe Saage: 1991, 253–262.
216 Spiegel 1/1978, 22. Schumacher hatte auf der württembergischen Gaukonferenz des Reichsbanners im März 1930 die Kommunisten als »rotlackierte Doppelausgaben der Nationalsozialisten« bezeichnet (zit. nach Schumacher: 1985, 64).
217 Ebd., 23.
218 Spiegel 2/1978, 26 u. 29.
219 Spiegel 1/1978, 22 u. 24.
220 Ebd. Vgl. Meissner: 1977, 315–324.
221 Spiegel 1/1978, 24. So Marx in den »Forderungen der Kommunistischen Partei in Deutschland« von 1848 (Marx/Engels: 1974, 17).
222 PPP v. 2. 1. 1978, zit. nach Johannes/Schwarz: 1978, 116.

destens drei Gruppen ausmachen, die der Text ansprechen sollte: Erstens schürte er die Unzufriedenheit in der DDR-Bevölkerung und in der SED. Die Bürger, die ohnehin murrten, weil der Lebensstandard nicht besser wurde, die Versorgungslage sich zum Teil sogar verschlechterte, die vollmundigen Versprechungen des VIII. Parteitags jedenfalls nicht eingelöst wurden, konnten sich in ihrer Meinung bestätigt sehen; ebenso diejenigen, die Honecker seine Kehrtwendung in der nationalen Frage übelnahmen und in ihm einen Verräter an der nationalen Sendung der SED und Statthalter der Besatzungsmacht erblickten. Auch jenen Wirtschaftsfunktionären, denen die desaströsen Folgen von Honeckers Wirtschafts- und Sozialpolitik als ersten klar wurden, sprach das Papier aus dem Herzen, genauso allen Reformern in der SED, die vom Aufwind der Helsinki-Konferenz und des Eurokommunismus getragen wurden.

Zweitens konnte das »Manifest« die in Moskau schon bestehenden Zweifel vergrößern, ob Honecker der richtige Mann sei, die innere Stabilität der DDR und ihre Treue zum östlichen Bündnis zu garantieren. Das »Manifest« goß Öl ins Feuer der sowjetischen Sorge, daß der Generalsekretär die DDR in den finanziellen Ruin führen werde und daß die wirtschaftlichen und menschlichen Kontakte zwischen der Bundesrepublik und der DDR das Land in die Arme des Klassenfeindes trieben.

Drittens mußte Honecker fürchten, daß der *Spiegel*-Text auch in der Bundesrepublik Wirkung zeigte. Die massive Kritik konnte dem Ansehen des Generalsekretärs in der westdeutschen Öffentlichkeit schweren Schaden zufügen und die Verhandlungsbereitschaft der Bundesregierung mindern. Darüber hinaus mochte Honecker fürchten, daß den bundesdeutschen Parteien die im »Manifest« geschilderte Perspektive der Wiedervereinigung zu verlockend erschien, um nicht darauf einzugehen. Schließlich hatten Politiker wie Herbert Wehner in den fünfziger Jahren auf jene »demokratischen Kommunisten« gesetzt, die sich jetzt im *Spiegel* zu Wort meldeten. War es nicht ihr Ziel gewesen, eben jenen »Bruch in der SED« herbeizuführen, den der *Spiegel* jetzt vermeldete?

Diese dreifache Stoßrichtung scheint von den Verfassern kalkuliert gewesen zu sein. Offensichtlich setzten sie darauf, daß die demokratischen Kräfte der deutschen Arbeiterbewegung in Ost und West gemeinsam Honecker und seine Mannschaft solange unter Druck setzten, bis er für die Sowjetunion unhaltbar wurde. Wie einige Sozialdemokraten in den fünziger Jahren hofften die »Manifest«-Autoren, daß Moskau sich schließlich zu einer Kehrtwendung in seiner Deutschlandpolitik entschließen und einem neutralen Gesamtdeutschland zustimmen werde.

Die Berichterstattung des *Spiegel* aus der DDR

Daß die unbekannten SED-Oppositionellen ihre Kritik an Honeckers Politik derart öffentlichkeitswirksam äußern konnten, verdankten sie der Entspannungspolitik. Genauer gesagt: Sie verdankten sie den deutsch-deutschen Verhandlungen, die der Staatssekretär im Bundeskanzleramt Egon Bahr und der Staatssekretär beim Ministerrat der DDR Michael Kohl Ende 1970 aufgenommen hatten. Das dritte konkrete Ergebnis dieser Gespräche nach dem Transitabkommen vom Dezember 1971 und dem Verkehrsvertrag vom Mai 1972 war eine deutsch-deutsche Journalistenvereinbarung. In zwei gleichlautenden Briefen, die Kohl und Bahr am 8. November 1972 austauschten, gewährten die DDR und die Bundesrepublik Journalisten aus dem jeweils anderen Staat das »Recht zur Ausübung der beruflichen Tätigkeit und der freien Information und Berichterstattung«. Am 21. Februar 1973 wurde der Briefwechsel in Form einer Verordnung geltendes DDR-Recht.[223] Mit seiner Unterschrift unter das Schlußdokument der KSZE-Konferenz bekräftigte Honecker die Möglichkeit zur freien Berichterstattung aus der DDR. Dort hieß es, »daß die legitime Ausübung der beruflichen Tätigkeit weder zur Ausweisung von Journalisten noch anderweitig zu Strafmaßnahmen gegen sie führen wird«.[224]

Die deutsch-deutsche Journalistenvereinbarung, die in Helsinki multilateral bekräftigt wurde, hatte weitreichende Folgen für die Stabilität der DDR: Erstens durften sich nun bundesdeutsche Journalisten vor Ort über die Zustände in Ostdeutschland kundig machen. Von den 134 ausländischen Korrespondenten, die im Oktober 1976 in der DDR akkreditiert waren, kamen zwar nur 16 aus der Bundesrepublik.[225] Doch das genügte, um die DDR-Führung zu beunruhigen, leiteten die Korrespondenten die Ergebnisse ihrer Recherchen doch nicht nur an die West-, sondern auch an die Ostdeutschen weiter. Die DDR-Bürger konnten fast überall im Land zumindest die Rundfunk- und Fernsehprogramme aus der Bundes-

223 Der Briefwechsel ist abgedruckt in: Texte: Reihe I, Bd. 11, 294–296. Die Texte der »Verordnung über die Tätigkeit von Publikationsorganen anderer Staaten und deren Korrespondenten in der Deutschen Demokratischen Republik« sowie eine »Erste Durchführungsbestimmung« sind auszugsweise abgedruckt in: Böhme: 1978, 277–279.

224 Texte: Reihe II, Bd. 3, 388.

225 Von den übrigen 118 Korrespondenten stammten 68 aus sozialistischen Staaten, 17 aus Entwicklungsländern und 33 aus anderen westlichen Staaten; vgl. Information über die Tätigkeit der Korrespondenten des ARD-Fernsehens, Lothar Loewe, sowie des ZDF, Hans-Jürgen Wiessner (18. 10. 1976); in: SAPMO-BA, DY 30/IV 2/2.033/111, 52 (Büro Lamberz).

republik empfangen, wenn sie nicht gar in die DDR eingeschmuggelte westliche Zeitungen und Zeitschriften lasen. Durch die fundiertere westdeutsche Berichterstattung erfuhren auch Ostdeutsche mehr über die Zustände im eigenen Land.

Zweitens etablierten sich die westdeutschen Zeitungen und Zeitschriften als Forum, auf dem sich ostdeutsche Intellektuelle zu Wort meldeten und austauschten. Ironisch hat der Schriftsteller Joachim Seyppel diese neue Gesprächsmöglichkeit einmal so beschrieben: »Lieber Günter Kunert, ich fragte in der *Frankfurter Rundschau* Jurek Becker, wieso trittst du aus dem Verband [gemeint ist der Schriftstellerverband der DDR] aus. Es antwortete in der *Zeit* Günter Kunert, er sei gar nicht aus dem Verband ausgetreten. Sollte ich jetzt Günter Kunert sagen, ich hätte ihn nicht gefragt, und es antwortet im *Neuen Deutschland* Hermann Kant, er hätte auch nicht geantwortet?«[226] Da sich selbstverständlich nicht die systemtreuen Schriftsteller und Intellektuellen der westdeutschen Presse als Forum bedienten, wurden die westlichen Medien in erster Linie zu einem Sprachrohr der Opposition. Sie vervielfachten die Lautstärke systemkritischer Meinungen und trugen dazu bei, die DDR-Führung unter Druck zu setzen. Die westlichen, vor allem westdeutschen Medien wurden zu einem Machtfaktor, den die SED-Führung einkalkulieren mußte. Das beweisen die zahlreichen Analysen über den schädlichen Einfluß der Westmedien, die das Regime erstellen ließ.[227]

Daß sich die Verfasser der Streitschrift von allen in der DDR vertretenen Westmedien gerade den *Spiegel* aussuchten, um mit ihren Thesen an die Öffentlichkeit zu treten, hatte mehrere Gründe: Erstens bot die Publikation im *Spiegel* die Gewähr dafür, daß die Streitschrift für öffentliches Aufsehen sorgte. Denn der *Spiegel* war mit einer wöchentlichen Auflage von über einer Million Exemplaren[228] das bei weitem am häufigsten gelesene Nachrichtenmagazin in der Bundesrepublik. Er war in der Regel hervorragend informiert und hatte sich in den dreißig Jahren seines Erscheinens die Stellung eines publizistischen Sittenwächters erarbeitet, der

226 FR v. 11. 11. 1977. Die These, daß die geistige Auseinandersetzung in der DDR im Westen stattfindet, vertritt pointiert auch Kleinschmid: 1977, 1011–1017.

227 Im Februar 1978 stellte z. B. das einflußreiche IPW ein Gutachten »Zu Zielsetzungen, Hauptlinien und Methoden der gegen die DDR gerichteten antisozialistischen Propaganda« fertig, das sich fast nur mit den bundesdeutschen Medien beschäftigte; in: SAPMO-BA, vorl. SED 22635. An der Hochschule des MfS in Potsdam-Eiche schrieben eifrige Offiziere der Staatssicherheit sogar eine 450 Seiten umfassende Dissertation über »Grundfragen der politisch-operativen Abwehrarbeit zu Korrespondenten und Journalisten des nichtsozialistischen Auslandes«; in: BStU, ZA, JHS 21949.

228 Lexikon: 1978, 285 (s. v. »Der Spiegel«).

auf die Gestaltung der öffentlichen Meinung in der Bundesrepublik maßgeblichen Einfluß hatte.

Zweitens war der *Spiegel* an deutschlandpolitischen Fragen stets besonders interessiert. Nachdem das Magazin Anfang der fünfziger Jahre heftig gegen Adenauers Kurs der Westintegration gekämpft hatte, gehörte es seit Anfang der sechziger Jahre zu den publizistischen Wegbereitern der Neuen Ost- und Deutschlandpolitik.[229] Augsteins früheres Eintreten für ein neutrales Gesamtdeutschland, aber auch sein Engagement für die Aufnahme eines innerdeutschen Dialogs machte den *Spiegel* für die »Manifest«-Autoren besonders geeignet.[230]

Hinzu kam drittens, daß der *Spiegel* wegen seines Eintretens für die Entspannungspolitik bei der SED als offiziöses Organ der sozial-liberalen Koalition galt. Die Lektüre des vermeintlichen Sprachrohrs der Bundesregierung war lange Zeit Pflichtübung leitender Kader im Partei- und Staatsapparat. Auch wenn offiziell nur 200 Exemplare des Magazins jede Woche in die DDR geliefert wurden, war doch allen im *Spiegel* publizierten Nachrichten die Aufmerksamkeit der höchsten Funktionäre sicher.[231]

Wichtiger war jedoch viertens, daß der *Spiegel* seit Herbst 1976 äußerst kritisch über den Zustand der DDR berichtete und die Schwierigkeiten des SED-Staates ungeschminkt zur Sprache brachte. Das war in diesem Ausmaß nicht immer der Fall gewesen. Jörg R. Mettke, der 1974 bis 1975 als erster Korrespondent des *Spiegel* offiziell aus Ost-Berlin berichtete[232], war bei aller Kritik an der SED bemüht, die innere Stabilität der DDR nicht zu gefährden. Als engagierter Anhänger der sozialdemokratischen Deutschlandpolitik nahm er Rücksicht auf das Sicherheitsbedürfnis der SED-Führung. »Wer sie in ihrer angeborenen Instabilität zu überfor-

229 Vgl. Engelmann/Erker: 1993, 114. Zu Augsteins Ansicht über die deutsche Frage und die Westbindung siehe Doler: 1993. Zur Vorreiterrolle für die Neue Ostpolitik vgl. Baring: 1983, 208 u. 220.

230 Eine Bestätigung ihrer Ansicht erhielten sie, als das Magazin im Sommer 1977 unter der Überschrift »Die Zeit, die mir bleibt.../Was Wehner wirklich will« mit spürbarer Sympathie das Lebenswerk des SPD-Fraktionsvorsitzenden würdigte (Spiegel 28–31/1977). Die Autoren der Serie, die beiden Spiegel-Redakteure Alfred Freudenhammer und Karlheinz Vater, vertraten die These, Wehners Ziel sei es stets gewesen, die Einheit der deutschen Arbeiterbewegung wiederherzustellen.

231 Die Bedeutung, welche die SED-Spitze dem Spiegel gleichsam als halbamtlichem Regierungsorgan zumaß, beruhte freilich auf einem Mißverständnis. Vorschnell übertrug die SED-Führung die totale Abhängigkeit der Presse in der DDR auf die Verhältnisse in der Bundesrepublik. Vgl. dazu Schwarz, Ulrich: »Sie werden euer Büro dichtmachen«, in: Böhme: 1978, 38.

232 Seit dem 24. 11. 1974 war der Spiegel mit einem eigenen Büro in Ost-Berlin vertreten. Mettke hatte freilich schon im Oktober 1973 seinen Wohnsitz und Arbeitsplatz inoffiziell nach Ost-Berlin verlegt; vgl. hierzu ebd.

dern droht, der wird eines nicht fernen Tages selbst die Zerstörung des Status quo auf dem Gewissen haben«, schrieb er 1977 im *Vorwärts*.[233]

Mettkes Nachfolger Ulrich Schwarz, der seit August 1976 aus der DDR berichtete, hemmten weniger entspannungspolitische Skrupel. Er glaubte nicht, daß die DDR stabilisiert werden müsse. »Eher das Gegenteil sei richtig«, soll er zu Journalisten-Kollegen gesagt haben.[234] Schwarz wollte die zahlreichen Kontakte zu Oppositionellen, die er von Mettke übernommen hatte, ausbauen und nach Kräften nutzen. Der Wandel in der *Spiegel*-Berichterstattung hatte jedoch nicht nur, ja nicht einmal in erster Linie mit dem Wechsel des Korrespondenten zu tun. Entscheidend war, daß die oppositionellen Bewegungen in Ostdeutschland nach der Berliner Konferenz der europäischen Kommunisten, dem Freitod des Pfarrers Brüsewitz und den Protesten gegen Wolf Biermanns Ausbürgerung erheblichen Auftrieb erhielten. Es war die journalistische Pflicht jedes Korrespondenten, darüber zu berichten, auch wenn dies schlecht ins Konzept mancher Entspannungspolitiker paßte. Ein Blatt wie der *Spiegel*, das seinen Erfolg vor allem spektakulären Berichten verdankte, konnte es sich um so weniger erlauben, auf publikumswirksame Artikel über Opposition und politische Verfolgung im anderen deutschen Staat zu verzichten.

Seit dem Spätsommer 1976 häuften sich im *Spiegel* daher Berichte über die Opposition in der DDR. Zunächst galt das Interesse hauptsächlich kritischen Künstlern und Intellektuellen, die für eine an den Idealen des Marxismus orientierte Reform des SED-Staates eintraten. Am vernehmlichsten äußerten sich Wolf Biermann und Robert Havemann. Anfang November 1976 berichtete Biermann in einem offenen Brief an seine Mutter, den der *Spiegel* abdruckte, über seinen Auftritt in der Prenzlauer Nikolaikirche.[235] Nur drei Wochen später publizierte das Magazin ein langes Gespräch mit dem in der Zwischenzeit ausgewiesenen Liedermacher. Gleichzeitig druckte der *Spiegel* einen Appell Havemanns, der Honecker aufforderte: »Biermann muß in der DDR bleiben.«[236] In derselben Ausgabe erschienen auch Auszüge aus einem Aufsatz Havemanns, in dem der Regimekritiker die Kluft zwischen Anspruch und Wirklichkeit des

233 Mettke: 1976.
234 Daran erinnerte sich jedenfalls der Ost-Berliner Korrespondent des Vorwärts, Walter Leo, in einem Brief v. 14. 1. 1978 an seinen ARD-Kollegen Fritz Pleitgen; in: SAPMO-BA, DY 30/IV 2/2.033/111, 169 (Büro Lamberz).
235 Siehe Spiegel 39/1976, 207–209. Vgl. hierzu und zum Folgenden auch Schwarz, Ulrich: »Sie werden euer Büro dichtmachen«, in: Böhme : 1978, 43–48.
236 Spiegel 42/1976, 36–46 u. 49f.

realen Sozialismus in der DDR beschrieb.[237] Im Mai 1977 wandte sich Havemann erneut über den *Spiegel* an die westdeutsche Öffentlichkeit. Er spielte Schwarz Fotos zu, die dokumentierten, wie lückenlos das MfS sein Haus in Grünheide überwachte, um den Hausarrest und die strenge Kontaktsperre durchzusetzen, die nach der Biermann-Ausweisung über ihn verhängt worden waren.[238] Wiederum zwei Wochen später druckte das Nachrichtenmagazin Auszüge eines weiteren Havemann-Aufsatzes, in dem er die SED-Führung erneut zu sozialistischen Reformen aufrief.[239]

Nicht nur Biermann und Havemann suchten den Kontakt zum *Spiegel*. Im Sommer 1977 meldeten sich auch drei andere abtrünnig gewordene SED-Mitglieder in dem Nachrichtenmagazin zu Wort. Der Schriftsteller Jurek Becker[240] bekannte in einem Interview, daß er sich wie Biermann und Havemann immer noch als Sozialist verstehe, jedoch nicht mehr bereit sei, aus einer falsch verstandenen Solidarität zu schweigen. »Den Mund zu halten setzt die Überzeugung voraus, daß die Partei im Grunde auch das will, was ich will. Und diese Überzeugung ist ziemlich ins Wanken geraten«, sagte er.[241]

Noch größeres Aufsehen erregte vier Wochen später der Vorabdruck aus Rudolf Bahros »Alternative«, den der *Spiegel* publizierte und der den bis dahin unbekannten Bahro über Nacht zur wichtigsten Symbolfigur der kommunistischen Opposition in der DDR neben Havemann machte. Knapp zwei Monate später berichtete der Schriftsteller Jürgen Fuchs, den die Staatssicherheit vom 19. November 1976 bis zu seiner Ausbürgerung fast zehn Monate lang im MfS-Gefängnis in Berlin-Hohenschönhausen eingesperrt hatte, in einer fünfteiligen Serie über seine Haft.[242]

Die Stellungnahmen von Fuchs, Bahro, Becker, Havemann und Biermann im *Spiegel* hatten bei allen Unterschieden eines gemein: Sie waren von idealistischen Außenseitern verfaßt worden, die weder über nennenswerten Einfluß in Partei und Staat noch über Insiderwissen zur politischen und ökonomischen Situation der DDR verfügten.

237 Ebd., 67–75. Der Aufsatz hatte den Titel »Die DDR 20 Jahre nach Stalins Sturz«, er erschien später ungekürzt in: Crusius/Wilke:1977, 65–81.

238 Spiegel 22/1977, 76f. u. 24/1977, 173. Vgl. Sachstandsbericht zum OV »Nadel« (8. 12. 1977), in: BStU, ZA, MfS GH 65/88.

239 Siehe Spiegel 24/1977, 170–173; vgl. auch Sachstandsbericht zum OV »Nadel« (8. 12. 1977), in: BStU, ZA, MfS GH 65/88.

240 Becker hatte das Protestschreiben gegen Biermanns Ausbürgerung mit unterzeichnet und war deswegen im Dezember 1976 aus der SED ausgeschlossen worden.

241 Spiegel 30/1977, 128–133 (130). Vgl. Sachstandsbericht zum OV »Nadel« (8. 12. 1977), in: BStU, ZA, MfS GH 65/88.

242 Spiegel 43–47/1977. Vgl. auch Fuchs: 1990; Sachstandsbericht zum OV »Nadel« (8 12. 1977), in: BStU, ZA, MfS GH 65/88.

Ein wichtiger Informant: Hermann von Berg

Im Laufe des Jahres 1977 mehrten sich im *Spiegel* auch jene Artikel, die mit Detailkenntnissen über die parteiinternen, wirtschafts- und *innenpolitischen* Schwierigkeiten der SED gespickt waren. Diesen Berichten lagen offensichtlich Insider-Informationen aus dem Führungszirkel von Partei und Staat zugrunde. Der *Spiegel* verdankte sie einem Mann, der seiner Vita nach ein musterhafter SED-Funktionär zu sein schien: Hermann von Berg.

Von Berg, Professor für Politische Ökonomie an der Berliner Humboldt-Universität und lange Jahre wichtiger Unterhändler der DDR in den deutsch-deutschen Beziehungen, glaubte an zwei Dinge: an den Sozialismus – und an Deutschland. Er gehörte zur Linken, war aber gleichzeitig ein deutscher Nationalist. Darin ähnelte er Egon Bahr, dem Chef-Unterhändler der westdeutschen Seite, der wie von Berg aus Thüringen stammt.[243] Was Arnulf Baring über Bahrs Nationalismus gesagt hat, trifft auch auf von Berg zu: Bei ihm wiesen Verstand und Gefühl ebenfalls »in die gleiche Richtung; man fand bei ihm einen emotionalen neben einem rationalen Nationalismus. [...] Präzise und zugleich tagträumerisch analysierte er Sachzwänge, die eine Ost-West-Annäherung in Europa und damit in Deutschland, beispielsweise wirtschaftliche Verbundsysteme, angeblich unvermeidbar machten.«[244]

Zwar war das Verhältnis zur Nation für den Kommunisten von Berg stets gespannter als für den Sozialdemokraten Bahr. Aber auch Nation und Kommunismus schlossen einander nicht von vornherein aus, vor allen Dingen dann nicht, wenn man wie der 1933 geborene von Berg zu einer Generation von Kommunisten gehörte, die in der Überzeugung aufgewachsen war, die SED vertrete die »Lebensinteressen der Nation«.[245] Von Berg lag die gesamtdeutsche Perspektive der SED aufgrund seiner Herkunft aus der thüringisch-fränkischen Grenzregion besonders am Herzen. Die Grenze, die wenige Kilometer von seinem Heimatort Mupperg entfernt den Frankenwald durchzog, blieb für ihn immer ein Skandal.

Es war daher gewiß kein Zufall, daß gerade er im Auftrag des Zentralrats der FDJ[246] schon während seines Studiums in Leipzig zwischen

243 Ähnlich wird Bahr auch beurteilt von Kissinger: 1979, 443.
244 Baring: 1983, 266.
245 Diesen Anspruch formulierte die SED explizit in ihrem Anfang Februar 1950 verkündeten »Programm der Nationalen Front des demokratischen Deutschland«; Text bei Albrecht: 1959, 522–537 (537). – Siehe Kapitel: Die ungelöste nationale Frage.
246 Von Berg brachte es in der FDJ bis zum Ersten Kreisvorsitzenden und besuchte 1951–1952 die Jugendhochschule »Wilhelm Pieck« in der Nähe von Bernau bei Berlin. An die-

1954 und 1959 Kontakte zu Studentenorganisationen in der Bundesrepublik und West-Berlin knüpfte. Die studentischen Kontakte paßten damals zu der Linie der SED, die Ende der fünfziger Jahre die Gemeinsamkeiten mit der Sozialdemokratie betonte und die Hoffnung auf ein sozialistisches Gesamtdeutschland nährte.[247] Freilich diente der Annäherungsversuch der Partei vorwiegend dem taktischen Zweck, die Neutralisierungstendenzen in der SPD zu stärken und somit einen Keil zwischen die westdeutschen Parteien zu treiben. Die Kontakte wurden daher 1960 wieder abgebrochen, nachdem sich die Sozialdemokraten unmißverständlich zur Westbindung der Bundesrepublik bekannten.[248] Für Hermann von Berg waren die Gespräche jedoch mehr als Taktik. Später schrieb er darüber: »Die Diskussion drehte sich immer um das zentrale Problem: Welche Möglichkeiten gibt es zur Wiedervereinigung, und was können wir als deutsche Studenten auf beiden Seiten tun, um diesen Prozeß in Gang zu halten, wie können wir die Annäherung vorantreiben, die Verständigung fördern?«[249]

Als sich die DDR-Führung nach dem Mauerbau in der Phase der beginnenden internationalen Entspannung durch Chruschtschow gedrängt sah, einen Beitrag zur Normalisierung der deutsch-deutschen Beziehungen zu leisten[250], erinnerte man sich wieder an die abgebrochenen Gespräche der Studenten. Die SED machte sich jetzt die Kontakte zunutze, die von Berg damals geknüpft hatte. Da einige der Studenten, die er zu jener Zeit kennengelernt hatte, inzwischen in der West-Berliner SPD und in westdeutschen Medien zu Einfluß gelangt waren, wurde von Berg als Sendbote nach West-Berlin geschickt, um anzudeuten, »daß sich manche bösen Mauerfolgen humanitär und pekuniär regeln ließen«.[251] Bei den Verhandlungen, die sich aus diesem Hinweis entwickelten und schließlich in die Berliner Passierscheinabkommen mündeten, diente er im Auftrag von Ministerpräsident Stoph als Unterhändler.

ser höchsten Bildungsstätte der FDJ, an der leitende Kader ein einjähriges Studium absolvierten, waren vor von Berg etwa Margot Feist, Konrad Naumann, Joachim Herrmann, Werner Lamberz und Hans Modrow geschult worden. Vgl. hierzu HA V/5: Vorschlag zur Werbung eines GM (12. 10. 1959); in: BStU, ZA, MfS GH 65/88; HA IX/5: Bericht (7. 2. 1978); in: BStU, ZA, MfS GH, 65/88. Siehe auch Herbst u. a.: 1994, 298 (s. v. »FDJ«).

247 Siehe hierzu Lemke: 1993, 361–377.

248 So auch Lemke: 1993, 377.

249 Von Berg: 1988, 91.

250 Siehe hierzu z. B. Engelmann/Erker: 1993, 149–164.

251 Bender: 1995, 130f. Der Bekannte von Bergs war Dietrich Spangenberg, zu jener Zeit Leiter der Landeszentrale für Politische Bildung in West-Berlin. Vgl. Staadt: 1993, 82. Siehe auch von Berg: 1988, 93. Die Bedeutung der Passierscheinabkommen im Rahmen der Anfänge von Brandts Ostpolitik beschreibt sehr instruktiv Prowe: 1976.

Nicht zuletzt wegen seiner guten Beziehungen zu sozialdemokratischen Politikern und westdeutschen Journalisten wurde von Berg 1962 Abteilungsleiter für Internationale Verbindungen im Presseamt beim Vorsitzenden des Ministerrates. Diese Abteilung des Presseamts war damals eine der wichtigsten mit Kontakten zur Bundesrepublik beauftragten Institutionen der DDR.[252] Durch den ständigen Umgang mit West-Journalisten bei Empfängen, Reisen und Interviews ergaben sich zwanglos Gesprächsmöglichkeiten, die zur Weitergabe politischer Erklärungen der beiden Regierungen, zur Übermittlung von Hintergrundinformationen, aber auch zur gezielten Verbreitung von Hinweisen genutzt wurden.[253]

Darüber hinaus sollte von Bergs Abteilung die SED-Spitze mit Analysen und Berichten über die politische Entwicklung in der Bundesrepublik und West-Berlin versorgen. Er und seine Mitarbeiter waren somit in der schwierigen Lage, vier Aufgaben gleichzeitig bewältigen zu müssen: Sie sollten die offiziellen Standpunkte der DDR-Führung vertreten, den westlichen Kontaktleuten diese Ansichten verständlich machen, gezielte Informationen lancieren und durch Gespräche mit West-Journalisten selbst wichtige Neuigkeiten in Erfahrung bringen. Weil alle diese Aufgaben den Verantwortungsbereich des MfS berührten, gehörte für Presseamtsfunktionäre die Zusammenarbeit mit dem Staatssicherheitsdienst zum Alltag. Sie mußten nicht nur die Partei und den Vorsitzenden des Ministerrates, sondern auch das MfS über alle Westkontakte informieren. Von Bergs Berichte wurden von der HV A gesammelt und ausgewertet, zunächst vom Referat F der Informations- und Auswertungsabteilung VII, seit 1966 von der für Desinformation zuständigen Abteilung X.[254]

252 Vgl. Engelmann/Erker: 1993, 155; siehe auch von Berg: 1988, 143f. Zu Geschichte, Organisation und Funktion des Presseamtes Herbst u. a.: 1994, 826–828 (s. v. »Presseamt beim Vorsitzenden des Ministerrates der DDR«).

253 Siehe hierzu und zum Folgenden Engelmann/Erker: 1993, 155; vgl. auch von Berg: 1988, 151f.

254 Strittig ist, ob von Berg über seine offizielle Zusammenarbeit hinaus auch inoffiziell – als IM – mit dem MfS zusammengearbeitet hat. Während von Berg eine derartige Zusammenarbeit bestreitet, wurde er in den MfS-Akten seit 1959 als »GM Günter« bzw. als »IM Günter« geführt. Siehe etwa HA V/5/II: Auskunftsbericht über den GM Günter (10. 10. 1961); in: BStU, ZA, MfS GH 65/88; HV A/Abt. X: Einschätzende Bemerkungen zum Vorgang »Günther« (18. 11. 1977); in: BStU, ZA, MfS GH 25/87, Bd. 1, 3. Eine inoffizielle Zusammenarbeit mit dem MfS war für Presseamtsfunktionäre nicht unüblich. Der Leiter des Presseamts Kurt Blecha arbeitete etwa für die Spionageabwehr (HA II). Von Bergs Stellvertreter Manfred Müller war OibE der HV A-Desinformationsabteilung (Die MfS-Anbindung Blechas bestätigte Markus Wolf im Gespräch mit dem Autor. Daß Manfred Müller OibE der HV A war bestätigten dem Verfasser Herbert Brehmer und Hermann von Berg). Allgemein zum Status von IMs und OibEs Gill/Schröter: 1991, 95–121; Siebenmorgen: 1993, 62–96; Wörterbuch: 1993, 177–203.

Wegen der Vielschichtigkeit ihrer Aufgabe handelten die Presseamtsfunktionäre stets in einer Grauzone zwischen explizitem Auftrag und Eigeninitiative. Weil für ihre Arbeit ein gutes Verhältnis zur sogenannten »West-Journaille« unerläßlich war, sprachen sie häufig »offener, als sich ihre Chefs das haben träumen lassen«, so ein ehemaliger Redakteur des *Stern* nach der Wende.[255] Besonders von Berg schätzten die westdeutschen Berichterstatter wegen »seiner völlig respektlosen und unkonventionellen Art [...] und seiner enormen Schlagfertigkeit und spritzigen, ironischen Art der Gesprächsführung«, wie es in einer Bewertung der HV A heißt.[256]

Zwar schied von Berg bereits 1965 wieder aus dem Presseamt aus und wurde Aspirant am ZK-Institut für Marxismus-Leninismus. Als Sendbote der DDR-Führung blieb er jedoch deutschlandpolitisch aktiv. Er hielt den Kontakt zu westdeutschen Journalisten, Politikern und Vertretern der Wirtschaft: zu Constantin Paulssen, dem Präsidenten der Bundesvereinigung Deutscher Arbeitgeberverbände, und dessen Pressechef Werner Mühlbradt, zu Dietrich Spangenberg, Horst Ehmke und anderen Sozialdemokraten, zu Karl-Hermann Flach, Hans-Dietrich Genscher und Karl Moersch von der FDP. Er überbrachte Bundeskanzler Kiesinger Briefe von Ulbricht und Ministerpräsident Stoph. Er war an der Vorbereitung der Erfurter und Kasseler Treffen der beiden deutschen Regierungschefs beteiligt und traf sich, als der Grundlagenvertrag ausgehandelt wurde, regelmäßig mit Egon Bahr.[257] In manchem kann man die Aufgabe, die Hermann von Berg als Bote zwischen Ost-Berlin und Bonn erfüllte, mit dem geheimen Kanal zwischen Breschnew und den Bundeskanzlern Brandt bzw. Schmidt vergleichen. Wie der sowjetische Verbindungsmann Waleri Lednew bereitete von Berg die offiziellen Kontakte der Spitzenpolitiker auf dem Wege der Geheimdiplomatie vor. Lednew wie von Berg kooperierten mit dem Geheimdienst, sie verfügten über gute Kontakte zur westdeutschen Presse, und für beide war die Mittlerfunktion Pflichterfüllung und Herzensanliegen zugleich.[258]

255 So Jochen Steinmayr 1991 im Rückblick (zit. nach Engelmann/Erker: 1993, 156).
256 So jedenfalls die Einschätzung der HV A; vgl. HV A Abt. X: Einschätzende Bemerkungen zum Vorgang ›Günther‹« (18. 11. 1977); in: BStU, ZA, MfS GH 25/87 Bd. 1, 8–17 (10).
257 Vgl. zum Folgenden von Berg: 1988, 152–177. Siehe dazu auch HA IX/5: Bericht (7. 2. 1978), in: BStU, ZA, MfS GH 65/88; Beurteilung des IM ›Günther‹ (8. 8. 1968), in: BStU, ZA, MfS GH 25/87, Bd. 1, 109–114; HV A Abt. X: Einschätzende Bemerkungen zum Vorgang ›Günther‹ (18. 11. 1977), in: BStU, ZA, MfS GH 25/87, Bd. 1, 8–17. Zu den Kontakten mit Paulssen und Mühlbradt siehe auch Spiegel 45/1969, 114; die Entwicklung der Kontakte zwischen der FDP und Ost-Berlin schildert Baring: 1983, 213–229; vgl. auch Engelmann/Erker: 1993, 165–196.
258 Siehe Keworkow: 1995.

Anders als die Sowjetunion zog Ost-Berlin seinen Kontaktmann jedoch zurück, sobald nach dem Sturz Ulbrichts und dem Abschluß des Berlin-Abkommens offizielle Verhandlungen mit der Bundesrepublik möglich wurden. Dafür gab es drei Gründe: Erstens wollte Honecker verhindern, daß die Gespräche auf Regierungsebene durch inoffizielle Kontakte entwertet würden. Schließlich waren offizielle Verhandlungen zwischen Vertretern der beiden deutschen Staaten ein erster Schritt auf dem Weg zur staatlichen Anerkennung der DDR. Zweitens war von Berg in den Augen des neuen SED-Chefs ein Mitglied der alten Mannschaft Ulbrichts und Stophs, der er nicht traute. Und drittens verloren auch von Bergs wichtigste westdeutsche Gesprächspartner, Spangenberg, Bahr und Ehmke, 1972 bzw. 1974 ihre Schlüsselstellungen. Bundeskanzler Schmidt nutzte andere Gesprächskanäle nach Ost-Berlin als sein Vorgänger Brandt.[259] Nach der Paraphierung des Grundlagenvertrages im November 1972 mußte von Berg daher schrittweise von der politischen Bühne abtreten. »Danach wurde die Aufrechterhaltung der Kontakte auf ein Minimum beschränkt, und trugen, was führende Leute anbetrifft, nur noch sporadischen Charakter«, notierte die HV A.[260]

Von Berg, der sich nun als Professor in der wirtschaftswissenschaftlichen Sektion der Humboldt-Universität auf die Wissenschaft konzentrierte, wurde zu einer Randfigur in der Deutschlandpolitik. Doch auch als Randfigur spielte er weiter mit im deutsch-deutschen Schachspiel. Das lag zum einen daran, daß sich sein Rückzug aus dem politischen Geschäft schwieriger gestaltete als die SED angenommen hatte. Die West-Journalisten wollten auf ihren bewährten Gesprächspartner nicht verzichten und versuchten, den Kontakt aufrechtzuerhalten. Auch SPD-Politiker wie Egon Bahr und Dietrich Spangenberg bemühten sich, die Beziehung nicht abreißen zu lassen.[261] Partei und MfS entschlossen sich daher, dem Drängen des Westens nachzugeben und von Berg den Kontakt mit seinen westlichen Partnern weiterhin zu gestatten. Allerdings änderte sich seine Aufgabe: Er sollte keine Botschaften der Staats- und Parteispitze mehr übermitteln, sondern lediglich anhören, was die westdeutschen Journalisten und Politiker vorbrachten.[262]

259 Die Kontakte liefen entweder über Günter Gaus und Kurt Nier, über Carl-Werner Sanne und Alexander Schalck-Golodkowski oder über Wolfgang Nagel; siehe Schmidt: 1990, 39.
260 HV A Abt. X: Einschätzende Bemerkungen zum Vorgang ›Günther‹ (18. 11. 1977), in: BStU, ZA, MfS GH 25/87 Bd. 1, 8–17 (10); vgl. auch Konzeption zur Weiterführung der Kontakttätigkeit des IM ›Günther‹ (9. 11. 1971), in: BStU, ZA, MfS GH 25/87, Bd. 10, 1–3.
261 Siehe ebd., 1.
262 Vgl. HA IX/5 Bericht (7. 2. 1978) in: BStU, ZA, MfS GH, 65/88.

Zum anderen hatte von Berg auch als Wissenschaftler – wenn auch indirekt – weiterhin mit der Deutschlandpolitik zu tun. Denn als Experte für internationale und deutsch-deutsche Wirtschaftsbeziehungen wurde er Mitte der siebziger Jahre Berater von Gerhard Weiss, dem für den RGW zuständigen Stellvertreter des Vorsitzenden des Ministerrates. Weiss und Vertreter der anderen RGW-Staaten erörterten seit 1975 mit EG-Bevollmächtigten mögliche Formen der Kooperation zwischen den beiden Wirtschaftsorganisationen.[263] Um die ostdeutsche Position für die Verhandlungen vorzubereiten, wechselte von Berg 1976/77 für einige Zeit von der Universität ins DDR-Außenhandelsministerium.[264] Ab Mitte April 1977 sollte er für mehrere Monate nach Brüssel gehen, um dort Vorverhandlungen zu führen.[265]

Obwohl das Vorhaben mit der Partei, dem zuständigen Minister und der HV A bereits abgesprochen war, wurde es im April 1977 kurzfristig abgesagt.[266] Der Grund dafür war das stets wache, nach der Biermann-Ausbürgerung noch gesteigerte Mißtrauen des MfS, dessen für Spionageabwehr zuständige Hauptabteilung II Mitte November 1976 einen »Operativen Vorgang« gegen von Berg einleitete, dem sie – wenig einfallsreich – die Tarnbezeichnung »Tal« gab. Die Beschattung brachte am 23. November ein erstes Ergebnis: Die MfS-Beamten beobachteten, wie sich von Berg in Ost-Berlin mit dem ARD-Hörfunk-Korrespondenten Wolfgang Nette traf und ihm die zu diesem Zeitpunkt noch inoffizielle Position der DDR-Führung zur Biermann-Ausweisung bekannt gab.[267] Wenig später förderten die Sicherheitsexperten das nächste Verdachtsmoment zutage: Von Berg habe Dettmar Cramer vom Deutschlandfunk Mitte Februar Verhandlungspositionen der DDR verraten, die der stellvertretende Außenminister Nier erst einen Monat später Bonns Ständigem Vertreter Gaus offiziell übergab. Außerdem vermutete die Staatssicherheit, daß von Berg den *Spiegel* im März 1977 über ökonomische

263 Siehe von Berg u. a.: 1987, 68–69.

264 Seit Beginn der fünfziger Jahre genoß die DDR durch den politischen Sondercharakter des innerdeutschen Handels eine privilegierte Stellung innerhalb des RGW. Sie war aus bundesdeutscher Sicht Zoll-Inland und damit – wie Ralf Dahrendorf einmal überspitzt formuliert hat – »quasi ein assoziiertes Mitglied der EWG« (zit. nach Petzina: 1988, 200). Ost-Berlin war daran gelegen, daß die DDR dieses Privileg nicht durch ein EG-RGW-Abkommen verlor. Vgl. Petzina: 1988, 179–201.

265 HA IX/5: Bericht (7. 2. 1978), in: BStU, ZA, MfS GH, 65/88; HV A Abt. X: Vermerk (3. 6. 1977), in: BStU, ZA, MfS GH, 65/88; vgl. auch von Berg: 1988, 133f.; von Berg: 1988a.

266 Siehe »Plan zur Realisierung eines langfristigen Einsatzes des IM ›Günther‹ ins Operationsgebiet«, in: BStU, ZA, MfS GH 25/87 Bd. 8, 2.

267 Siehe hierzu und zum Folgenden HA IX/5: Bericht (7. 2. 1978), in: BStU, ZA, MfS GH, 65/88. Vgl. auch von Berg: 1988, 211.

Schwierigkeiten der DDR informiert habe.[268] Diese Verdachtsmomente genügten den MfS-Beamten. Sie erwirkten die Absage der Brüssel-Reise mit der Begründung, West-Journalisten planten »die Nutzung Prof. von Bergs [...], der sich zwischenzeitlich immer mehr auf die Position dieser Kreise orientierte, zu subversiven Aktionen gegen die DDR im Ausland«.[269]

Obwohl von Berg nach der Absage seines Brüssel-Aufenthaltes wußte, daß er in den Verdacht politischer Unzuverlässigkeit geraten war, hielt er seine Kontakte zu den westdeutschen Journalisten aufrecht. Einem MfS-Bericht zufolge bat er sie lediglich, »ihn nicht mehr zu Hause aufzusuchen und bei unbedingt erforderlichen Zusammenkünften ihre PKW's in größerer Entfernung von seinem Wohnhaus abzuparken«.[270] Insbesondere mit dem *Spiegel* arbeitete von Berg immer intensiver zusammen. Schon seit den sechziger Jahren hatte er das Blatt zuverlässig mit deutschland- und wirtschaftspolitischen Interna aus der DDR versorgt.[271] Doch jetzt ging er einen entscheidenden Schritt weiter. Am 19. September rezensierte er unter Pseudonym Bahros »Alternative« für den *Spiegel.* Er stimmte dem Regimekritiker zwar nicht in allen Punkten zu, teilte jedoch dessen Ablehnung des »real existierenden Sozialismus«. Die Kritik Bahros an der ostdeutschen Wirtschaftspolitik lobte er als »die stärkste Leistung des Buches – Pfeffer in offene Wunden«. Ausdrücklich nahm er Bahro dafür in Schutz, daß dieser sein Buch in der Bundesrepublik veröffentlicht hatte. »Wenn hier keine Freiheit existiert, Meinung zu artikulieren, dann muß man sie dort artikulieren, wo es diese Freiheit gibt.«[272] Vier Wochen später spielte von Berg dem *Spiegel* genaue Zahlen über die Misere des DDR-Außenhandels zu. 1976 habe das Land statt der geplanten 30 lediglich 9,6 Prozent seiner Ausfuhren ins nichtsozia-

268 HA II/13: Sachstandsbericht zum OV ›Nadel‹ (8. 12. 1977), in: BStU, ZA, MfS GH 65/88. Vgl. Spiegel 13/1977, 51.

269 MfS-Bericht (ohne Angabe der Abteilung und des Datums), in: BStU, ZA, MfS GH 65/88.

270 Ebd.

271 Anfang der sechziger Jahre lernte von Berg den Leiter des (West-)Berliner Spiegel-Büros Hans Dieter Jaene kennen. Nach seinem Ausscheiden aus dem Presseamt arbeitete er mit Karlheinz Vater zusammen, der 1966 Jaenes Nachfolger geworden war. Auch in den siebziger Jahren riß die Verbindung nicht ab, v. a. Schwarz pflegte den Kontakt zu von Berg. – Vgl. zu Jaene Engelmann/Erker: 1993, 114f. (zu Jaenes Bedeutung für die deutsch-deutschen Beziehungen und die Anbahnung der Brandt'schen Ostpolitik siehe auch Baring: 1983, 213–229). Die Zusammenarbeit mit Vater wird erwähnt in Spiegel 38/1994, 97. Schwarz beschreibt die Kooperation mit von Berg in einem Brief an den Vorsitzenden der Rehabilitierungskommission der Humboldt-Universität v. 22. 1. 1992 (in: Archiv der Humboldt Universität, Rehabilitierungsverfahren »Hermann von Berg«; siehe auch von Berg: 1994, 222).

272 Spiegel 39/1977, 114.

listische Ausland geliefert. Die Prognose für 1977 sehe nicht viel günstiger aus, zumal die DDR inzwischen mit 13,3 Milliarden Mark im Westen verschuldet sei.[273] Wieder einen Monat darauf, nach den Krawallen auf dem Alexanderplatz, ließ er dem Magazin eine parteiinterne vertrauliche Information zukommen, mit der führende Kader über das wahre Ausmaß der Tumulte informiert wurden.[274]

Seinen größten Coup landete Hermann von Berg im Dezember. Ulrich Schwarz, dessen Zeit in Ost-Berlin am 31. Dezember 1977 ablief, hatte seine Koffer schon gepackt, als ihn kurz vor Weihnachten ein Telefonanruf von Bergs erreichte. Der Professor gab indirekt zu verstehen, daß er dem *Spiegel* »etwas Brisantes« anzubieten habe.[275] Anders als in den Monaten zuvor bat er den Korrespondenten, ihn in Schöneiche zu besuchen. Dort empfing von Berg den Redakteur mit dem Angebot, er könne ihm die Erklärung eines »Bundes Demokratischer Kommunisten Deutschlands« diktieren, in der heftige Kritik an der DDR-Führung geübt werde.[276] Diese Erklärung sei eine von ihm selbst formulierte Zusammenfassung verschiedener »Arbeitspapiere«, die vorher innerhalb des »Bundes« zur Diskussion verbreitet worden seien. Namen von Mitgliedern des oppositionellen »Bundes« nannte er nicht, warnte jedoch: »Falls ihr das veröffentlicht, ist das euer Ende in der DDR. Sie werden euer Büro dichtmachen und die ganze Sache westlichen Geheimdiensten in die Schuhe schieben.«[277]

An diesem Tag diktierte der Professor dem *Spiegel*-Korrespondenten nur den ersten Teil des Papiers. Schwarz behauptete später, er habe von Berg gebeten, das Diktat abzubrechen, weil er vom Schreiben einen Krampf bekommen habe.[278] Von Berg hingegen betonte, er habe unterbrochen, um vor der Übermittlung des zweiten Teils noch einmal mit seinen Mitstreitern im »Bund« Rücksprache zu halten.[279] In jedem Fall besaß der Journalist lediglich einen Teil der »Erklärung«, als er Schöneiche in Richtung Hamburg verließ. Dennoch entschied die Zentralredaktion, den Text so bald wie möglich zu veröffentlichen, auch auf die Gefahr hin, den zweiten Teil niemals zu erhalten.[280]

273 Spiegel 43/1977, 54.
274 Siehe Spiegel 47/1977, 65f.
275 Mündliche Mitteilung von Ulrich Schwarz.
276 Mündliche Mitteilungen von Hermann von Berg und Ulrich Schwarz; vgl. auch von Berg: 1993, 209.
277 Schwarz, Ulrich: »Sie werden euer Büro dichtmachen«, in: Böhme: 1978, 49.
278 Mündliche Mitteilung von Ulrich Schwarz.
279 Mündliche Mitteilung von Hermann von Berg.
280 Mündliche Mitteilung von Ulrich Schwarz.

Wenige Tage später reiste Schwarz nach Ost-Berlin zurück, um sich den zweiten Teil der Streitschrift diktieren zu lassen. Da er bei den DDR-Behörden keinen Verdacht erwecken wollte, kam er mit seiner Frau und seinen Töchtern nach Schöneiche, um das heimliche Arbeitstreffen als Familienbesuch zu tarnen.[281] Als der Korrespondent mit seiner Familie das Haus wieder verließ, nahm er nichts weiter mit als seinen vollgeschriebenen Notizblock. Wäre er damit einem Mitarbeiter der Staatssicherheit in die Arme gelaufen, so von Berg später, hätte dieser keine anderen Beweise gehabt als »Notizen eines Westjournalisten in Form imperialistischer Hetzpropaganda«. Und was könne das MfS von einem westdeutschen Journalisten schon anderes erwarten.[282]

281 Mündliche Mitteilung von Ulrich Schwarz. Bei der Angabe des genauen Termins ihres zweiten Treffens weichen die Auskünfte von Schwarz und von Berg, die ansonsten bemerkenswert übereinstimmen, voneinander ab. Von Berg behauptet, er habe dem Spiegel-Korrespondenten den zweiten Teil der »Erklärung« am 22. 12. 1977 diktiert (vgl. von Berg: Positionen, 210). Schwarz dagegen ist sich sicher, mit seiner Familie erst nach Weihnachten wieder in die DDR gereist zu sein (mündliche Mitteilung von Ulrich Schwarz).

282 Mündliche Mitteilung von Hermann von Berg.

Die Reaktion der SED

Die Pressepolitik der SED 1975 bis 1977

Die SED-Spitze erkannte die Gefährlichkeit der *Spiegel*-Berichterstattung über die DDR frühzeitig und versuchte, sie in ihrem Sinne zu beeinflussen. Ihr wichtigstes Werkzeug war dabei die Hauptabteilung Presse im Ministerium für Auswärtige Angelegenheiten, der die Abteilung »Journalistische Beziehungen« unterstand, die offizielle Ansprechpartnerin für in der DDR akkreditierte Journalisten. Wolfgang Meyer, der Chef der Hauptabteilung Presse[283], sowie die Abteilungsleiter Günter Fritsch und Gerhard Meyer waren freilich nur Sprachrohre der DDR-Führung. Die eigentlichen Entscheidungen über den Umgang mit den westlichen Medien fielen im Sekretariat des ZK. Der für alle Massenmedien verantwortliche Sekretär Werner Lamberz, dem die ZK-Abteilungen Agitation und Propaganda unterstanden, war auch für die Politik gegenüber der ausländischen Presse zuständig.

Das letzte Wort in allen propagandistischen Fragen – ebenso wie in der Deutschlandpolitik – behielt sich freilich Honecker selbst vor, der um die Bedeutung der Massenmedien für seinen Machterhalt wußte.[284] Da der Umgang mit bundesdeutschen Korrespondenten sowohl propagandistische als auch deutsch-deutsche Belange berührte, mußte Lamberz dem Generalsekretär alle wichtigen Entscheidungen, die bundesdeutsche Medien betrafen, zur Gegenzeichnung vorlegen. Erst wenn Honecker mit grünem Filzstift sein »Einverstanden E. H.« in die rechte obere Ecke einer Anordnung gesetzt hatte, durfte sie umgesetzt werden.[285]

Zwei Methoden standen Honecker und Lamberz zu Gebote, um auf die Berichterstattung der westlichen Medien Einfluß zu nehmen: Sie konnten versuchen, diese entweder durch Restriktionen einzuschüchtern oder durch gezielte Informationen zu lenken. Im August 1975, zwei Wochen nachdem Honecker sich im Schlußdokument der KSZE-Konferenz dazu

283 Meyer avancierte 1989 zum letzten Leiter des Regierungs-Presseamts der DDR; siehe Herbst u. a.: 1994, 828 (s. v. »Presseamt beim Vorsitzenden des Ministerrats der DDR«).
284 Siehe hierzu Schabowski: 1991, 115f.
285 Siehe den Aktenbestand des Büro Lamberz, in: SAPMO-BA, DY 30/IV 2/2.033, passim.

verpflichtet hatte, Journalisten die legitime Ausübung ihres Berufes zu ermöglichen, bekam der *Spiegel* zum ersten Mal die Restriktionsmethode zu spüren. Jörg R. Mettke wurde ins Außenministerium am Marx-Engels-Platz zitiert, wo ihm zwei Beamte der Abteilung »Journalistische Beziehungen« vorwarfen, »nicht nur ›Keile‹ zwischen die DDR und ihren Verbündeten, die Sowjetunion, zu treiben, sondern auch die SED-Führung bei den ostdeutschen Bürgern anzuschwärzen«.[286] Grund für den Vorwurf war ein Artikel, in dem Mettke über privilegierte Badeorte an der Ostseeküste berichtete, wo SED-Funktionäre in weitläufigen, abgesperrten Sommerresidenzen ihre Ferien verbrächten[287], außerdem ein zweiter, von der Hamburger Zentrale geschriebener Bericht, in dem der *Spiegel* andeutete, daß sich das Verhältnis zwischen der DDR und der Sowjetunion verschlechtere.[288] Vier Monate später traf Mettke, der zunächst mit einem inoffiziellen Verweis davongekommen war, ein ungleich härterer Schlag. Die Ursache war ein Bericht, in dem der *Spiegel* über Zwangsadoptionen von Kindern berichtete, deren Eltern versucht hatten, die DDR zu verlassen, und daraufhin zu mehrjährigen Gefängnisstrafen verurteilt worden waren.[289] Mettke, der den strittigen Artikel nicht einmal selbst verfaßt hatte, wurde am 16. Dezember erneut ins Außenministerium bestellt, wo man ihm in dürren Worten mitteilte, daß er wegen Verleumdung der DDR binnen 48 Stunden das Land verlassen müsse.[290]

In den folgenden Monaten versuchte Honecker, den entstandenen Schaden zu begrenzen. In dieser Zeit rückte die zweite Methode der Einflußnahme in den Vordergrund. Durch gezielte Informationen sollte der Ärger der Bundesregierung und des Nachrichtenmagazins gedämpft werden. Zwar teilte Wolfgang Meyer der Chefredaktion des *Spiegel* am

286 Schwarz, Ulrich: »Sie werden euer Büro dichtmachen«, in: Böhme: 1978, 39.
287 Spiegel 30/1975, 82–84.
288 Spiegel 29/1975, 17f.
289 Spiegel 51/1975, 36–38. Der Artikel sorgte für einige Verstimmung im deutsch-deutschen Verhältnis, weil der bayerische Ministerpräsident Alfons Goppel den DDR-Vertreter in Bonn, Michael Kohl, aufforderte, die Meldung eindeutig zu dementieren. Andernfalls werde er Kohl nicht zu der seit langem vereinbarten Antrittsvisite empfangen. Als sich der DDR-Vertreter zwar telefonisch über die »schmutzige Verleumdung durch ein Magazin« beschwerte, den Artikel aber nicht dementierte, sagte der bayerische Ministerpräsident den Termin ab. Er begründete seine Entscheidung damit, daß die Zwangsadoptionen in der DDR eine Ungeheuerlichkeit seien, »wie sie die zivilisierte Welt seit Himmler nicht mehr erlebt hat« (zit. nach Schwarz, Ulrich: »Sie werden euer Büro dichtmachen«, in: Böhme: 1978, 41).
290 Siehe das Fernschreiben der Spiegel-Redaktionsvertretung in Ost-Berlin an die Chefredaktion (16. 12. 1975), abgedruckt in: Böhme: 1978, 281. Vgl. dazu Schwarz, Ulrich: »Sie werden euer Büro dichtmachen«, in: Böhme: 1978, 41f.

10. Februar 1976 mit, »eine Überprüfung der Angelegenheit des Herrn Mettke« habe ergeben, »daß keine Veranlassung besteht, die [...] Maßnahmen aufzuheben«.[291] Doch gleichzeitig ließ Honecker den Bundeskanzler wissen, die DDR-Führung mißbillige die irreguläre Praxis der Zwangsadoptionen durch untergeordnete Behörden und wolle politisch motivierte Fälle rückgängig machen. Der *Spiegel* wurde durch diskrete Hinweise ermuntert, den vakanten Korrespondentenposten möglichst bald wieder zu besetzen. Und als das Magazin am 25. Mai um die Akkreditierung von Ulrich Schwarz als neuem Korrespondenten bat, stimmte die DDR rasch zu. Mündlich versicherten Beamte des DDR-Außenministeriums, mit der Akkreditierung von Schwarz werde auch Mettkes privates Einreiseverbot aufgehoben.[292]

Im Herbst 1976 wurde wieder die restriktive Vorgehensweise bestimmend. In einem Gutachten, das Lamberz gemeinsam mit Mielkes Staatssicherheitsministerium erstellt und Honecker persönlich zugesandt hatte, wurde Korrespondenten aus der Bundesrepublik vorgeworfen, sie versuchten, »durch verleumderische Berichterstattung und Einmischung in die inneren Angelegenheiten der DDR eine besondere Rolle im antikommunistischen Feldzug einzunehmen. [...] Sie sehen ihre Hauptfunktion nicht in der Informierung der BRD-Bürger, sondern im direkten konterrevolutionären Einwirken auf Bürger der DDR.«[293] Besonders die beiden Fernsehjournalisten Lothar Loewe (ARD) und Hans-Jürgen Wiessner (ZDF) gerieten in die Schußlinie. Ihnen wurde vorgeworfen, oppositionelle Gruppen in der DDR zu unterstützen.[294] Mielke und Lamberz fürchteten »die Organisierung von Fernsehbeiträgen mit DDR-Bürgern, die zur Bildung oppositioneller Gruppierungen führen sollen«.[295] Nach den Turbulenzen des Sommers 1976 wollten sie um jeden Preis vermeiden, daß sich in der DDR eine organisierte Opposition bildete.

Wenig später stellte das Außenministerium eine Liste von Sanktionen zusammen, mit deren Hilfe man die Tätigkeit von westlichen Korrespondenten einschränken konnte. Der Maßnahmenkatalog reichte von Schikanen bei der Grenzkontrolle über die Ablehnung oder Verzögerung von

291 Siehe das Fernschreiben des Leiters der HA Presse im MfAA, Meyer, an die Chefredaktion des Spiegel (10. 2. 1976), abgedruckt in: Böhme: 1978, 284.

292 Siehe die Korrespondenz zwischen der Chefredaktion des Spiegel und der HA Presse im MfAA (25. 5. u. 17. 6. 1976), abgedruckt in: Böhme: 1978, 284.

293 Information über die Tätigkeit der Korrespondenten des ARD-Fernsehens, Lothar Loewe, sowie des ZDF, Hans-Jürgen Wiessner (18. 10. 1976); in: SAPMO-BA, DY 30/IV 2/2.033/111, 52f. (Büro Lamberz).

294 Ebd.

295 Ebd.

Interview- und Besuchsgenehmigungen bis zur Verwarnung oder Ausweisung von Korrespondenten. Erstmals wurde auch die Schließung eines Redaktionsbüros als mögliche Vergeltungsmaßnahme ins Auge gefaßt.[296]

Die Schikanen gegen westliche Journalisten erreichten nach der Ausweisung Biermanns ein bisher unbekanntes Ausmaß. Als einer der ersten war wieder Mettke betroffen. Der ehemalige *Spiegel*-Korrespondent, der inzwischen im Bonner Büro des Magazins arbeitete, versuchte Ende November, den unter Hausarrest stehenden Havemann in Grünheide zu besuchen, und wurde deswegen von der SED-Führung endgültig aus der DDR ausgewiesen.[297] Gegen seinen Nachfolger Schwarz leitete die für Spionageabwehr zuständige Hauptabteilung II des MfS einen »Operativen Vorgang« ein.[298] Man hörte sein Telefon ab und beschattete ihn demonstrativ, um ihn einzuschüchtern.[299] Ihren vorläufigen Höhe- und Schlußpunkt erreichten die Drohgebärden des Regimes am Weihnachtsabend 1976, als der ARD-Korrespondent Loewe die DDR verlassen mußte.[300]

Nach dem Eklat um Loewe, der in der nachrichtenarmen Zeit um den Jahreswechsel für beträchtlichen Wirbel in den westdeutschen Medien sorgte, bemühte sich die DDR-Führung, die entrüsteten westdeutschen Journalisten zu beruhigen. Weitere Restriktionen blieben zunächst aus. Statt dessen spielte Honecker dem *Spiegel* verschiedene Informationen zu, an deren Publikation ihm gelegen war. Im März übermittelte der SED-Chef zum Beispiel Auszüge aus einer geheimen Rede, die er am 25. Februar vor den Ersten Sekretären der SED-Kreisleitungen gehalten[301] und in der er zum ersten Mal detailliert zu den ökonomischen Schwierigkeiten seines Landes Stellung genommen hatte. Der Text wurde nicht wie üblich im *Neuen Deutschland* abgedruckt, sondern erst sechs Jahre später im Rahmen der Gesamtausgabe von Honeckers Reden

296 Information zu den Arbeitsmöglichkeiten für akkreditierte ständige Korrespondenten der BRD und Westberlins (29. 11. 1976), in: SAPMO-BA, DY 30/IV 2/2.033/111, 68 (Büro Lamberz).

297 Schwarz, Ulrich: »Sie werden euer Büro dichtmachen«, in: Böhme: 1978, 45.

298 Die MfS-Beamten gaben dem Journalisten den Tarnnamen »Nadel« – womöglich weil sie seine Berichte als schmerzhafte Nadelstiche empfanden; siehe Sachstandsbericht zum OV »Nadel« (8. 12. 1977), in: BStU, ZA, MfS GH 65/88.

299 Vgl. Schwarz' Erlebnisbericht in: Spiegel 1–2/1977, 22f.;

300 Als äußerer Anlaß diente dem Regime ein Kommentar Loewes, in dem dieser zu Angriffen der Einheitspartei auf Bundeskanzler Schmidt Stellung bezogen hatte. Vgl. etwa Spittmann: 1977, 10f.

301 Spiegel 13/1977, 54–60.

und Aufsätzen publiziert.[302] Offenkundig wollte der Generalsekretär nicht, daß die DDR-Bevölkerung sogleich davon erfuhr. Die Vermutung liegt nahe, daß Honecker einen Versuchsballon steigen lassen wollte. Er testete, wie der Westen und ein kleiner, privilegierter Kreis in der DDR – nämlich diejenigen SED-Funktionäre, die den *Spiegel* lesen durften – auf die unangenehmen Fakten reagierten. Sollte die Reaktion allzu unwirsch ausfallen, konnte er den *Spiegel*-Bericht jederzeit als Fälschung abtun.[303] Offensichtlich war der SED-Chef jedoch mit dem Echo auf seine Ansprache zufrieden; ein halbes Jahr später riskierte er, vor der ganzen Bevölkerung die wirtschaftlichen Schwierigkeiten der DDR bekannt zu geben.[304]

Im Mai nutzte Honecker seinen Kanal zum *Spiegel* ein weiteres Mal. Diesmal ließ er durchblicken, daß Ministerpräsident Stoph hinter seinem Rücken eine deutliche Verschärfung der Ausreiseregelung angeordnet habe. Alle Anträge auf Übersiedlung in die Bundesrepublik seien als »grundsätzlich rechtswidrig« erklärt worden.[305] Auch hier dürfte Honekker einen doppelten Zweck verfolgt haben: Er konnte feststellen, wie groß die Empörung in West- wie in Ostdeutschland war, und sich gleichzeitig als Garant der Entspannungspolitik innerhalb der DDR-Führung profilieren, während Stoph als Kalter Krieger denunziert wurde.

Doch nach dem Interview des *Spiegel* mit Jurek Becker und der Publikation von Bahros Thesen fand die gezielte Lancierung von Informationen ein Ende. Eine neue Konfrontation zwischen dem SED-Staat und dem Magazin kündigte sich an. Das erste Signal dafür war Schweigen. Ein Brief der *Spiegel*-Chefredaktion, in dem sie die Neubesetzung ihres Korrespondenten-Postens in Ost-Berlin zum 1. Januar 1978 ankündigte, blieb drei Monate lang unbeantwortet. Erst Ende Oktober stimmte die DDR der Akkreditierung Karlheinz Vaters als neuem Korrespondenten zu.[306]

Anfang September bereitete Lamberz den Boden für neue Restriktionen. Die ihm unterstellte ZK-Abteilung Agitation formulierte verschie-

302 Honecker: 1983, 163–270. Die Herausgeber verweisen auf Honeckers Manuskript als Quelle für den Text. Sonst wird üblicherweise in dieser Edition auf gedruckte Vorlagen verwiesen.

303 So auch Schwarz, Ulrich: »Sie werden euer Büro dichtmachen«, in: Böhme: 1978, 44.

304 Der Text der Rede ist abgedruckt in: Honecker: 1983, 465–508.

305 So jedenfalls IM »Günter« in einem Bericht über ein Gespräch mit Schwarz (4. 5. 1977), in: BStU, ZA, MfS GH 25/87 Bd. 5, 233. Auf dieser Information beruhte der Spiegel-Artikel »DDR-Ausreise – Neue Linie« vom 2. 5. 1977; siehe Spiegel 19/1977, 52-54.

306 Die Akkreditierung von Schwarz hatte die DDR innerhalb von drei Wochen bestätigt. Vgl. den Briefwechsel zwischen der Chefredaktion des Spiegel (28. 7. 1977) und der HA Presse im MfAA (25. 10. 1977); abgedruckt in Böhme: 1978, 284.

dene Empfehlungen, wie in Zukunft mit westdeutschen Journalisten umzugehen sei.[307] Die Vorschläge deckten sich zum großen Teil mit jenen, die das Außenministerium zehn Monate zuvor entworfen hatte. Sie enthielten jedoch einige bezeichnende Verschärfungen: Erstens sollten die ostdeutschen Journalisten und die Beamten des Außenministeriums, die Kontakt zu westlichen Korrespondenten hatten, deren Arbeit wirkungsvoller als bisher behindern. Zuverlässige DDR-Journalisten wurden gezielt auf westliche Korrespondenten angesetzt, um sie zu beeinflussen und von kritischen Berichten abzubringen. Außerdem wurden die Beamten angewiesen, jede despektierliche Äußerung bundesdeutscher Journalisten sofort Lamberz' ZK-Abteilung mitzuteilen. Zweitens entwickelten die Funktionäre der Abteilung Agitation eine Strategie von Zuckerbrot und Peitsche, die sie als »Politik der Differenzierung« bezeichneten. Journalistisches Wohlverhalten sollte mit Vorzugsbehandlung belohnt, kritische Berichte bestraft werden. Drittens gaben sie ein Gutachten in Auftrag, mit dem bewiesen werden sollte, »wie bestimmte Massenmedien der BRD systematische Diversion und Hetze gegen die DDR betreiben«. Die Materialien konnten später zur Rechtfertigung schärferer Sanktionen dienen.[308]

Fast zeitgleich erschien Anfang Oktober in der Zeitschrift *Deutsche Außenpolitik*, einem Organ des DDR-Außenministeriums, ein Artikel, der sich mit der westdeutschen Berichterstattung aus der DDR beschäftigte. Das im Westen vertretene Prinzip des freien Informationsflusses sei auf die Einmischung in die inneren Angelegenheiten anderer Länder gerichtet. Die DDR setze sich »entschieden gegen eine solche Informationszirkulation zur Wehr«. Die Zeit sei reif, um ein Instrumentarium zur Reglementierung der Medien auszuarbeiten.[309]

Als der *Spiegel* im November über die Toten bei den Alexanderplatz-Krawallen berichtete[310], setzte Lamberz die neue restriktive Linie erstmals in die Tat um. Kaum hatten ARD und ZDF am Abend des 13. November über den bevorstehenden *Spiegel*-Artikel berichtet, dementierte die staatliche Nachrichtenagentur ADN bereits heftig: Die Be-

307 Abt. Agitation: Vorschläge für die weitere Arbeit gegenüber den akkreditierten Journalisten aus der BRD und Westberlin (9. 9. 1977), in: SAPMO-BA, DY 30/IV 2/2.033/111, 99–102 (Büro Lamberz).
308 Vgl. ebd., 102 (Büro Lamberz). Siehe auch Gutachten zu Zielsetzungen, Hauptlinien und Methoden der gegen die DDR gerichteten antisozialistischen Propaganda des IPW (6. 2. 1978), in: SAPMO-BA, vorl. SED 22635.
309 Kleinwächter: 1978, 84.
310 Spiegel 47/1977, 65f.

hauptungen des Magazins seien »eine glatte Lüge«.[311] Es blieb nicht bei dem Dementi. Schon einen Tag später legte Lamberz dem SED-Chef vier verschiedene Vorschläge seiner Agitationsabteilung »zur Reaktion auf die verlogene Veröffentlichung« vor.[312] Als »Variante 1« empfahl er, den *Spiegel*-Korrespondenten mindestens zu verwarnen.[313] »Variante 2« sah zusätzlich vor, die Akkreditierung von Schwarz' Nachfolger im Ost-Berliner *Spiegel*-Büro vorerst auszusetzen und erneut zu prüfen. »Variante 3«, die Ausweisung des Korrespondenten, hielt Lamberz für »wenig wirkungsvoll, da Schwarz seine Tätigkeit als DDR-Korrespondent am 31. 12. 1977 beendet«.[314]

Um so gründlicher erwog er »Variante 4«: die Schließung des *Spiegel*-Büros. Diese Maßnahme war seiner Meinung nach vorteilhaft, da sie »eine durchaus angemessene Reaktion auf die fortgesetzte Hetz- und Lügenkampagne gegen die DDR gerade im *Spiegel* [darstellte]. Sie würde auch ihre Wirkung nach innen nicht verfehlen, da sie den genannten Gerüchten über angebliche Tote am 7. 10. wirksam entgegentritt. Andere bürgerliche Korrespondenten in der DDR werden durch diese Maßnahme nachdrücklich auf ihre Pflicht zur Einhaltung der Rechtsordnung der DDR und zur Respektierung der Schlußakte von Helsinki aufmerksam gemacht.«[315] Nachteilig konnte sich die Schließung des *Spiegel*-Büros dagegen auf die KSZE-Konferenz auswirken, die gerade in Belgrad tagte. Schikanen gegen die freie Presse würden die Verhandlungsposition der sozialistischen Staaten schwächen, die in der jugoslawischen Hauptstadt ohnehin von der amerikanischen Delegation wegen der Menschenrechtsverletzungen im Ostblock unter Druck gesetzt wurden. Lamberz fürchtete, daß die Schließung des *Spiegel*-Büros die Bundesregierung, die bislang versucht hatte, in Belgrad mäßigend auf die Amerikaner einzuwirken[316], ins Lager der USA treiben könnte. Abschließend stellte er daher fest: »Eine Schließung des *Spiegel*-Büros in der DDR könnte für die Zeit unmittelbar nach Abschluß der Belgrader Konferenz vorbereitet werden. Dazu muß ab sofort jede Lüge und Verleumdung der DDR durch den *Spiegel* aufgegriffen und dagegen Verwahrung eingelegt werden. Es

311 Zit. nach Schwarz, Ulrich: »Sie werden euer Büro dichtmachen«, in: Böhme: 1978, 49.

312 Siehe Vorschläge zur Reaktion auf die verlogene Veröffentlichung in der neuesten Ausgabe des ›Spiegel‹ vom 14. 11. 1977 zu den Ereignissen auf dem Alexanderplatz am 7. 10. 1977, in: SAPMO-BA, 30/IV 2/2.033/111, 133–136 (Büro Lamberz).

313 So war man auch mit dem Reuter-Korrespondenten Mark Brayne verfahren, der einen Monat zuvor ebenfalls über die Ausschreitungen berichtet hatte.

314 SAPMO-BA, DY 30/IV 2/2.033/111, 134 (Büro Lamberz).

315 SAPMO-BA, DY 30/IV 2/2.033/111, 134f. (Büro Lamberz).

316 Siehe Link: 1987, 300 u. 311.

werden Maßnahmen eingeleitet, um im Ausland für einen entsprechenden Schritt der DDR Verständnis bzw. Unterstützung zu organisieren.«[317]

Als Ulrich Schwarz zwei Tage später ins Außenministerium bestellt und dort wegen »lügenhafter Behauptungen« offiziell verwarnt wurde, verbreitete ADN die Nachricht von der ersten offiziellen Verwarnung eines westdeutschen Korrespondenten unverzüglich über Fernschreiber, einen Tag später berichtete auch *Neues Deutschland* darüber. Daß der SED-Staat die Öffentlichkeit so rasch über eine Maßnahme informierte, war ungewöhnlich und ein weiteres Indiz dafür, daß einige Funktionäre an der Parteispitze gegen den *Spiegel* in die Offensive gehen wollten.

Die Schließung des *Spiegel*-Büros

Unmittelbar nach der Veröffentlichung des »Manifests« beendete die SED die Phase der gebremsten Sanktionen. Nun ging sie massiv gegen den *Spiegel* vor. Oberflächlich betrachtet, spielte sich die Auseinandersetzung dabei zunächst in den Redaktionsstuben west- und ostdeutscher Medien ab. Nachdem ARD und ZDF am Abend des 30. Dezember erstmals aus der Streitschrift zitiert hatten, verbreitete die DDR-Nachrichtenagentur ADN sofort ein heftiges Dementi, das die meisten ostdeutschen Zeitungen am nächsten Tag abdruckten. In Wirklichkeit bestimmte in Ost-Berlin zu dieser Zeit jedoch nicht die Presse den Lauf des Geschehens, sondern Lamberz' Agitations-Abteilung und Mielkes Staatssicherheitsministerium.

Die Initiative ging von Lamberz aus. In seiner ZK-Abteilung war die ADN-Meldung verfaßt worden, die die offizielle Linie für die anderen Medien vorgab. Normalerweise pflegte Lamberz die Sprachregelungen für die DDR-Presse donnerstags auszugeben, wenn sich – nach der Sitzung des Politbüros am Dienstag und der Beratung des ZK-Sekretariats am Mittwoch – der Leiter des Presseamtes, die Chefredakteure der in Berlin ansässigen Zeitungen der SED und ihrer Massenorganisationen in der Abteilung Agitation im ZK-Gebäude zum »Linie«-Empfang versammelten.[318] Wurden zwischen den wöchentlichen Treffen Instruk-

317 SAPMO-BA, DY 30/IV 2/2.033/111, 135 (Büro Lamberz).
318 Vgl. Schabowski: 1991, 91. Die Zeitungen der Blockparteien wurden anschließend durch den Presseamtsleiter über die Sprachregelungen instruiert; die Redaktionen der Bezirkszeitungen wurden per Fernschreiben über die neuen Richtlinie informiert.

tionen notwendig, dann wandten sich die Mitarbeiter der ZK-Abteilung telefonisch direkt an die Redaktionen. Um nicht alle Zeitungen einzeln anleiten zu müssen, diente gewöhnlich die staatliche Nachrichtenagentur als Schrittmacherin und Verkünderin der Parteilinie. So auch in diesem Fall: ADN nannte die Nachricht über das »Manifest« einen »schlechten Silvesterscherz« und erwog, »ob es nicht zweckmäßig ist, die Einreise der bundesrepublikanischen Kolporteure solcher Verleumdungen zu unterbinden«.[319] Darüber hinaus bezichtigte sie den *Spiegel*, er habe das »miserable Machwerk« gemeinsam mit dem BND ausgearbeitet, um die Beziehungen zwischen den beiden deutschen Staaten zu stören.[320] Damit stand die offizielle Sprachregelung fest.

Erich Mielke griff Lamberz' Initiative einen Tag später auf und schickte »Informationen über einige grundsätzliche Erkenntnisse des MfS im Zusammenhang mit den jüngsten *Spiegel*-Veröffentlichungen« an Honecker und Lamberz, die ganz auf der vom ZK-Sekretär vorgegebenen Linie lagen.[321] Obwohl er keine Beweise für seine Behauptungen anführen konnte und das MfS zu diesem Zeitpunkt noch nichts über die Entstehung des Papiers wußte, warf Mielke dem BND vor, Urheber des Textes zu sein. Sein Ziel sei es, »eine angebliche Existenz von ›oppositionellen‹ Kräften in den Reihen der SED nachzuweisen und dies zum Ausgangspunkt einer erneuten Forcierung der Hetz- und Verleumdungskampagne gegen die DDR zu nehmen«.[322] Dabei wirke er unmittelbar mit den westlichen Massenmedien, insbesondere mit dem *Spiegel* zusammen. Namentlich Schwarz und Romain Leick, einem anderen *Spiegel*-Redakteur, sowie den Fernseh-Korrespondenten Lutz Lehmann (ARD) und Dirk Sager (ZDF) warf Mielke vor, mit dem BND zusammenzuarbeiten.[323]

319 ND v. 31. 12. 1977.

320 Der Topos, jede Opposition gegen die SED-Linie als Intrige »imperialistischer Geheimdienste« zu denunzieren, war nicht neu. Schon als die SED Jakob Kaiser 1947 vom Vorsitz der CDU in der SBZ vertrieb, hatte die Tägliche Rundschau, die Zeitung der SMAD, geschrieben: »Der Geheimdienst des amerikanischen Monopolkapitals hat eine seiner schwersten Niederlagen erlitten. Die Verschwörung gegen den demokratischen Kurs der CDU wurde aufgedeckt und entlarvt« (Tägliche Rundschau v. 8. 2. 1948). Nach dem gleichen Muster diffamierte die SED drei Jahrzehnte später auch Rudolf Bahro, als sie ihn ebenfalls »nachrichtendienstlicher Tätigkeit« bezichtigte (vgl. ND v. 1./2. 7.1978).

321 Schreiben Mielke an Lamberz (31. 12. 1977), in: SAPMO-BA, DY 30/IV 2/2.033/111, 81(Büro Lamberz).

322 MfS-Information (31. 12. 1977), in: SAPMO-BA, DY 30/IV 2/2.033/111, 82–86 (82) (Büro Lamberz).

323 Schreiben Mielke an Lamberz (31. 12. 1977), in: SAPMO-BA, DY 30/IV 2/2.033/111, 84 (Büro Lamberz).

Nun war wieder Lamberz am Zug. Als der *Spiegel* am Montag, den 2. Januar, den ersten Teil des »Manifests« veröffentlichte, bekräftigte ADN die These von der Verwicklung des BND, indem sie sich auf das Mielke-Schreiben berief: »Den zuständigen Stellen der DDR liegen Materialien vor, aus denen ersichtlich ist, daß der Bundesnachrichtendienst der BRD die Aufgabe hat, eine ›sowjetische Gefahr‹ an die Wand zu malen und unter Anwendung der verschiedensten Mittel und Methoden den Aufbau des Sozialismus in der DDR zu sabotieren sowie den weiteren Entspannungsprozeß zu gefährden.«[324]

Wolfgang Meyer, der Leiter der Hauptabteilung Presse im Außenministerium, wollte zunächst vorsichtiger vorgehen. In dem Entwurf seines Schreibens an die Chefredakteure des *Spiegel*, das von den Mitgliedern des Politbüros abgesegnet werden sollte, war von nachrichtendienstlicher Tätigkeit der Journalisten nicht die Rede. Statt dessen wurde den Chefredakteuren vorgeworfen, »daß sich Ihr Blatt in den letzten Monaten in wachsendem Maße der Aufgabe widmet, die Deutsche Demokratische Republik und ihre Verbündeten durch frei erfundene Nachrichten böswillig zu verleumden«.[325] Solange das Magazin nicht bereit sei, diese »jeglichem Journalismus hohnsprechende Praxis der Brunnenvergiftung« aufzugeben, könnten dem neuen *Spiegel*-Korrespondenten seine Akkreditierungsdokumente nicht ausgehändigt werden.

Diese Erwiderung war Lamberz jedoch zu mild; intern machte er sich für schärfere Sanktionen stark. Am 2. Januar schickte er eine kurze handschriftliche Mitteilung an Honecker, in der es hieß: »Beiliegend einige Vorschläge. Bitte um eine Besprechung dazu, vor allem die *Spiegel*-Sache drängt.«[326] Schon Lamberz' erster Vorschlag ging über das Fernschreiben Meyers hinaus. Er schlug vor, dem neuen Korrespondenten Vater wegen nachrichtendienstlicher Tätigkeit mehrerer *Spiegel*-Journalisten die Akkreditierung zu verweigern. Das war dem Agitations-Sekretär freilich immer noch nicht scharf genug. Er fügte hinzu: »Diese Variante hat den Nachteil, daß das *Spiegel*-Büro in Berlin weiter existiert und mit einer Sekretärin – die Bürgerin der BRD ist – besetzt bleibt. Dadurch kann dieses Büro auch weiterhin im bestimmten Umfange tätig sein und einen Anlaufpunkt für gewisse Elemente darstellen.«[327] Lam-

324 Vgl. ND v. 2. 1. 1978; BZ v. 2. 1. 1978.
325 Entwurf eines Schreibens des Leiters der HA Presse im MfAA an die Chefredaktion des Spiegel (3. 1. 1978); in: SAPMO-BA, DY 30/IV 2/2.033/111, 142 (Büro Lamberz).
326 Handschriftliche Notiz von Lamberz an Honecker (2. 1. 1978), in: SAPMO-BA, DY 30/IV 2/2.033/111, 143 (Büro Lamberz).
327 Vorschläge für Maßnahmen gegenüber in der DDR akkreditierten Massenmedien der

berz bevorzugte die augenblickliche Schließung des Redaktionsbüros. Diese Variante habe den Vorteil, daß die Tätigkeit des Magazins in der DDR generell unterbunden werde. Überdies solle man allen *Spiegel*-Mitarbeitern, die aus der DDR berichten wollen, bis auf weiteres die Einreise verbieten und auf diese Weise die Berichterstattung des Magazins erheblich erschweren.[328]

Am 6. Januar wurde Lamberz erster Vorschlag in die Tat umgesetzt. Die DDR verweigerte dem neuen *Spiegel*-Korrespondenten nicht nur die Akkreditierung, sondern auch die Einreise.[329] Meyers Schreiben an den *Spiegel* enthielt in seiner letzten Fassung zwei zusätzlich aufgenommene, bezeichnende Sätze, die dann auch in der DDR-Presse veröffentlicht wurden. Über das »Manifest« hieß es jetzt: »In ihm wird der DDR empfohlen, einen antisowjetischen Kurs einzuschlagen. Es handelt sich dabei um ein elendes Machwerk, das in Wirklichkeit im Sitz des Bundesnachrichtendienstes (BND) in Pullach bei München ausgedacht worden ist.«[330]

Als der *Spiegel* am Montag der folgenden Woche den zweiten Teil des »Manifests« veröffentlichte, setzte sich Lamberz' harte Linie endgültig durch. Wieder wurde die Öffentlichkeit durch ADN-Meldungen auf Sanktionen eingestimmt. Am selben Tag bezichtigte die DDR-Nachrichtenagentur den Verlagsdirektor des Magazins, Hans Detlev Becker, »seit Jahrzehnten Agent des Bundesnachrichtendienstes und williges Werkzeug des BRD-Geheimdienstes« zu sein.[331] Gleichzeitig erschien in der *Berliner Zeitung* ein auf ADN zurückgehender Bericht, in dem verschiedenen bundesdeutschen Institutionen vorgeworfen wurde, direkt oder indirekt vom BND gesteuert zu werden.[332]

Erich Honecker war endgültig auf Lamberz' Linie eingeschwenkt. Er setzte im Politbüro, das am 10. Januar zur ersten Sitzung im neuen Jahr zusammenkam, die Schließung des *Spiegel*-Büros durch.[333] Er legte ei-

BRD und deren Korrespondenten, in: SAPMO-BA, DY 30/IV 2/2.033/111, 144–149 (145) (Büro Lamberz).

328 Ebd., 148f. Für die Fernseh-Journalisten Lehmann und Sager, die gar nichts mit der Veröffentlichung des »Manifests« zu tun hatten, sah Lamberz ebenfalls harte Strafen vor. Seine Empfehlungen reichten von einer Verwarnung wegen nachrichtendienstlicher Tätigkeit über den Entzug der Akkreditierung bis zur Schließung der Ost-Berliner Büros von ARD und ZDF.

329 Siehe Chronik, in: DA 1978 (2), 220.

330 Fernschreiben Meyers an Spiegel-Chefredaktion (3. 1. 1978); auszugsweise wiedergegeben z. B. in ND v. 4. 1. 1978; BZ v. 4. 1. 1978. Vgl. auch Böhme: 1978, 285.

331 ND v. 9. 1. 1978.

332 Vgl. BZ v. 9. 1. 1978.

333 Siehe Protokoll Nr. 1 d. Sitzung d. Politbüros d. ZK d. SED, Tagungsordnungspunkt 5, (10. 1. 1978), in: SAPMO-BA, DY 30/J IV 2/2A/2126 (Politbüro d. ZK).

nen in der Agitations-Abteilung formulierten Briefentwurf vor, in dem das Magazin über die Schließung seines Ost-Berliner Büros unterrichtet wurde. Zusätzlich zu dem bekannten Vorwurf, der *Spiegel* habe gemeinsam mit dem BND das »üble Machwerk« verfaßt, wurde in dem Brief festgestellt, er habe auch »in besonders infamer Weise das Staatsoberhaupt und andere führende Persönlichkeiten der DDR verleumdet«.[334] Rechtlich begründet wurde die Schließung des Büros damit, daß der *Spiegel* aufgrund der »Verordnung über die Tätigkeit von Publikationsorganen anderer Staaten und deren Korrespondenten in der Deutschen Demokratischen Republik« verpflichtet sei, »Verleumdungen oder Diffamierungen der Deutschen Demokratischen Republik, ihrer staatlichen Organe und ihrer führenden Persönlichkeiten [...] zu unterlassen«.[335]

Honeckers Entscheidung bedeutete eine radikale Verschärfung seiner bisherigen Politik gegenüber der Westpresse. Da sie gegen die deutsch-deutsche Journalistenvereinbarung wie auch gegen den KSZE-Prinzipienkatalog verstieß, drohte nicht nur eine weitere Verschlechterung der Beziehungen zur Bundesrepublik, sondern waren auch Folgen für das schon beschädigte internationale Ansehen der DDR zu befürchten. Der Generalsekretär mußte zwingende Gründe haben, wenn er dies sehenden Auges in Kauf nahm. Die schweren persönlichen Anschuldigungen, die im zweiten »Manifest«-Teil gegen führende SED-Funktionäre erhoben wurden, waren sicherlich ein Beweggrund. Da nicht nur Honecker selbst, sondern auch die Politbüromitglieder Norden, Naumann, Hager, Mielke und Lamberz in dem Text angegriffen wurden, war ein großer Teil des Politbüros aus persönlichen Motiven an einschneidenden Maßnahmen interessiert. Jede nachgiebige Reaktion wäre Honecker als unverzeihliche Schwäche ausgelegt worden. Wichtiger waren jedoch zwei andere Gründe: Erstens mußte Honecker der Sowjetunion beweisen, daß er antisowjetische Töne in der DDR nicht dulden werde und daß er immer noch in der Lage war, die Auswirkungen des westdeutschen Einflusses in der DDR unter Kontrolle zu halten. Und zweitens mußte er verhindern, daß euro- und reformkommunistisches Gedankengut sich innerhalb der DDR weiter ausbreitete. Für beides schien ihm die Schließung des *Spiegel*-Büros unumgänglich.

334 Schreiben des Leiters der HA Presse im MfAA, Meyer, an die Chefredaktion des Spiegel (10. 1. 1978), in: SAPMO-BA, DY 30/IV 2/2.033/111, 155f. (Büro Lamberz). Der Brief wird auch zitiert bei Böhme: 1978, 286f.

335 Ebd.

Schadensbegrenzung gegenüber der Sowjetunion

Freilich reichte auch diese radikale Maßnahme allein weder aus, die Unruhe in der Bevölkerung zu beenden noch die Sowjetunion zu beruhigen. Die UdSSR war aus drei Gründen beunruhigt. Einmal war die harsche Reaktion der SED dazu angetan, denjenigen im Westen Auftrieb zu geben, die für eine Politik der Konfrontation gegenüber dem Ostblock plädierten. Dies mußte ihre Verhandlungsposition bei der laufenden KSZE-Folgekonferenz in Belgrad verschlechtern. Wichtiger war, daß die antisowjetische Stoßrichtung des »Manifests« Moskaus ohnehin virulenten Argwohn in bezug auf die Bündnistreue der DDR bestätigte. Vor allem aber verstärkte die *Spiegel*-Publikation in der Sowjetunion die Sorge, daß Honecker die innere Stabilität der DDR nicht mehr gewährleisten könne, die nach den Querelen um Biermann, Havemann, Bahro und nach den Tumulten auf dem Alexanderplatz ohnehin gefährdet schien.

Honecker hatte daher allen Grund, mit bangem Blick nach Moskau zu schauen.[336] Um die argwöhnischen Sowjets zu beruhigen, schickte er Hermann Axen nach Moskau.[337] Zu seiner Erleichterung erfuhr dieser in Gesprächen mit Boris Ponomarjow, dem für die Bruderparteien im Westen verantwortlichen ZK-Sekretär, und Konstantin Russakow, zuständig für die an der Macht befindlichen kommunistischen Parteien, daß die Sowjets die Schließung des *Spiegel*-Büros keineswegs mißbilligten. Da der UdSSR weniger an der Fortsetzung der Entspannungspolitik als an der Konsolidierung des Ostblocks gelegen war, nutzten Axens Gesprächspartner die Gelegenheit, die DDR auf einen strikteren Abgrenzungskurs einzuschwören. Während Ponomarjow nur am Rande auf das *Spiegel*-Papier einging, sprach Russakow die deutsch-deutschen Beziehungen direkt an: »Uns beunruhigt der wachsende Druck der BRD auf die DDR in allen Bereichen. Unter diesen Bedingungen gewinnt die Politik der Abgrenzung der DDR gegenüber der BRD eine wachsende Bedeutung nicht nur für die DDR, sondern für alle sozialistischen Länder.«[338] Als Beispiel nannte der sowjetische ZK-Sekretär ausdrücklich

336 Die sowjetische Parteizeitung Prawda unterließ es am 7. 1., der von ADN lancierten BND-These ausdrücklich zuzustimmen, und beschränkte sich darauf festzustellen, das ›Manifest‹ und die damit zusammenhängende feindselige Kampagne gegen die DDR und die UdSSR schade der Entspannung; vgl. Prawda (7. 1. 1978), übersetzt u. nachgedruckt in ND v. 9. 1.1978.

337 Siehe Protokoll Nr. 1 der Sitzung des Politbüros des ZK der SED, Tagungsordnungspunkt 5 (10. 1. 1978), in: SAPMO-BA, DY 30/J IV 2/2A/2126 (Politbüro d. ZK).

338 Niederschrift über die Konsultation zwischen Axen und Ponomarjow sowie Russakow in Moskau (11. 1. 1978), in: SAPMO-BA, DY 30/JIV 2/2A/2128 (Politbüro d. ZK).

die Präsenz westdeutscher Journalisten. In der UdSSR seien 14 Korrespondenten aus der Bundesrepublik akkreditiert, in der DDR 25 oder 30: »Das seien zu viele.«[339]

Schwerer fiel es der DDR-Führung, den Argwohn hinsichtlich nationaler Sonderwege der Deutschen zu zerstreuen, der durch das im »Manifest« vorgetragene Neutralitätskonzept neue Nahrung erhalten hatte. Axen leugnete jede Sonderentwicklung in der DDR und versuchte, das neu geweckte Mißtrauen als eigentliches Ziel des »Manifests« darzustellen. Sechs Wochen später wiederholte er diese Ansicht vor ZK-Sekretären der Ostblockstaaten, die sich in Budapest versammelt hatten. »Diesmal«, so Axen, »verfolgten die entspannungsfeindlichen Kräfte die Absicht, mit dem vom Geheimdienst der BRD fabrizierten *Spiegel*-Pamphlet [...] Zweifel an der Treue unserer Partei und unseres Landes zum Bündnis mit der Sowjetunion und den anderen sozialistischen Bruderländern aufkommen zu lassen, um Mißtrauen zu säen und ihre auf eine sogenannte ›Vereinsamung‹ der DDR gerichteten Bestrebungen zu fördern.«[340] Axens Erklärung fand wenig Glauben; allein die Tatsache, daß er sich veranlaßt sah, seine These in Budapest immerhin fast zwei Monate nach Erscheinen des »Manifests« zu wiederholen, spricht dafür, daß die Skepsis der Bruderparteien groß war.

Auch Honecker selbst mußte sich Vorwürfe wegen des »Manifests« anhören. Leonid Breschnew persönlich soll ihn in einem Telefongespräch darauf hingewiesen haben, daß die Veröffentlichung im *Spiegel* kein Zufall gewesen sei. Sie müsse vielmehr im Zusammenhang mit Auflösungserscheinungen in der DDR gesehen werden. Dort beginne ein Teil der Bürger von Klassenpositionen abzugehen und die Bundesrepublik nicht mehr als ideologischen Gegner zu sehen, sondern als reichen Verwandten, »mit dem es recht vorteilhaft ist, Verbindungen aufrechtzuerhalten und zu entwickeln«.[341]

Außenminister Gromyko stieß mehrere Wochen später ins gleiche Horn. Er beschwor die SED-Führung, »daß in den Beziehungen zur BRD nicht mehr geschehen darf als in den Beziehungen zu anderen Nato-Staaten. Das ist wichtig, anderenfalls würden gesamtdeutsche, besondere

339 Ebd.
340 Rede Axens auf der Konferenz der ZK-Sekretäre in Budapest (28. 2. 1978), in: SAPMO-BA, DY 30/IV 2/2.035/179 (Büro Axen).
341 So gab jedenfalls Außenminister Gromyko in einer Ansprache vor dem SED-Politbüro den Inhalt des Telefongesprächs zwischen Breschnew und Honecker wieder; siehe Niederschrift der Ausführungen von Andrej Gromyko vor Mitgliedern d. Politbüros d. ZK d. SED (12. 5. 1978), in: SAPMO-BA, DY 30/J IV 2/2/1726 (Politbüro d. ZK).

Beziehungen entstehen.«[342] Besonders besorgt war Gromyko über den zunehmenden wirtschaftlichen und ideologischen Einfluß, den die Bundesrepublik in Ostdeutschland gewänne.[343] »Die materiellen Vorteile, die die DDR aus der gegenwärtigen Praxis hat, müssen gegen die politischen Nachteile aufgewogen werden«, warnte er.[344] Die SED-Führung müsse unbedingt Maßnahmen ergreifen, um den Umlauf von West-Mark in der DDR zu begrenzen und zu kontrollieren.

Daß zudem jährlich acht Millionen Bundesbürger die DDR besuchten, daß 35 Millionen Telefongespräche zwischen beiden Teilen Deutschlands geführt, 250 Millionen Briefe hin und her geschickt, 30 Millionen Päckchen befördert wurden, steigerte Gromykos Besorgnis. Er befürchtete, daß durch den intensiven Kontakt mit dem Klassenfeind »ungesunde und nationalistische Stimmungen bei einzelnen Bürgern« entstünden.[345] Viele Jugendliche seien bereits gegen den Sozialismus eingestellt, Künstler und Intellektuelle zeigten sich aufmüpfig, und selbst in der NVA gebe es antisowjetische Tendenzen. Der sowjetische Außenminister ließ keinen Zweifel daran, daß Erscheinungen dieser Art rigoros »ausgemerzt« werden müßten.[346] Er schlug vor, den Reiseverkehr aus der Bundesrepublik durch schärfere Einreisebestimmungen oder eine Erhöhung des Mindestumtausches zu reduzieren, die Zahl der unkontrollierten Telefongespräche drastisch zu senken und die Parteiarbeit zu intensivieren.[347]

Derartig eindeutige Hinweise konnte Honecker nicht ignorieren. Falls die UdSSR das Vertrauen verlor, er könne die innere Stabilität der DDR garantieren, waren seine Tage als Staats- und Parteichef gezählt. Der Generalsekretär beeilte sich daher, Gromyko zu versichern, daß er das Heft in der DDR fest in der Hand habe: »Wir verstehen natürlich manche Sorgen, wie wir andererseits wissen, daß unsere Partei kampfstark ist, weil sie fest in den Massen verankert ist.«[348] Honecker wußte jedoch, daß Beteuerungen allein das sowjetische Mißtrauen nicht zerstreuen konnten. Er mußte Taten folgen lassen.

Unmittelbar nach Axens Besuch in Moskau hatte er bereits vier westdeutschen Oppositionspolitikern, darunter dem CDU-Vorsitzenden Hel-

342 Protokoll des Gesprächs zwischen Honecker und Gromyko (12. 5. 1978), In: SAPMO-BA, DY 30/J IV 2/2/1726, 14 (Politbüro d. ZK).
343 Ebd., 4.
344 Ebd., 10.
345 Ebd., 4.
346 Ebd., 5f.
347 Ebd., 11.
348 Vermerk über Ausführungen Honeckers und Gromykos (11. 5. 1978), in: SAPMO-BA, DY 30/J IV 2/2A/2152 (Politbüro d. ZK).

mut Kohl, die private Einreise nach Ost-Berlin verweigert.[349] Im Oktober 1978 gab die DDR dem Drängen Moskaus nach und hob den Mindestumtauschsatz für Westbesucher an.[350] Auf Russakows Hinweis, in der DDR seien immer noch zu viele westdeutsche Korrespondenten akkreditiert, reagierte das Regime ebenfalls. Es überarbeitete die Journalisten-Verordnung aus dem Jahr 1973 und erließ eine neue, beträchtlich verschärfte Verfügung, die im April 1979 in Kraft trat.[351]

Schadensbegrenzung nach innen

Honeckers zweite Sorge war, daß an der Parteibasis Gerüchte über einen Bruch in der SED entstehen könnten, wie ihn der *Spiegel* vermeldet hatte. Außerdem durfte er nicht zulassen, daß die euro- und reformkommunistischen Gedanken des »Manifests« die Genossen zu abweichlerischen Ansichten verleiteten. Die beiden Ausgaben des *Spiegel* mit dem »Manifest« wurden deswegen zu hochgefährlichem Sprengstoff erklärt, der sorgfältig unter Verschluß zu halten war. »Einfache« SED-Genossen oder gar Nichtparteimitglieder hatten ohnehin keine Möglichkeit, sich auf legale Weise den Text der Streitschrift zu verschaffen. Gleich nach der Publikation des ersten Thesen-Teils führte das MfS an der innerdeutschen Grenze verschärfte Kontrollen durch.[352] Den Abteilungsleitern im ZK wurde fortan die Lektüre des *Spiegel* verboten.[353] Und sogar die Mitglieder und Kandidaten des Politbüros, die die beiden Nummern erhalten hatten, wurden von der Büroleiterin des Politbüros aufgefordert, die Hefte gleich nach der Lektüre zurückzugeben.[354]

Da die SED-Spitze jedoch davon ausgehen mußte, daß zahlreiche *Spiegel*-Hefte trotz dieser Sicherheitsvorkehrungen in die DDR eingeschmuggelt worden waren[355], stand sie vor einem Dilemma. Einerseits

349 Am 15. u. 17. 1. 1978; vgl. Chronik, in: DA 1978 (2), 221–222.
350 Vgl. Nicklauß: 1988, 171.
351 Bei strikter Auslegung dieser Verordnung galt in Zukunft fast jedes Gespräch zwischen einem westlichen Journalisten und einem DDR-Bürger als kriminelles Delikt; vgl. Rexin: 1979, 449f.
352 Vgl. Spiegel 4/1978, 20.
353 Mündliche Mitteilung von Herbert Brehmer.
354 Vgl. Rundschreiben der Leiterin des Büros des Politbüros, Glende, an die Mitglieder und Kandidaten des Politbüros (9. 1. 1978), in: SAPMO-BA, DY 30/J IV 2/2A/2126 (Politbüro d. ZK).
355 Die SED-BL Dresden fand im ersten Quartals des Jahres 1978 bei Postkontrollen in ihrem Bezirk »in 21 Fällen die Zeitschrift ›Spiegel Nr. 1/78‹ und ›Nr. 2/78‹ sowie andere Presseveröffentlichungen zum Spiegel-Manifest, die an Privatpersonen des Bezirkes

wollte sie die Bürger möglichst wirkungsvoll von der gefährlichen Publikation abschirmen. Andererseits mußte sie aber diejenigen, die das »Manifest« dennoch gelesen hatten, davon überzeugen, daß die im *Spiegel* erhobenen Vorwürfe jeder Grundlage entbehrten. Eine derartige Zwangslage war für die DDR-Führung nicht neu, seit langem schon hatte sie eine Methode entwickelt, sich daraus zu befreien. Günter Schabowski hat diese Technik treffend als »Schattenboxen mit gegnerischen Argumenten« bezeichnet.[356] Man polemisierte zwar gegen die Positionen der anderen Seite, durfte sie aber nicht beim Namen nennen, um den Meinungen des Gegners keine Bühne zu geben. Schaukämpfe in dieser Spezial-Disziplin des geistigen Schlagabtausches führten SED-Funktionäre nach der Schließung des *Spiegel*-Büros auf unzähligen Bürgerforen, Betriebs- und Parteiversammlungen, in Rundschreiben und Zeitungsartikeln auf. Die Kampftaktik, die dabei angewandt wurde, unterschied sich je nach Auditorium bzw. Leserschaft.

Als Honecker beispielweise am 10. Januar in einem Fernschreiben die Ersten Sekretäre der SED-Bezirksleitungen über das *Spiegel*-Papier informierte, legte er den Schwerpunkt seiner Argumentation auf dessen außen- und deutschlandpolitische Passagen, in denen er die größte Gefahr für die Einheit der Partei sah. Die Streitschrift verfolge den Zweck, so Honecker, »die Welt erneut in die Zeit des Kalten Krieges zurückzustoßen« und »die Freundschaft zwischen der Deutschen Demokratischen Republik und der Sowjetunion zu zerstören«.[357] Deswegen wollten die Verfasser zum einen das Interesse der BRD am Ausbau des Vertragssystems mit den sozialistischen Ländern schwächen und dem »Imperialismus« den Mund wässerig machen nach Gewinnen, die er durch das Einverleiben der DDR-Wirtschaft erzielen könnte. Zum anderen versuchten sie, Mißtrauen zwischen der DDR und ihren Verbündeten zu säen, indem sie den Eindruck erweckten, »daß eines Tages die DDR und die BRD zu eng zusammengehen würden«.[358]

In einer Rede, die Lamberz auf einem Bürgerforum in Neuzelle in der Niederlausitz hielt, kam dagegen die Außenpolitik nur am Rande vor, und die sowjetfeindliche Tendenz des Textes wurde völlig verschwiegen.

Dresden gerichtet waren«; siehe Information über Kontakte und Kontaktversuche aus der BRD, Westberlin und anderen kapitalistischen Staaten (31. 3. 1978), in: SAPMO-BA, DY 30/IV B2/5/397 (SED-BL Dresden).

356 Schabowski: 1991, 96; vgl. auch Holzweißig: 1995, 16–23.

357 Fernschreiben Erich Honeckers an die Ersten Sekretäre der SED-BL (10. 1. 1978); in: SAPMO-BA, DY 30/IV 2/2.033/111 (Büro Lamberz).

358 Ebd.

Der ZK-Sekretär betonte statt dessen die allgemeine Kritik am Kommunismus, die aus dem »Manifest« spreche und auf die unversöhnliche Gegnerschaft zwischen Bundesrepublik und DDR zurückzuführen sei. Im Anschluß an die Rede erkundigte sich ein Bürger, worum es bei der »Hetzkampagne gegen die DDR« eigentlich gehe. Die Frage war vorher abgesprochen worden, und der ZK-Sekretär hatte sich im Redemanuskript bereits säuberlich eine Antwort vorbereitet: Das »Manifest« sei eine Fälschung des BND, eine schlechte noch dazu. Allein die unmarxistische Sprache und Argumentationsweise des Textes zeige, daß die Autoren keine SED-Funktionäre seien. Denn viele Begriffe in dem Papier seien Modewörter westlicher Ideologen, die sofort die Herkunft der Autoren verrieten. Andere Behauptungen seien »so plump tendenziös und falsch [...], daß sie bei uns nicht einmal jemand aus der Feder bekäme, der politisch völlig passiv ist, geschweige denn ein SED-Funktionär«.[359]

Auch Albert Norden betonte die vorgeblich antikommunistische Grundhaltung der Streitschrift. Die DDR solle diskreditiert, die SED ins Herz getroffen und der eingeleitete Entspannungsprozeß torpediert werden, erklärte er in der überwiegend von Intellektuellen gelesenen *Weltbühne*.[360] In der traditionsreichen Wochenzeitschrift, die von 1927 bis 1933 Carl von Ossietzky geleitet hatte, ordnete der 73jährige Propaganda-Routinier das »Manifest« in eine Reihe angeblicher antikommunistischer Fälschungen ein. Diese habe schon zu Marx' Zeiten begonnen und finde gerade jetzt ihre Fortsetzung, da die DDR in ihrer Innen- wie Außenpolitik besonders gut vorankomme. »Die Erfahrungen lehren«, schloß Norden pathetisch, »daß alle diese gefälschten Machwerke sehr bald das Zeitliche segnen. Über das Lumpenpack der Lügenfabrikanten geht die Geschichte hinweg.«[361]

Die Frage, inwieweit diese Propagandamaßnahmen erfolgreich waren, ist schwierig zu beantworten. Die Berichte der SED-Bezirksleitungen über die Reaktionen der Parteibasis auf das »Manifest« enthielten meist nichts anderes als das von Honecker in seinem Rundschreiben Vorgegebene. »Einmütig verurteilen die Genossen in allen Parteiaktivtagungen die von der BRD ausgehende verstärkte Welle des Antikommunismus und der Verleumdung der DDR«, schrieb etwa Herbert Ziegenhahn, der Bezirkschef von Gera. »Entschieden wiesen sie das provokatorische

359 Rede Werner Lamberz' auf einem Bürgerforum in Neuzelle (26. 1. 1978); in: SAPMO-BA, NL 205, 44 (NL Lamberz).
360 Norden: 1978.
361 Ebd., 69.

Machwerk des *Spiegel* zurück und unterstützen voll und ganz die von der Partei- und Staatsführung getroffenen Maßnahmen.«[362] Die Bezirksleitung Frankfurt/Oder stellte fest, »daß der Versuch reaktionärer Kräfte des BRD-Imperialismus, mit der Verleumdungskampagne des Nachrichtenmagazins *Der Spiegel* Mißtrauen unter die Bevölkerung der DDR gegenüber der Partei- und Staatsführung zu säen, fehlgeschlagen ist und bei den Werktätigen unseres Bezirkes kaum Resonanz findet«.[363]

Die Wirklichkeit sah jedoch anders aus. In fast allen Bezirken wurden den Parteifunktionären unliebsame Fragen gestellt. Das Bemühen, diese Kritik weder zu völlig zu verheimlichen noch wirklich anzusprechen, ließ manche von ihnen verbale Eiertänze aufführen, die unfreiwilliger Komik nicht entbehrten. So hieß es in einem Bericht aus Neubrandenburg, zahlreiche Bürger würden bezüglich der *Spiegel*-Streitschrift Fragen stellen, »die besonders den Inhalt betreffen«.[364] Andere Berichte sprachen die Schwierigkeiten etwas deutlicher an. Aus Leipzig und Cottbus etwa meldeten die Bezirksleitungen, Genossen wie Nichtparteimitglieder beklagten, daß man über »das Machwerk« nicht diskutieren könne, solange sein Inhalt unbekannt sei. Mit dem Kommentar im *Neuen Deutschland* sei jedenfalls wenig anzufangen.[365] Im thüringischen Suhl fragte ein SED-Genosse: »Warum wird das ›Manifest‹ nicht bei uns veröffentlicht, wir könnten dann doch besser argumentieren.«[366] Auch in Potsdam wollten die Bürger wissen: »Was steht tatsächlich in dem Spiegelartikel drin?«[367] In Karl-Marx-Stadt hingegen hatte sich der Inhalt des »Manifests« schon herumgesprochen. Der Zweite Sekretär der Bezirksleitung drahtete nach Berlin, daß die Bürger begännen, konkrete Fragen zu stellen: »Gibt es eine Opposition in der SED?«, »Wie steht es tatsächlich mit der Leistungsfähigkeit unserer Wirtschaft?«, »Ist die Maßnahme, das *Spiegel*-Büro sofort zu schließen, nicht etwas übereilt?«[368]

362 Bericht der SED-BL Gera (23. 1. 1978); in: SAPMO-BA, DY 30/IV B2/5/766 (SED-BL Gera).
363 Bericht der SED-BL Frankfurt/Oder (23. 1. 1978), in: SAPMO-BA, DY 30/IV B2/5/655 (SED-BL Frankfurt/Oder).
364 Verschlüsseltes Fernschreiben der SED-BL Neubrandenburg an das ZK d. SED (17. 1. 1978); in: SAPMO-BA, DY 30/IV B2/5/1296 (SED-BL Neubrandenburg).
365 Bericht über Partei- und politische Massenarbeit der SED-BL Leipzig (12. 1. 1978); in: SAPMO-BA, DY 30/IV B2/5/1139 (SED-BL Leipzig); Verschlüsseltes Fernschreiben der SED-BL Cottbus an das ZK d. SED (11. 1. 1978); in: SAPMO-BA, DY 30/IV B2/5/241 (SED-BL Cottbus).
366 Bericht der SED-BL Suhl (20. 1. 1978); in: SAPMO-BA, DY 30/IV B2/5/1697 (SED-BL Suhl).
367 Verschlüsseltes Fernschreiben der SED-BL Potsdam an das ZK d. SED (17. 1. 1978); in: SAPMO-BA, DY 30/IV B2/5/1386 (SED-BL Potsdam).
368 Verschlüsseltes Fernschreiben der SED-BL Karl-Marx-Stadt an das ZK d. SED (13. 1. 1978); in: SAPMO-BA, DY 30/IV B2/5/1000 (SED-BL Karl-Marx-Stadt).

Freilich darf man aus den vereinzelten kritischen Bemerkungen nicht den voreiligen Schluß ziehen, es habe innerhalb oder außerhalb der SED eine breite Diskussion über die Thesen der *Spiegel*-Streitschrift gegeben. Die Zitate belegen vielmehr, daß in der Bevölkerung weniger über den Inhalt des Textes diskutiert wurde als über die Tatsache, daß die SED-Spitze wieder einmal eine unliebsame Meinungsäußerung unterdrückte. Der SED scheint es gelungen zu sein, die Verbreitung des »Manifests«, das wegen seiner deftigen Sprache und wegen der vielfältig angeführten Beispiele womöglich manchen überzeugt hätte, wirkungsvoll einzuschränken. »Wir wissen doch gar nichts«, sagte ein junger Ost-Berliner zu Marlies Menge, der DDR-Korrespondentin der *Zeit*. »Sie kennen doch unsere Berichterstattung. Da wird geschrieben: Was da gestern an der Kreuzung passiert ist, ist nicht wahr. Kein Wort darüber, was nach diesen Behauptungen an der Kreuzung passiert sein soll. Das muß sich der Leser schon selbst zusammenreimen.«[369]

Sich die Sache selbst zusammenzureimen, darauf verwendeten viele DDR-Bürger freilich keine große Mühe. Die Kunde von der Unterdrükkung eines Papiers, das die meisten lediglich in Bruchstücken vom Hörensagen, aus dem westlichen Fernsehen oder Rundfunk kannten, rief keine Empörung hervor. Die Einschränkung der Meinungsfreiheit war etwas derart Alltägliches, daß sich darüber kein großer Unmut mehr verbreitete. Die Bezirksleitungen von Karl-Marx-Stadt und Cottbus konnten erleichtert berichten, »daß die Diskussion zu diesem Problem vom Umfang her eine wesentlich geringere Rolle spielt als damals zu Intershop, Kaffee und selbst zum Golf-Import«.[370] Bei den erregten Diskussionen über diese Themen hatte die Versorgungslage in der DDR im Mittelpunkt gestanden, über die fast alle Bürger eine Meinung hatten – nämlich eine schlechte. Im Gegensatz dazu berührte ein weithin unbekannter Text in einem westlichen Nachrichtenmagazin die alltäglichen Probleme der meisten Bürger kaum. »Wenn wir unter uns sind, ist das kein Thema«, bekam die *Zeit*-Korrespondentin zu hören, »weil es uns zu blöd ist.«[371]

Die wenigen kritischen Intellektuellen der DDR, die sich des Themas hätten annehmen können und die wegen ihrer privilegierten West-Kontakte zum Teil über den Inhalt der Streitschrift Bescheid wußten,

369 Zeit v. 20. 1. 1978, 5.
370 Fernschreiben der SED-BL Karl-Marx-Stadt an das ZK d. SED (13. 1. 1978); in: SAPMO-BA, DY 30/IV B2/5/1000 (SED-BL Karl-Marx-Stadt); vgl. auch Verschlüsseltes Fernschreiben der SED-BL Cottbus an das ZK d. SED (11. 1. 1978); in: SAPMO-BA, DY 30/IV B2/5/241(SED-BL Cottbus).
371 Zeit v. 20. 1. 1978, 5.

hielten sich aus einem anderen Grunde zurück. Sie standen über ein Jahr nach der Ausweisung Biermanns immer noch unter Schock und witterten wie Stefan Heym hinter der *Spiegel*-Veröffentlichung eine gezielte Provokation des MfS.[372] Heym stand mit seinem Mißtrauen nicht allein. Rolf Schneider, ein anderer Unterzeichner der Biermann-Bittschrift, glaubte ebenfalls, das »Manifest« sei im Hauptquartier des MfS in der Normannenstraße entstanden. In Telefongesprächen mit zwei westdeutschen Journalisten, die von der Staatssicherheit abgehört wurden, äußerte er die Vermutung, das Papier sei ein »Verschnitt aus ungefähr 10 beschlagnahmten Texten«. Zwar sei es theoretisch nicht ernst zu nehmen, bei Gerichtsverfahren könne es jedoch eine erhebliche Rolle spielen.[373] Wenn sie es auch nicht aussprachen, hatten Schneider und andere dabei vor allem einen möglichen Prozeß gegen Rudolf Bahro im Sinn. »Indem da scheinbar Argumente von Bahro verwendet werden, holt man ihn auf das Niveau dieses Pamphlets herunter«, sagten DDR-Bürger der *Zeit*-Korrespondentin.[374]

Manfred Krug, ein dritter an der Biermann-Petition Beteiligter, bezweifelte die Echtheit des Textes ebenfalls. Das Papier enthalte merkwürdige Wunschträume und für SED-Leute untypische Ausdrücke, sagte der 1977 in die Bundesrepublik übergesiedelte Schauspieler der westdeutschen Nachrichtenagentur dpa. Es lese sich fremd gegenüber dem, was in der DDR wirklich los sei. Teilweise sei es so utopisch, unphilosophisch, auch unpolitisch, daß er es nicht ernst nehmen könne.[375] Auch Robert Havemann war skeptisch und empfahl Jürgen Fuchs und dessen Gattin, sich mit Stellungnahmen zu dem Papier zurückzuhalten.[376]

Obwohl das *Spiegel*-Papier keine breite Reaktion in der Bevölkerung auslöste, sah sich die SED-Spitze genötigt, einige kosmetische Korrekturen an ihrem Kurs vorzunehmen. Wieder nutzte Honecker die jährliche Beratung mit den Ersten Sekretären der SED-Kreisleitungen, um die of-

372 Siehe Heym: 1988, 806. – Heym glaubte, die Staatssicherheit habe ihn nach Erscheinen des »Manifests« überwacht, um ihn bei einem unvorsichtigen Kontaktversuch mit denjenigen Oppositionellen zu ertappen, die er für die Autoren des Papiers hielt. Der argwöhnische Schriftsteller überschätzte in diesem Fall die Finesse des MfS. Die Staatssicherheit beschattete ihn einfach deswegen, weil sie selbst die Verfasser der Streitschrift suchte.

373 HA XX: Information über Reaktionen und Meinungen im Zusammenhang mit der Spiegel-Veröffentlichung (6. 1. 1978), in: BStU, ZA, MfS HA XX/AKG/II, 87 (AKG).

374 Zeit v. 20. 1.1978, 5.

375 Vgl. etwa SZ v. 4. 1. 1978, 2.

376 HA XX: Information über Reaktionen und Meinungen im Zusammenhang mit der Spiegel-Veröffentlichung (6. 1. 1978), in: BStU, ZA, MfS HA XX/AKG/II, 89 (AKG).

fizielle Parteilinie in einem Punkt vorsichtig, in einem anderen Punkt etwas entschiedener zu modifizieren. Die erste Veränderung betraf die Wirtschaftspolitik. Zwar hielt der Generalsekretär unbeirrbar an seinem Kurs der »Einheit von Wirtschafts- und Sozialpolitik« fest. Doch räumte er ein, daß sich die außenwirtschaftlichen Bedingungen für die DDR verschlechtert hätten. Die Durchführbarkeit der Sozialpolitik machte er vom ökonomischen Erfolg des Landes abhängig: »Vom Wachstum und absoluten Umfang unseres Nationaleinkommens hängt ab, wie wir unser sozialpolitisches Programm durchführen, zugleich die lebenswichtigen Aufgaben der weiteren Stärkung der materiell-technischen Basis für unsere künftige erfolgreiche Entwicklung lösen und darüber hinaus mit den außenwirtschaftlichen Bedingungen fertig werden.«[377] Schon dieser minimale Tribut, den Honecker den Grundregeln der Ökonomie zollte, sowie der anschließende Aufruf zur Sparsamkeit galten angesichts seiner sonstigen wirtschaftspolitischen Starrköpfigkeit als bemerkenswert. Mittag hat denn auch nach der Wende in seiner Verteidigungsschrift »Um jeden Preis« diese Rede Honeckers als ein seltenes Beispiel ökonomischer Vernunft hervorgehoben.[378] Da es jedoch zu keiner wirklichen Veränderung des sozialpolitischen Programms kam, blieb sie in dieser Hinsicht weitgehend folgenlos.

Größere Auswirkungen hatte die Rede auf die Haltung der SED zur nationalen Frage. Honecker bemerkte dazu: »Der Sozialismus hat auf deutschem Boden für immer Fuß gefaßt [...]. Jeder einigermaßen realistische Politiker kommt an dieser Tatsache nicht vorbei. Entsprechend den Entwicklungsgesetzen der menschlichen Gesellschaft kann man, wenn man will, bereits heute mit Bestimmtheit sagen, daß das ›Phänomen‹, von dem einst Herr Adenauer gesprochen hat, daß der Sozialismus allein schon aus Gründen dieser Gesetzmäßigkeit auch um die BRD keinen Bogen machen wird.«[379] Damit erkannte der Generalsekretär implizit die Möglichkeit an, die beiden deutschen Staaten auf der Grundlage des Sozialismus zu vereinen, ja er bezeichnete die Wiedervereinigung sogar als historische Gesetzmäßigkeit. Wenn er die Beantwortung der deutschen Frage auch in ferne Zukunft verwies und ausdrücklich der Geschichte anheim stellte, hatte er doch die von ihm bislang propagierte Zwei-

377 Honecker: 1980, 52.
378 Siehe Mittag: 1991, 71. Mittag erwähnt freilich das »Manifest« mit keinem Wort, sondern führt die Passage auf seine eigenen, angeblich hartnäckigen Mahnungen an Honekker zurück.
379 Honecker: 1980, 39–40. Vgl. auch Hacker: 1987, 59.

Nationen-Formel grundlegend korrigiert und sich in einem entscheidenden Punkt der im »Manifest« vertretenen Position angenähert.[380]

Honecker vollzog diese Annäherung ganz bewußt, wie die Plazierung der zitierten Passage innerhalb seiner Rede beweist: Sie steht nicht in dem Abschnitt über die deutsch-deutschen Beziehungen, sondern in einem Passus, der später in der offiziösen Gesamtausgabe seiner Reden mit »Die Hetze gegen den Sozialismus und was dahintersteckt« überschrieben wurde und in dem sich der Generalsekretär – wenn auch in verklausulierter Form – mit dem »Manifest« auseinandersetzte. Daß die Kurskorrektur in der nationalen Frage keineswegs bloß für die Ohren höherer Funktionäre bestimmt war, zeigte sich daran, daß das *Neue Deutschland* die Ansprache ausführlich dokumentierte.[381]

Die Modifizierung der nationalen Doktrin war kein kurzfristiges taktisches Manöver, das nur der Beruhigung der Bevölkerung nach den Aufregungen um die *Spiegel*-Publikation diente. Vielmehr scheint Honecker nicht zuletzt aufgrund des »Manifests« zu der Überzeugung gelangt zu sein, daß die Zwei-Nationen-Formel nicht ausreichen werde, um eine nationale Legitimierung der SED zu begründen. Von nun an betonte er wieder stärker die gesamtdeutsche Perspektive der Partei und ergänzte die These von der Herausbildung einer sozialistischen Nation immer wieder um die Bemerkung, eine Wiedervereinigung auf der Grundlage des Sozialismus sei dadurch nicht ausgeschlossen. In einem Interview mit der *Saarbrücker Zeitung* wenige Monate später erklärte er etwa, die Frage nach der deutschen Wiedervereinigung sei müßig, »weil sich Kapitalismus und Sozialismus nicht vermengen lassen. Ich habe bis jetzt nicht gehört, daß die Bundesrepublik Deutschland für den Sozialismus ist. Wenn dem so wäre, gäbe es bestimmt auch in dieser Frage eine Gesprächsmöglichkeit.«[382]

In diesem Zusammenhang sind auch die 1978 einsetzenden Bemühungen der SED interessant, das DDR-Staatsbewußtsein unter Rückgriff auf die deutsche, insbesondere preußische Tradition zu stärken. Die DDR-Geschichtsschreibung begann sich der gesamten Vergangenheit zuzuwenden, nicht mehr nur dem kleinen Ausschnitt, der als Vorläufer der Arbeiterbewegung galt. Neben Thomas Müntzer trat Martin Luther, ne-

380 Siehe auch Merseburger: 1988, 310.
381 Vgl. ND v. 18./19. 2. 1978.
382 Saarbrücker Zeitung v. 6. 7.1978, abgedruckt in: ND v. 7. 7. 1978; Honecker: 1980, 194–207. Ähnlich auch die Rede Honeckers auf der Bezirksdelegierten-Konferenz Berlin, abgedruckt in ND v. 16. 2. 1981, 3f. Siehe dazu auch Hacker: 1987, 59.

ben Scharnhorst, den in der NVA seit langem geehrten Vater der preußischen Heeresreform, trat Friedrich II., schließlich wurde neben Bebel sogar Bismarck gewürdigt.[383] Ebenso aufschlußreich ist, daß zum 30. Jahrestag der DDR im Oktober 1979 das theoretische Organ *Einheit* nicht unter dem Titel »30 Jahre DDR«, sondern »30 Jahre sozialistisches Deutschland« erschien.[384] Auch hiermit gestand die SED indirekt ein, daß die Zwei-Nationen-Formel in ihrer strikten Form gescheitert war und die Partei auf die gesamtdeutsche Perspektive nicht verzichten konnte.

383 Siehe etwa die Friedrich-Biographie von Ingrid Mittenzwei. Vgl. Seiffert: 1984, 16; Schweitzer: 1985, 53.
384 Einheit: 1979; siehe Seiffert: 1984, 15.

Die Reaktionen in der Bundesrepublik

Die SPD und die öffentliche Diskussion um das »Manifest«

Der Wirbel, den die Streitschrift in den westdeutschen Medien auslöste, stand im umgekehrten Verhältnis zum Wissen über Entstehungsgeschichte und Zweck des Papiers. »Niemand [...] weiß: Wer hat es ausgedacht? Was ist damit beabsichtigt?«, faßte die SPD-Abgeordnete Annemarie Renger die allgemeine Unkenntnis zusammen.[385] Da der *Spiegel* sich weigerte, die Namen der Autoren preiszugeben, brannte »in den Massenmedien ein Feuerwerk von Spekulationen ab und hatte seinen Widerschein in den guten Stuben der Bürger« bemerkte Wolf Biermann ironisch in der *Zeit*.[386] Unter Journalisten und DDR-Experten grassierte die »Manifest«-Philologie. Durch Stil- und Inhaltsanalysen versuchte man, Rückschlüsse auf die Verfasser zu ziehen.

Die meisten Fachleute betrachteten das »Manifest« mit Argwohn. Sie witterten dahinter eine Finte der DDR-Staatssicherheit, die die Entspannungspolitik der Bundesregierung stören sollte. »Ich halte es nicht für ausgeschlossen, daß das Papier lanciert worden ist«, erklärte etwa Ilse Spittmann, Chefredakteurin des *Deutschland Archiv*.[387] Wie viele Skeptiker begründete sie ihre Bedenken mit dem ideologischen Eklektizismus des Textes. Es sei »schwer vorstellbar, daß mittlere und höhere SED-Funktionäre, die alle eine sehr intensive Schulung im Marxismus-Leninismus genossen haben, ein so unsystematisches – und wenn man so will – unwissenschaftliches Programm entworfen haben sollen«. Auch Peter Bender, einer der publizistischen Wegbereiter der Neuen Ostpolitik, war zunächst skeptisch: So schrieben keine Leute, die ihre theoretische Ausbildung bei der SED bekommen hätten.[388] Zwar änderte Bender seine Meinung eine Woche später; nach der Lektüre des zweiten Teils war er sicher, »daß hier Kenner am Werk waren, die auch in den höheren

385 Bundestag/Plenarprotokolle 8/67 (24. 1. 1978), 5230.
386 Zeit v. 27. 1. 1978,
387 Spittman im DLF (3. 1. 1978), zit. nach Johannes/Schwarz: 1978, 163.
388 Bender im NDR (2. 1. 1978), zit. nach ebd., 202.

Führungsetagen etwas Bescheid wissen«.[389] Dennoch fand er die öffentliche Debatte über die Opposition in der DDR ausgesprochen schädlich, da sie die deutsch-deutschen Beziehungen unnötig belaste: »Die Deutschland-Politik ist, wenn nicht etwas geschieht, bald wieder fest in den Händen der Innenpolitiker.«[390]

Wer selbst einmal unter kommunistischer Herrschaft gelebt hatte, erkannte dagegen in der Schrift oft eigene Erfahrungen wieder. Der Publizist Wolfgang Leonhard etwa, der 1948 aus der SBZ geflohen war[391], machte für den Theorien-Wirrwarr des Textes die besonderen Informationsprobleme in einem diktatorischen System wie der DDR verantwortlich. Er erkannte darin die gleiche Schwierigkeit, die er selbst dreißig Jahre zuvor gehabt hatte.[392] »Das diffuse eklektizistische Dokument – entstanden unter konspirativen Bedingungen asiatischer Despotie, die den Klärungsprozeß, die Diskussion ungemein erschweren – ist symptomatisch für die Kinderkrankheit radikaler DDR-Opposition«, glaubte auch Heinz Brandt, ein ehemaliger SED-Funktionär, der 1958 in die Bundesrepublik geflüchtet war.[393] Ein Ostdeutscher, dessen Erlebnisse in der DDR nicht soweit zurücklagen, votierte noch entschiedener für die Glaubwürdigkeit der *Spiegel*-Publikation. Der Schriftsteller Siegmar Faust, 1976 aus der DDR ausgewiesen, hielt jeden Zweifel an der Authentizität des Textes für »beschämend«.[394] Alle Überlegungen, wieviel maoistisches, eurokommunistisches oder titoistisches Gedankengut im einzelnen in das Papier eingegangen sind, seien zweitrangig. »Wichtig ist doch, daß es die Probleme, die wesentlichen Probleme des stalinistischen oder des sogenannten realen Sozialismus beinhaltet.«[395]

Unterstützt wurde das Grüppchen ehemaliger DDR-Bürger von bürgerlich-konservativen Zeitungen, die der sozial-liberalen Bundesregierung und ihrer Entspannungspolitik kritisch gegenüberstanden und die Gelegenheit ergriffen, Korrekturen in der Deutschlandpolitik anzumah-

389 Bender im HR (9. 1. 1978), zit. nach ebd., 203.
390 Bender im WDR (27. 1. 1978), zit. nach ebd., 218.
391 Leonhard war als Mitglied der »Gruppe Ulbricht« 1945 aus dem sowjetischen Exil nach Berlin zurückgekehrt, hatte später zwei Jahre lang als Lehrer an der SED-Parteihochschule »Karl Marx« unterrichtet und war 1948 aus Protest gegen den Stalinismus aus Ostdeutschland geflohen.
392 Leonhard im DLF (11. 1. 1978), zit. nach Johannes/Schwarz: 1978, 168.
393 Brandt in der Februar-Ausgabe der Zeitschrift DAS DA (zit. nach Johannes/Schwarz: 1978, 184). Der ehemalige Berliner Bezirkssekretär für Agitation und Propaganda war 1958 in die Bundesrepublik geflohen, drei Jahre später von der DDR-Staatssicherheit verschleppt und erst 1964 nach heftigen westlichen Protesten wieder freigelassen worden.
394 Faust im DLF (9. 1. 1978), zit. nach Johannes/Schwarz: 1978, 164.
395 Ebd., 165.

nen. In der *Welt* rechtfertigte Jens Hacker den Eklektizismus der Streitschrift. Der Kommunismus trete heute in so vielen verschiedenen Varianten auf, »daß es durchaus legitim sei, eine neue vorzutragen, auch wenn sie Elemente anderer Spielarten enthält und sich ein unorthodoxes ›Gemisch‹ ergibt«.[396] Für die *Frankfurter Allgemeine* war das Papier ein Beleg dafür, daß die Anziehungskraft der Ideen der Freiheit, des Pluralismus und der Menschenrechte, aber auch des »Dritten Weges« in der DDR immer fühlbarer würden.[397] Aus dieser Feststellung leitete sie praktische Konsequenzen ab: »Falsch und gefährlich für die Bonner Deutschland-Politik wäre es, zöge sie aus der zunehmenden innenpolitischen Unruhe in der DDR die Schlußfolgerung, es müsse nun alles getan werden, um den [...] bedrängten Honecker zu stützen.«[398]

Der SPD kam die *Spiegel*-Veröffentlichung denkbar ungelegen. Eine öffentliche Diskussion über die Entspannungspolitik paßte der Partei nicht ins Konzept. Darüber waren sich die pragmatischen Deutschlandpolitiker um Bundeskanzler Schmidt ausnahmsweise mit denjenigen einig, die ein stärkeres deutschlandpolitisches Engagement der Bundesregierung forderten. Der Grund für die ungewohnte Einmütigkeit war ein Brief, den der Bundeskanzler nicht zuletzt aufgrund des Drängens von Wehner und Gaus[399] kurz vor Weihnachten an Honecker geschrieben hatte. Schmidt wollte jetzt doch selbst die deutschlandpolitische Initiative ergreifen und versuchen, die festgefrorenen Beziehungen durch einen Dialog auf höchster Ebene flottzubekommen. Er bot dem SED-Chef in seinem Schreiben daher an, »eine neue Anstrengung zum weiteren Ausbau der Beziehungen« zu unternehmen.[400] Er nannte einige konkrete Verhandlungsgegenstände, etwa die Festschreibung des innerdeutschen Grenzverlaufs, mit dem sich seit Jahr und Tag eine Grenzkommission erfolglos beschäftigte, und den Bau einer Transitautobahn zwischen West-Berlin und Hamburg. Überdies bekräftigt er seinen Wunsch, dem SED-Chef, den er seit der KSZE-Konferenz in Helsinki nicht getroffen hat-

396 Welt v. 16. 1. 1978, 5.
397 FAZ v. 5. 1. 1978, 1.
398 FAZ v. 6. 2. 1978, 1. Natürlich stellten die angeführten Äußerungen nur die Extrempositionen der öffentlichen Diskussion dar, zwischen denen sich die Vielzahl der übrigen Stellungnahmen bewegte.
399 Gaus hatte in einem Memorandum vom 13. 12. 1977 argumentiert, daß die mit der DDR anstehenden Probleme »ohne den Anstoß einer Kanzlerreise [in die DDR] nur schleppend oder vorläufig gar nicht gelöst werden könnten« (zit. nach Link: 1987, 365).
400 Schreiben Schmidt an Honecker (22. 12. 1977); in: SAPMO-BA, DY 30/J IV 2/2A/2126 (Politbüro d. ZK).

te[401], im Verlaufe des nächsten Jahres einen offiziellen Besuch abzustatten.

Die deutschlandpolitischen Aktivisten der SPD, die vor allem in der von Wehner geführten Bundestagsfraktion saßen, fürchteten, dieser zarte Keimling eines deutsch-deutschen Gipfeltreffens könne durch eine emotionsgeladene öffentliche Diskussion über das *Spiegel*-Papier zertreten werden. Sie waren besorgt, daß der Kanzler angesichts des zu erwartenden Wirbels seine Initiative abbrechen werde. Deshalb versuchten sie, die Bedeutung des Papiers möglichst herunterzuspielen. Bereits am 2. Januar beurteilte der *Parlamentarisch-Politische Pressedienst* der SPD die Qualität der Streitschrift geringschätzig: »Viel mehr als zusammengeklaubte Zitate aus allen Spielarten des Kommunismus werden da nicht geboten. Jeder einigermaßen versierte Journalist, der sich mit dieser Problematik beschäftigt, könnte dieses ›Manifest‹ zusammengebraut haben.«[402] Kurt Mattick, der sozialdemokratische Vorsitzende des Bundestagsausschusses für innerdeutsche Beziehungen, gab am 4. Januar im *Sozialdemokratischen Pressedienst* die Devise aus, das »*Spiegel*-Papierspiel« dürfe nicht hochgejubelt werden.[403] Als der *Spiegel* eine Woche später den zweiten Teil des Textes publizierte, konstatierte der *PPP*, das Niveau sei diesmal noch niedriger als im ersten Teil. Hier wolle lediglich jemand einen »Schuß gegen die Entspannungspolitik« abfeuern.[404] Herbert Wehner, dem gewieften Taktiker, genügte das nicht. In einem Rundfunkinterview forderte er den Kanzler öffentlich auf, seine Dialogbereitschaft jetzt auf keinen Fall zu beenden: »Den Regierungen kann ich nur raten, daß sie das Problem ›Dialog‹ eben etwas anders behandeln als so, daß man erst dann die jeweiligen leitenden Persönlichkeiten einander treffen läßt, wenn die und die Ergebnisse schon vorweg festzustellen sind.«[405]

Wehner war jedoch nicht nur wegen der Gefährdung eines – noch nicht einmal vereinbarten – Gipfeltreffens besorgt. Das »Manifest« bereitete ihm auch aus anderen Gründen Kopfzerbrechen. Zum einen war er sicher, daß Honecker dadurch in erhebliche Bedrängnis geraten würde. Er wußte, daß ein SED-Chef stets in der Gefahr schwebte, bei den Sowjets in Ungnade zu fallen und durch einen anderen, genehmeren Mann ersetzt

401 Siehe hierzu Schmidt: 1990, 25.
402 Zit. nach Johannes/Schwarz: 1978, 116.
403 Siehe ebd., 121.
404 Zit. nach ebd., 120.
405 Zit. nach Link: 1987, 635.

zu werden. Honecker war jedoch nach Wehners Ansicht der einzige Garant für den Fortgang der deutsch-deutschen Entspannung.[406] Er fürchtete, jeder andere SED-Chef werde eine stärkere Abgrenzung zwischen den beiden deutschen Staaten befürworten. Außerdem drohte die Zusammenarbeit mit einem neuen Mann für ihn komplizierter zu werden als mit Honecker. Schließlich hatte Wehner 1934 als junger Kommunist mit ihm im Saarland zusammengearbeitet, und allen politischen Gegensätzen zum Trotz empfanden die beiden früheren Kampfgenossen bis in die Gegenwart Respekt für einander.[407] Die hervorragenden »Ost-Drähte« Wehners beruhten nicht zuletzt auf dieser alten Bekanntschaft.[408]

Zum anderen war Wehner besorgt, daß man ihn persönlich mit dem *Spiegel*-Papier in Zusammenhang bringen könnte. Glich der Text doch in einigen Passagen fast wörtlich Wehners eigenen Wiedervereinigungsideen aus den fünfziger Jahren. Zwar hatte ihnen der SPD-Fraktionschef bereits mit seiner Bundestagsrede vom Juni 1960 ein für allemal abgeschworen. Doch drohten sie jetzt wieder zum Leben zu erwachen. Denn in seinem einleitenden Bericht bezeichnete der *Spiegel* Wehner ausdrücklich als geistigen Vater des »Manifests«: »Vieles von dem, was nun in den Thesen der SED-Abweichler wiederkehrt, war schon immer sein Programm – von der Einheit der Arbeiterbewegung als Voraussetzung der staatlichen Wiedervereinigung bis hin zu einem europäischen Sicherheitssystem, das die deutsche Einheit für die Nachbarn erträglich macht«.[409]

Aus diesen Gründen hielt es der SPD-Fraktionsführer für notwendig, sich in schroffer, ja spektakulärer Weise von dem Text zu distanzieren. In einem Interview im Hessischen Rundfunk erklärte er, daß die unbekannten Autoren Provokateure mit den schlechtesten Absichten seien: »Diejenigen, die diese Provokation gemixt haben, den Explosivstoff gemixt haben, können sich heute nicht nur die Hände, sondern auch noch ganz andere Körperteile reiben, weil es ihnen gelungen ist, die ganze Pseudo-Debatte hier zu beherrschen.«[410] Er weigere sich, zum Sklaven von Provokateuren zu werden, die nichts anderes wollten als die Rückentwicklung der innerdeutschen Beziehungen auf den Stand der fünfziger Jahre. Eine Woche später bekräftigte er vor dem Bundestag seine barsche Ablehnung: Man könne keine konstruktive Politik entwickeln »mit einem

406 Siehe Spiegel 3/1978, 20.
407 Zur Beziehung zwischen Wehner und Honecker siehe Garton Ash: 1993, 294f.; Soell: 1991, 340f.
408 Vgl. Freudenhammer/Vater: 1978, 11–16.
409 Vgl. Spiegel 1/1978, 21.
410 Wehner im HR (12. 1. 1978), zit. nach Johannes/Schwarz: 1978, 125.

komischen Findling«, der auf die Straße geworfen worden sei und über den die Entspannungspolitik zu stolpern drohe.[411]

Unterstützt wurde Wehners Vorstoß von seinem alten Bekannten Günther Nollau[412], dem ehemaligen Präsidenten des Verfassungsschutzes. Dieser schrieb im *Stern*, daß der Text »samt und sonders gefälscht ist, und zwar von Desinformations-Menschen des Ministeriums für Staatssicherheit«. Der blitzartige Gegenschlag der sonst so schwerfälligen SED-Führung spreche dafür, daß man in Ost-Berlin nur darauf gewartet habe zu reagieren. Für die Aktion der SED seien innenpolitische Beweggründe ausschlaggebend gewesen, vermutete Nollau: »Das Ministerium für Staatssicherheit brauchte das Manifest, um Bahro vor Gericht Beziehungen zum BND nachweisen zu können.«[413]

Zwar benutzten nicht alle sozialdemokratischen Politiker eine derart deftige Sprache wie Wehner, und die wenigsten äußerten sich so entschieden über Ziel und Zweck des Papiers wie Nollau. Doch im Grundsatz war man sich einig. Fast alle SPD-Politiker bezweifelten die Echtheit des »Manifests«, um auf diese Weise die öffentliche Erregung möglichst gering zu halten. Egon Bahr, inzwischen Bundesgeschäftsführer der SPD, erklärte zum Beispiel: Er sei bis zum Beweis des Gegenteils der Auffassung, daß die »Manifest«-Autoren »mindestens zum Teil nicht solche sind, die aufgewachsen sind, erzogen sind, gelebt haben oder leben in der Umgebung der DDR, in der DDR. Da gibt es zu viele Wörter, die würden jemandem, der auch nur im mittleren Funktionärscorps der SED (lebt), nicht so von den Lippen oder aus der Feder fließen.«[414]

Im Zentrum von Bahrs Überlegungen standen weniger die Beziehungen zur DDR als vielmehr diejenigen zur Sowjetunion, die seiner Ansicht nach für den Fortgang der Entspannungspolitik entscheidend waren. Das *Spiegel*-Papier würde in Moskau neue Sorgen wegen nationaler Ambitionen der Deutschen auslösen und damit den Hardlinern in der sowjetischen Führung weiteren Auftrieb geben. Diese strebten nach Bahrs Meinung ohnehin die Beendigung der von Breschnew eingeleiteten Entspannungspolitik an. »Breschnew wird abgelöst – tritt ab, da sein Kon-

411 Verhandlungen/Bundestag 8/65 (19.1. 1978), 4992.
412 Nollau, der wie Wehner in Dresden aufgewachsen war, verdankte diesem sein Amt im Verfassungsschutz; vgl. Baring: 1983, 614.
413 Stern v. 12. 1. 1978, 86.
414 Bahr im WDR (10. 1. 1978); zit. nach Johannes/Schwarz: 1978, 120. Die SED übernahm diese Argumentation in ihre eigene Propaganda. Auch sie betonte, daß die Diktion des Spiegel-»Manifests« sich grundsätzlich von der Ausdrucksweise von SED-Funktionären unterschied; vgl. z. B. Rede Werner Lamberz' auf einem Bürgerforum in Neuzelle (26. 1. 1978); in: SAPMO-BA, NL 205, 44 (Nachlaß Lamberz).

zept scheitert«, fürchtete Bahr. »Die harte Fraktion stellt die neuen Chefs und veranlaßt die Schließung der Grenzen. Schluß mit dem enorm überhöhten Westhandel [...]. Schluß mit der Propagierung der ›Konsumideologie‹, [...] damit Blockierung der Forderung nach höherem Lebensstandard.«[415] Vor dem Hintergrund dieser Befürchtungen erlangte der seit langem geplante, immer wieder verschobene Besuch Breschnews in der Bundesrepublik besondere Bedeutung. Mit Rücksicht auf dieses Gipfeltreffen mußten es die Deutschen nach Bahrs Ansicht vermeiden, die UdSSR durch »Zweideutigkeiten in der nationalen Frage« zu verstimmen. Diese Zweideutigkeit, so Bahr im Bundestag, »alarmiert Gegner im Osten wie im Westen. [...] Sie ist darüber hinaus geeignet, mögliche Fortschritte durch Mißtrauen anderer zu blockieren [...]. Wir haben uns in dieser Koalition klar dazu bekannt, daß wir die Nation dem Frieden unterordnen, und daran wird es auch künftig keinen Zweifel geben.«[416]

Bundeskanzler Schmidt teilte Bahrs Ansicht über die Bedeutung der deutsch-sowjetischen Beziehungen. Auch er wollte die UdSSR auf keinen Fall unnötig verärgern. Dies galt um so mehr, seit der Bundeskanzler mit seiner Rede vor dem Londoner *International Institute for Strategic Studies* im Oktober 1977 deutlich gemacht hatte, daß er die vom Ostblock ausgehende Gefahr immer noch ernstnahm und dafür plädierte, notfalls entschiedene Gegenmaßnahmen zu ergreifen.[417] Schmidt mußte darum bemüht sein, sich nicht allzu sehr als Vertreter einer harten Linie zu exponieren. Denn die Normalisierung der Verhältnisse um Berlin, die verbesserten persönlichen Beziehungen zwischen den Bürgern der beiden deutschen Staaten, auch die verstärkten wirtschaftlichen Bindungen zwischen Ost- und Westeuropa waren greifbare Erfolge der Entspannungspolitik, die bei neuen Konfrontationen auf dem Spiel standen.[418]

Aus dem gleichen Grund wehrte sich die bundesdeutsche Delegation auf der KSZE-Folgekonferenz in Belgrad seit Oktober verbissen gegen die Versuche der Amerikaner, aus der Konferenz ein Tribunal über Menschenrechtsverletzungen im Ostblock zu machen. Schmidt betonte ausdrücklich, die Bundesregierung habe kein Interesse daran, daß die KSZE-Konferenz

415 So schilderte jedenfalls Bender einem ostdeutschen Gesprächspartner die Ansichten Bahrs; siehe HV A Abt. X: Bericht des IM »Günter« über ein Gespräch mit Peter Bender (20. 7. 1977); in: BStU, ZA, MfS GH 25/87 Bd. 5, 245.

416 Verhandlungen/Bundestag 8/78 (9. 3. 1978), 6131–6132.

417 In seiner Rede hatte Schmidt am 28. 10. 1977 auf das alarmierende militärische Ungleichgewicht zwischen der Nato und dem Warschauer Pakt in Europa hingewiesen und entweder eine westliche Aufrüstung oder sowjetisches Entgegenkommen bei den MBFR-Abrüstungsverhandlungen in Wien gefordert. Vgl. Haftendorn: 1986, 11–32.

418 So auch Paes: 1991, 50.

irgend jemanden auf die Anklagebank setze. Sie hoffe vielmehr, daß das Vertrauen in die Fortsetzung der Entspannungspolitik gefestigt werde.[419] Da jede Debatte über die »Manifest«-Thesen zwangsläufig das Menschenrechtsthema berühren mußte, drohte das Verhandlungskonzept der Bundesregierung für Belgrad unter öffentlichen Druck zu geraten. Auch Schmidt versuchte daher, der Diskussion die Schärfe zu nehmen. An öffentlichen Spekulationen über den Hintergrund des Papiers werde er sich nicht beteiligen, sagte er in einem *Spiegel*-Interview. Für ihn sei »nur die politische Reaktion der SED- und DDR-Führung von Bedeutung«.[420]

Hinzu kam, daß ein großer Teil der westdeutschen Bevölkerung einer Lösung der deutschen Frage, wie sie das Papier vorschlug, nicht abgeneigt zu sein schien. 1978 antworteten auf die Frage des Allensbacher Institutes für Meinungsforschung: »Wollen Sie die Wiedervereinigung Deutschlands unter der Bedingung, daß die DDR aus dem Warschauer Pakt und die Bundesrepublik aus der Nato austreten, das vereinigte Deutschland neutral und bündnisfrei wird und seine Staatsordnung durch freie geheime Wahlen bestimmt wird?«[421] nur 34 Prozent der Bundesbürger mit einem klaren »Nein«. Ein Drittel befürwortete eine solche Entwicklung. 28 Prozent zeigten sich unschlüssig. Auch wenn der Aussagewert der Umfrage zweifelhaft war, mußte der Kanzler damit rechnen, daß in der bundesdeutschen Öffentlichkeit und insbesondere in pazifistisch orientierten Kreisen seiner eigenen Partei eine Diskussion über die Neutralisierung Deutschlands ausbrechen könnte. Den ohnehin strapazierten Beziehungen zu den westlichen Verbündeten würde das weiteren Schaden zufügen.

Aus all diesen Gründen reagierte die Bundesregierung extrem zurückhaltend auf die Sanktionen der SED. Als bekannt wurde, daß die DDR dem neuen *Spiegel*-Korrespondenten die Akkreditierung verweigerte, beschränkte sie sich auf das Minimum diplomatischen Protests. Der Staatsminister im Kanzleramt Wischnewski erklärte am 4. Januar gegenüber dem Ständigen Vertreter der DDR, Michael Kohl, er halte die Maßnahme für »ungerechtfertigt und schädlich« und erwarte, daß die anderen in der DDR akkreditierten westdeutschen Journalisten ungehindert arbeiten könnten, ohne abermals falschen Anschuldigungen ausgesetzt zu sein.[422] In Rundfunkinterviews machten Wischnewski und Egon Franke,

419 Siehe Link: 1987, 311.
420 Spiegel 3/1978, 29.
421 Noelle-Neumann: 1991, 39. Siehe auch Weidenfeld/Korte: 1993, 252–269 (s. v. »Einstellungen zur deutschen Einheit«).
422 Zit. nach Chronik, in: DA 1978 (2), 220.

der Minister für innerdeutsche Beziehungen, jedoch deutlich, daß die Regierung der *Spiegel*-Veröffentlichung distanziert gegenüberstand. Franke sagte, es sei abwegig darauf zu spekulieren, daß das »Manifest« von wesentlicher Bedeutung für die innenpolitische Situation in der DDR sein könne.[423] Und Wischnewski betonte, vieles spreche dafür, daß dieses nicht die Sprache von SED-Funktionären sei.[424]

Ihre besänftigende Strategie behielt die Regierung auch nach der Schließung des Korrespondentenbüros bei. Wieder beschränkte sie sich auf folgenlosen diplomatischen Protest, wenn sie ihn auch diesmal ein wenig entschiedener vortrug. Wischnewski, der Kohl am 10. Januar erneut ins Kanzleramt bat, bezeichnete die Aktion der DDR-Führung als »schwerwiegenden Eingriff in die freie Information und Berichterstattung«.[425] Zur gleichen Zeit wies Günter Gaus in einer mündlichen Protesterklärung, die er im DDR-Außenministerium abgab, darauf hin, daß die Maßnahme eindeutig im Widerspruch zum Grundlagenvertrag und zur Schlußakte von Helsinki stehe. Er betonte jedoch die Reserve der Regierung gegenüber dem *Spiegel*-Papier, indem er feststellte, sie sei gegen jede »Verunglimpfung von Politikern anderer Staaten« und bedauere es, wenn Presseveröffentlichungen zwischenstaatliche Beziehungen belasteten.[426] Als der Ständige Vertreter nach dem Ende des offiziellen Gespächs noch bemerkte, die Schließung des *Spiegel*-Büros sei für die Bundesregierung nicht überraschend gekommen, deutete er sogar Verständnis für die Reaktion der SED-Führung an.[427] Der Kanzler selbst bezeichnete die Schließung des *Spiegel*-Büros in einer Regierungserklärung zwar als »neue Belastung« und »Rückschlag« in den innerdeutschen Beziehungen, betonte jedoch ausdrücklich, er werde sich nicht »von Scharfmachern von jenseits oder von diesseits der Grenze in unserer auf Entspannung und Normalisierung gerichteten Politik« beirren lassen.[428]

Die Bundesregierung beließ es nicht dabei, mit ihren eigenen Stellungnahmen beschwichtigend auf die öffentliche Diskussion einzuwirken. Wenn man den Abhörprotokollen des MfS glauben darf, wurde darüber hinaus den Rundfunkanstalten signalisiert, sie sollten das Verhältnis

423 Franke in der DW (3. 1. 1978); zit. nach Johannes/Schwarz: 1978, 109.
424 Wischnewski im HR (8. 1. 1978); zit. nach ebd., 110.
425 FAZ v. 12. 1. 1978, 1.
426 Vermerk des DDR-Außenministeriums über Gespräch Gaus' mit dem Leiter der Abt. BRD im MfAA, Seidel (10. 1.1978); in: SAPMO-BA, DY 30/IV 2/2.035/085, 112 (Büro Axen).
427 Ebd., 113 (Büro Axen).
428 Verhandlungen/Bundestag 8/65 (19. 1. 1978), 4964.

zur DDR-Führung durch kritische Kommentare nicht weiter strapazieren. In einer Zusammenfassung über Abhörmaßnahmen, die im Zusammenhang mit der *Spiegel*-Veröffentlichung angestellt wurden, berichtete das MfS, der ARD-Korrespondent Pleitgen habe am 3. Januar 1978 »intern« geäußert, »daß er für seinen Kommentar in der Tagesschau um 20.00 Uhr die Weisung erhalten habe, im weiteren Verlauf zu dieser Angelegenheit Zurückhaltung zu üben. Die Bundesregierung sei an keiner Verhärtung der Situation interessiert, und die bevorstehenden Gespräche mit dem Leiter der Ständigen Vertretung der DDR in der BRD, Kohl, dürften nicht gefährdet werden.«[429]

Wenn man die Notiz des MfS auch mit der gebotenen Vorsicht lesen muß und wenn der Fall Pleitgen auch nicht ohne weiteres verallgemeinert werden darf, so fällt doch auf, daß sich die Kommentatoren der Fernsehanstalten besonders skeptisch über den *Spiegel*-Text äußerten. In der ARD bezeichnete Heinz Werner Hübner das Papier als »fragwürdigstes Pamphlet«; der ZDF-Kommentator Hanns Werner Schwarze tat es als »lancierte Zweckmeldung« ab.[430] Der DDR-Korrespondent des ZDF Hans-Jürgen Wiessner argwöhnte, das »Manifest« hätten SED-Funktionäre verfaßt, die interessiert seien, daß die Beziehungen zwischen Bonn und Ost-Berlin abkühlten: »Wenn diese Leute hier eines Tages das Sagen haben sollten, dann geht der Vorhang wieder runter, dann ist an Verträge und Vereinbarungen gar nicht mehr zu denken, und dann wird man sich vielleicht sogar im Westen einen Mann wie Erich Honecker für die DDR eines Tages noch einmal herbeiwünschen.«[431] Ähnlich argumentierte Carola Stern, die dem *Spiegel* vorwarf, sich zum Fürsprecher von Gruppen zu machen, die den Sturz Honeckers betrieben. »Gewiß nicht ganz unerfahren in Sachen DDR, bekenne ich, mein Fassungsvermögen wird hier überfordert und meine Verständnisbereitschaft auch«, rief sie aus.[432]

429 HA XX: Information über Reaktionen und Meinungen im Zusammenhang mit der »Spiegel«-Veröffentlichung, in: BStU, ZA, MfS HA XX/AKG/II (AKG).
430 Hübner in der ARD (2. 1. 1978), zit. nach Johannes/Schwarz: 1978, 200. Schwarze im ZDF (2. 1. 1978), zit. nach Stern v. 12. 1. 1978, 85.
431 Wiessner im ZDF (2. 1. 1978), zit. nach Johannes/Schwarz: 1978, 201. Vgl. auch Wiessners Kommentar v. 3. 1. 1978, ebd. 202.
432 Stern im NDR (17. 1. 1978), zit. nach ebd., 218.

Die Geheimdiplomatie der Bundesregierung

Die Bundesregierung versuchte, der SED nicht nur durch ihre Einflußnahme auf die öffentliche Diskussion zu signalisieren, daß sie den *Spiegel*-Text zutiefst mißbillige. Gleichzeitig bemühte sich der Kanzler, die SED auf dem direkten Weg der Geheimdiplomatie zu beschwichtigen. Zu diesem Zweck führte er am 18. Januar ein vertrauliches Telefongespräch mit Honecker, in dem er ihm anbot, möglichst bald ein Zusammentreffen hochrangiger Repräsentanten beider Seiten in Ost-Berlin zu arrangieren.[433] Als westdeutschen Vertreter schlug der Kanzler Hans-Jürgen Wischnewski vor, einen seiner engsten Mitarbeiter, der »auf dem Schoße des Bundeskanzlers sitzt«, wie Gaus einmal boshaft formulierte.[434] Zweck von Wischnewskis Besuch sollte es nicht sein, inhaltliche Fortschritte zu erzielen. Entscheidend fand Schmidt lediglich, daß die DDR bereit war, den Entspannungsdialog demonstrativ fortzusetzen. Der Kanzler hängte seine Erwartungen bewußt niedrig und betonte: »Soviel braucht da auch nicht rauskommen, Herr Honecker.«[435]

Eine Fortsetzung der deutsch-deutschen Gespräche ohne die Gefahr konkreter Vereinbarungen – das war eine Aussicht nach dem Geschmack des SED-Chefs, der den Satz des Bundeskanzlers im Wortprotokoll des Telefonats dick unterstrich. Die Reaktion Honeckers auf Schmidts Angebot war typisch für seine zweigleisige Außenpolitik. Nachdem Axen in Moskau die Scherben notdürftig gekittet hatte, versuchte der Generalsekretär nun, die Beziehungen mit Bonn wieder ins Lot zu bringen. Ihm liege nichts daran, die Situation zu verschärfen, versicherte er. Vielmehr sei er der Meinung, »daß unsere beiden Staaten das größte Interesse an der Weiterführung des Prozesses der Entspannung haben müßten«.[436] Mit dem von Schmidt vorgeschlagenen Treffen war er einverstanden, bat sich aber einen Tag Bedenkzeit aus, wen er als Gesprächspartner Wischnewskis aufbieten werde.[437]

433 Siehe Telefongespräch zwischen Honecker und Schmidt (18. 1. 1978); in: SAPMO-BA, DY 30/J IV 2/2A/2129 (Politbüro d. ZK).

434 Vgl. Vermerk über Gespräch Häbers mit Gaus (20. 10. 1977), in: SAPMO-BA, DY 30/IV B2/2.028/010 (Büro Norden). Die Geste war um so bemerkenswerter, als bis zu diesem Zeitpunkt noch kein einziger Minister der Regierung Schmidt die DDR besucht hatte. Monate später stattete Wohnungsbauminister Dieter Haacke als erster Bundesminister der DDR einen offiziellen Besuch ab; siehe Garton Ash: 1993, 244.

435 Abschrift des Telefongesprächs zwischen Honecker und Schmidt (18. 1. 1978), in: SAPMO-BA, DY 30/J IV 2/2A/2129 (Politbüro d. ZK).

436 Ebd.

437 Mit Vorwürfen gegenüber der Bundesrepublik hielt sich Honecker während des Telefonats betont zurück. Er drängte den Kanzler lediglich, mehr Einfluß »auf die Linie« der

Wie Wehner, dessen Interview im Hessischen Rundfunk er ausdrücklich lobte, ließ der SED-Chef die Frage offen, ob die Verfasser des Papiers im Westen oder im Osten zu suchen seien. Mit der Bemerkung: »Dieses Störmanöver wurde ausgelöst, um die Beziehungen zu belasten«, knüpfte er bewußt an Formulierungen des SPD-Fraktionschefs an. Die Bezeichnung »Störmanöver« war so unbestimmt und für die verschiedensten Auslegungen offen, daß ihr auch der Bundeskanzler zustimmen konnte. Dankbar griff Schmidt den Begriff auf und erklärte, er habe Verständnis dafür, »daß die Führung der SED und die Führung der DDR auf diese Störmanöver reagieren wollte«.[438]

Mit eintägiger Verzögerung – die vermutlich notwendig war, um die sowjetische Zustimmung einzuholen – nominierte die DDR-Seite ihre Vertreter für das Treffen. Mit Axen, Außenminister Fischer und dem Leiter der Westabteilung des ZK, Herbert Häber, bot sie ebenfalls hochrangige Unterhändler auf.[439] Wie abgesprochen, brachte die Zusammenkunft, die neun Tage später im Ost-Berliner ZK-Gebäude stattfand, keine Ergebnisse. Wischnewski beschränkte sich darauf, den Standpunkt der Bundesregierung zu wiederholen, während Axen, Fischer und Häber es vermieden, die Vorwürfe gegen den BND zu erneuern.

Dennoch war eine veränderte Tonlage unüberhörbar. Wischnewski, der nicht über West-Berlin, sondern über den Grenzübergang Helmstedt/Marienborn in die DDR eingereist war, um die SED-Führung auf keinen Fall zu provozieren, kam der DDR rhetorisch noch stärker entgegen als der Bundeskanzler. Laut DDR-Protokoll bezeichnete er die im »Manifest« erhobenen persönlichen Anfeindungen gegen SED-Politiker als »große Sauerei«, mit der die Bundesregierung nicht das geringste zu tun habe.[440] Auf seine Anfrage habe ihm der BND bestätigt, daß es in der DDR keine ernstzunehmende Oppositionsgruppe gebe, so Wischnewski. Alle Behauptungen des *Spiegel* in dieser Richtung seien »Quatsch«.[441] Die DDR-Vertreter ihrerseits klangen schärfer als ihr Staats- und Parteichef. Die Schuld an den Spannungen gab Fischer allein jenen »Kräften in

westdeutschen Presse zu nehmen. Schmidts Einwand, daß er dies nicht könne, ließ der SED-Chef nicht gelten: »Ja, ja ich weiß, sie haben Pressefreiheit, aber in manchen Momenten, da schenkt doch die Presse den Dingen Gehör, die die Regierungsseite will.« (siehe ebd).

438 Siehe ebd.

439 Aktenvermerk (19. 1. 1978), in: SAPMO-BA, DY 30/J IV 2/2A/2129, 115–119 (Politbüro d. ZK).

440 Gedächtnisniederschrift über das Gespräch zwischen Axen, Fischer und Häber mit Wischnewski (28. 1. 1978), in: SAPMO-BA, DY 30/J IV 2/2A/2130 (Politbüro d. ZK).

441 Ebd.

der BRD, die durch immer neue Hetz- und Verleumdungskampagnen gegen die DDR das Klima vergiften und die Entspannung stören«.[442] Hatte Honecker das Wehner-Interview noch lobend hervorgehoben, so kritisierte Häber, daß sich kein Regierungsmitglied der Meinung des Fraktionschefs ausdrücklich angeschlossen habe. Auch Axen warf der Bundesregierung vor, sich nicht deutlich genug von dem Papier distanziert zu haben.

Sicherlich war das vor allem verbales Imponiergehabe, das Axen obendrein in dem von ihm angefertigten DDR-Protokoll besonders ausgeschmückt haben dürfte, um sich als harten Unterhändler darzustellen. Doch macht das Gespräch deutlich, wie sozialdemokratische Politiker der SED nach dem Munde redeten, um den Entspannungsdialog auch nur pro forma am Leben zu halten. Schmidt und Wischnewski bildeten dabei keine Ausnahme. Der stellvertretende Fraktionsvorsitzende Bruno Friedrich versicherte Herbert Häber ebenfalls, das »›Manifest‹ sei für die SPD-Führung hinsichtlich der Beurteilung der inneren Situation in der DDR keine politische Qualität. Die SPD-Führung setze weiterhin auf eine evolutionäre Entwicklung [...] und nicht auf einen Umbruch unter Druck von außen.«[443]

So überzeugend die pragmatischen Überlegungen auch waren, die die SPD dazu bewogen hatten, den Dialog mit der SED-Spitze nach der *Spiegel*-Veröffentlichung fortzusetzen, sie zahlte dafür einen hohen Preis. Ihre Reaktion auf die »Manifest«-Thesen machte einmal mehr deutlich, daß sich die SPD immer weiter von dem Anspruch entfernte, mit dem sie einst selbstbewußt ihre neue Deutschlandpolitik begonnen hatte: Vom »Wandel durch Annäherung« war nur die Annäherung geblieben, die nicht in erster Linie der Veränderung der DDR, sondern der Sicherung des Honecker-Regimes diente.

Die Haltung der Union und der FDP

Nur wenige kritische Geister in der SPD sahen die Gefahr, welche die Unterstützung für Honecker barg. Zu ihnen zählte der Historiker Hartmut Soell, der zwischen 1967 und 1969 Schmidts persönlicher Assistent gewesen war. Soell fürchtete, die Partei könne durch nachgiebiges Verhalten ihre Glaubwürdigkeit in der nationalen Frage verlieren und in den

442 Ebd.
443 Gespräch zwischen Häber und Friedrich (25. 1. 1978), in: SAPMO-BA, DY 30/J IV 2/2002/497 (Westabteilung).

Augen der Öffentlichkeit zum bloßen Erfüllungsgehilfen der SED werden. Seit Jahren sei die SPD »durch Rückschläge in den innerdeutschen Beziehungen einem Prozeß der Erosion ihrer Glaubwürdigkeit und damit langfristig auch ihrer Wählerbasis ausgesetzt«, schrieb er im *Spiegel*.[444] Der SPD drohe das gleiche Schicksal wie den demokratischen Parteien der Weimarer Republik mit ihrer Politik gegenüber einigen Westmächten: »Die ›Erfüllungspolitik‹ blieb ohne zureichende Gegenleistung; die deutschen Rechtsparteien brachten schließlich die Ernte in die Scheuern.«[445]

Das Verhalten der Union schien Soell recht zu geben. Vehement griff sie im Bundestag den gesamtdeutschen Aspekt des »Manifests« auf und kritisierte die Konzeptions- und Erfolglosigkeit der sozialliberalen Deutschlandpolitik. Der auf die Wiedervereinigung zielende Stufenplan des Papiers bewies nach den Worten des CDU-Vorsitzenden Helmut Kohl, daß die nationale Frage in Ostdeutschland noch aktuell war, daß sie ihre »Sprengkraft« behalten hatte. Das »Manifest« habe eine wichtige deutsche Realität wieder in das Bewußtsein der Öffentlichkeit gerückt: »die Realität des Fortbestehens der einen deutschen Nation«.[446] Werner Marx, der Vorsitzende des außen- und deutschlandpolitischen Arbeitskreises der Union, ging noch einen Schritt weiter. Er erblickte in dem Papier einen Beweis dafür, daß »der Wille nach Einheit der Deutschen, nach einer Nation immer wieder laut wird«.[447] Auch Richard von Weizsäcker sprach – freilich vorsichtiger und wolkiger – davon, der nationale Gedanke müsse lebendiger Teil der Wirklichkeit in einer demokratischen Republik sein.[448] Unterstützt wurde die Union von der konservativen Publizistik. Die offizielle Deutschlandpolitik habe seit Jahren verschwiegen, wie stark der Wille zur Wiedervereinigung in Ostdeutschland ausgeprägt sei, schrieb Jens Hacker in der *Welt*. Deswegen empfinde sie jetzt die *Spiegel*-Veröffentlichung, in der die nationale Frage unverblümt angesprochen werde, als Störfaktor bei der Suche nach innerdeutscher Entspannung.[449]

444 In: Spiegel 6/1978, 42.
445 Ebd. Außer Soell vertraten nur einige Berliner SPD-Politiker, z. B. der Berliner SPD-Geschäftsführer Peter Weiss und der Bevollmächtigte der Bundesregierung in Berlin Dietrich Spangenberg, die Ansicht, der Spiegel-Text sei echt. Allerdings wurde eine Pressekonferenz, auf der sich die Berliner SPD zum »Manifest« äußern wollte, »wegen der Brisanz des behandelten Themas« kurzfristig abgesagt. Dies verdeutlicht, wie groß der innerparteiliche Druck war, die vorgegebene politische Linie einzuhalten; siehe hierzu Welt v. 5. 1. 1978, 2 u. Berliner Morgenpost v. 7. 2. 1978, 2.
446 Verhandlungen/Bundestag 8/65 (19. 1. 1978), 4975.
447 Ebd. 8/67 (24. 1. 1978), 5227.
448 Ebd., 5188.
449 Welt v. 16. 1. 1978, 6.

Die Wertschätzung der CDU/CSU für die Streitschrift war von ähnlichen – freilich spiegelverkehrten – Gedanken geleitet wie die Ablehnung durch die SPD. Auch die Union wußte nicht, wer das Papier zu verantworten hatte, auch sie stellte fest, daß es der SPD und ihrer Entspannungspolitik schade. Weil die Regierung den Text ablehnte, stimmte die Opposition ihm zu. Da Wehner die Streitschrift eine »Provokation« und einen »komischen Findling« genannt hatte, behauptete die CDU das Gegenteil. »Herr Wehner, damit das klar ist: Wenn dies eine Provokation ist, bekenne ich mich zu dieser Provokation«, rief Kohl pathetisch aus.[450] Das Papier sei ziemlich das genaue Gegenteil eines »komischen Findlings«, erklärte von Weizsäcker. Es sei nicht komisch, sondern sehr ernst zu nehmen.[451] Marx fügte hinzu, der Text enthalte wichtige Wahrheiten, sei ein Dokument der Zeitgeschichte, das »als solches in der Geschichte seinen Platz behalten« werde.[452]

Dennoch konnten diese vollmundigen Bekenntnisse nicht verdecken, daß auch die Opposition ihre Schwierigkeiten mit dem sperrigen Text hatte. Störte die SPD die Wiedervereinigungsforderung, die in dem Papier erhoben wurde, so rieb sich die CDU an dem sozialistischen Vorzeichen, mit dem sie versehen war. Marx hatte noch zehn Tage vor seiner Bundestagsrede betont, die CDU vergesse »keinen Augenblick, daß jede Form des Kommunismus, auch die sogenannte eurokommunistische, der gewaltsame Tod für jede freiheitliche Ordnung ist«.[453] Die Christdemokraten mußten plausibel machen, warum sie den Eurokommunismus in Italien, Frankreich und Spanien für Teufelszeug, in der DDR jedoch für ein Geschenk des Himmels hielten. Nicht ohne Geschick versuchte die Opposition das Dilemma zu umgehen, indem sie die Diskussion auf die nationale Komponente des Textes beschränkte. Alle anderen Facetten des schillernden Textes sollten daneben verblassen. Deswegen bezeichneten CDU-Politiker das Papier nur als »Manifest zur deutschen Frage«[454] oder als »Manifest über die Lage der Nation in Mitteldeutschland«[455].

Größere Schwierigkeiten bereitete der Opposition die Frage, wie sie ihre Forderung nach einer offensiveren Deutschlandpolitik in die Praxis umsetzen wollte. Mit der Notwendigkeit konfrontiert, nach dem Schei-

450 Verhandlungen/Bundestag 8/65 (19. 1. 1978), 4974.
451 Ebd., 8/67 (24. 1. 1978), 5187.
452 Ebd., 5229.
453 Interview in den Düsseldorfer Nachrichten v. 14. 1. 1978; siehe Johannes/Schwarz: 1978, 128.
454 Kohl in seiner Erwiderung auf Schmidts Bericht zur Lage der Nation, in: Verhandlungen/Bundestag 8/78 (9. 3. 1978), 6122.
455 So Manfred Abelein, in: ebd., 6175.

tern ihrer eigenen Deutschlandpolitik ein neues Konzept zu entwickeln, hatte die Union seit einiger Zeit die unbewegliche Opposition gegenüber der sozial-liberalen Ostpolitik aufgegeben, die am Anfang des Jahrzehnts ihren erbitterten Widerstand gegen die Ostverträge motiviert hatte und die sie noch im August 1975 gegen die Helsinki-Schlußakte hatte stimmen lassen.[456] Man begann, sich allmählich auf die von SPD und FDP geschaffene Realität einzustellen, ebenso wie 1959/60 die Sozialdemokratie schließlich die Westintegration Adenauers akzeptiert hatte. Wenn Kohl der Regierung Mangel an Phantasie und Einsatz bei der Handhabung der Ostverträge vorwarf[457], wenn von Weizsäcker betonte, man wolle die Debatten der Jahre 1970 bis 1972 nicht fortsetzen[458], wenn Marx von einer »Politik der Gegenseitigkeit« gegenüber dem Ostblock sprach[459], dann bedeutete dies: Die CDU hatte die Prämissen der Neuen Ostpolitik im Prinzip akzeptiert und war dabei, sie sich zu eigen zu machen.[460]

Was neben der grundsätzlichen Zustimmung an Differenzen blieb, war außer der stärkeren Betonung des Fernziels der Wiedervereinigung die Frage des Verhandlungsstils der Bundesregierung. Die Regierung ließ sich nach Meinung der Union durch ihr entspannungspolitisches Konzept dazu verleiten, den Unrechts-Charakter des ostdeutschen Regimes zu verharmlosen und bei den Verhandlungen mit der DDR zu viele Zugeständnisse zu machen. Die Zurückweisung des »Manifests« durch die SPD war ihrer Ansicht nach ein schlagender Beweis dafür, wohin bedingungslose Entspannungspolitik führte. Wer alles tat, um das Selbstvertrauen des SED-Regimes zu stärken, und alles zu verhindern suchte, was sich wie das »Manifest« destabilisierend auswirken konnte, der betreibe die Stabilisierung der DDR, ohne Hoffnung auf Liberalisierung.[461] Nach Ansicht der CDU durfte es nicht Aufgabe westdeutscher Politik sein, sich den Kopf über die Schwierigkeiten der SED und ihres Generalsekretärs zu zerbrechen, vielmehr mußte man die westdeutschen Interessen stärker betonen. Kohl forderte daher, die SPD solle endlich zu einer »Politik der Leistung und Gegenleistung« zurückkehren.[462]

456 Vgl. Hacke: 1975. Allzu kritisch beurteilt den Kurswechsel der Union in der Deutschlandpolitik Hacker: 1992, 184–193.
457 Verhandlungen/Bundestag 8/65 (19. 1. 1978), 4974.
458 Verhandlungen/Bundestag 8/67 (24. 1. 1978), 5187.
459 Ebd., 5224.
460 Vgl. dazu neuerdings Potthoff: 1995, 16f.
461 So Marx in seiner Bundestagsrede; ebd., 5225.
462 Verhandlungen/Bundestag 8/65 (19. 1. 1978), 4975.

Er verzichtete freilich bewußt darauf, konkret auszuführen, wie er seine Forderung in die Tat umzusetzen gedachte. Wenn man wie die CDU den Dialog mit Ost-Berlin nicht gänzlich gefährden wollte, war der Spielraum begrenzt. Es blieb nicht viel mehr, als Menschenrechtsverletzungen in der DDR öffentlich bewußter anzuprangern, bei künftigen innerdeutschen Verhandlungen noch bewußter darauf zu achten, inwieweit sie Verbesserungen für die Ostdeutschen brachten, und schließlich stärker wirtschaftlichen und finanziellen Druck auf das SED-Regime auszuüben, um Verbesserungen durchzusetzen. Das waren freilich keine genuin christdemokratischen Forderungen, ähnliche Überlegungen wurden auch innerhalb der SPD angestellt.[463] Allen rhetorischen Scheingefechten zum Trotz war der Graben, der die Parteien in der deutschen Frage trennte, doch recht schmal geworden.

Daß die Deutschlandpolitik in Bonn nicht mehr die Frage war, an der sich zwischen Opposition und Regierungsparteien die Geister schieden, verdeutlicht ein Blick auf die Haltung, die die FDP in der »Manifest«-Diskussion einnahm. Anders als ihr Koalitionspartner hielten sich die Liberalen mit öffentlichen Erklärungen zurück. Schon das war angesichts der Heftigkeit, mit der die SPD Stellung bezog, ein deutliches Zeichen der Reserve. Als sich am 16. Januar mit dem Berliner Bundestagsabgeordneten Hans-Günter Hoppe erstmals ein Freidemokrat ausführlicher zu dem Papier äußerte, wurde die Distanz zwischen den Koalitionspartnern noch deutlicher. Er könne nicht erkennen, so Hoppe über das *Spiegel*-Papier, »warum die FDP diesen Vorgang negativ beurteilen sollte. Für uns kommt es ja darauf an, unsere Regierung zu kontrollieren und zu unterstützen. Es ist ja nicht unsere Aufgabe, Honecker zu unterstützen.«[464]

In der Bundestagsdebatte versuchte die FDP, die Koalitionsdisziplin zu wahren und sich dennoch demonstrativ von der sozialdemokratischen Position abzuheben. Er halte das Papier für echt, erklärte FDP-Fraktionschef Mischnick, glaube aber, »daß es auch nach dieser Veröffentlichung keine erkennbare, keine erfolgversprechende Alternative zur Entspannungspolitik gibt«.[465] Außenminister Genscher faßte die Haltung seiner Partei mit dem für ihn typischen nichtssagenden »Sowohl-Als-auch« zusammen: Einerseits dürfe man die Schließung des *Spiegel*-Büros keinesfalls auf die leichte Schulter nehmen, andererseits sei aber mit ei-

463 Vgl. Spiegel 6/1978, 36–44.
464 Welt v. 16. 1. 1978, 3.
465 Verhandlungen/Bundestag 8/65 (19. 1. 1978), 5031.

nem Rückfall in den Kalten Krieg auch nichts gewonnen.[466] Er verfolgte mit derartig vagen Formulierungen die Absicht, sich und seine Partei aus der Schußlinie zu nehmen, um nicht für eine Deutschlandpolitik kritisiert zu werden, die die FDP nicht voll unterstützte.[467]

Die DDR-Korrespondenten zwischen öffentlichem Protest und heimlichem Arrangement

Die westdeutschen Medien, die Korrespondenten in die DDR geschickt hatten, waren hin- und hergerissen zwischen dem Wunsch, öffentlich zu protestieren, und der Erkenntnis, sich nicht vollends mit der SED-Führung überwerfen zu dürfen. Am schwierigsten war die Situation für den *Spiegel* selbst. Doch die *Spiegel*-Mannschaft machte trotz der heftigen Reaktion der DDR und der skeptischen Aufnahme, die der erste »Manifest«-Teil in den westdeutschen Medien fand, nach außen keineswegs den Eindruck eines Häufleins reuiger Sünder. Man freute sich an dem Aufsehen, das die Publikation erregte, und behauptete, der letzte Verfechter der Pressefreiheit zu sein, die die anderen Medien inzwischen der Entspannungspolitik geopfert hätten. Rudolf Augstein fragte polemisch, warum westdeutsche Berichterstatter überhaupt in der DDR Redaktions-Büros eröffnet hätten: »Über die reale Situation drüben sollen wir nach hiesigem Regierungsverständnis ja doch nicht berichten. Konsequent nur, daß der *Spiegel* sein Büro als erster wieder schließen mußte.«[468] Auch Ulrich Schwarz machte deutlich, daß er sich durch entspannungspolitische Rücksichtnahmen nicht daran hindern lasse, oppositionellen Ansichten ein Forum zu geben: »Ich glaube auch, daß das Manifest [...] die mühsame deutsch-deutsche Balance stört [...]. Aber daß solche Bewegungen häufig mit Tagespolitik kollidieren, ist ja nicht neu. Die gesamte Menschenrechtsbewegung im Ostblock stört aktuelle Entspannungspolitik. Nur habe ich die Frage an die Kritiker, sollen die Leute deswegen denn dann den Mund halten?«[469] Sein Kollege Karlheinz Vater stimmte ihm zu, daß sich die Berichterstattung aus der DDR nicht nur an tagespolitischen Überlegungen orientieren dürfe, sondern auch größere Zusammenhänge im Blick behalten müsse. Für ihn stand jedoch nicht die

466 Ebd., 5015. Ähnlich äußerte sich auch Mischnick (ebd., 5030–5032).
467 Vgl. Spiegel 3/1978, 20; siehe auch Garton Ash: 1993, 149.
468 Spiegel 5/1978, 18.
469 Schwarz im ZDF (2. 1. 1978), zit. nach Johannes/Schwarz: 1978, 87–88.

Menschenrechtsbewegung, sondern die nationale Frage im Mittelpunkt. Er finde es gut, wenn sich die westdeutschen Parteien darauf einrichten müßten, daß der Gedanke der Einheit in Ostdeutschland nicht tot sei »und daß diese Frage eines Tages aus der DDR nach Westen hin gestellt werden wird zu aller Überraschung und Verwunderung«.[470]

Intern freilich war man sich über die Veröffentlichung bei weitem nicht so einig, wie man nach außen glauben machen wollte. Aus verschiedenen Aufzeichnungen des MfS geht hervor, daß sich zumindest Schwarz' Vorgänger Mettke heftig über die »Manifest«-Publikation beschwerte. Wäre er in dieser Angelegenheit um Rat gefragt worden, wird er in einer vermutlich auf abgehörten Telefongesprächen beruhenden Mitteilung zitiert, dann hätte er die Veröffentlichung in dieser Form verhindert.[471] Wenigstens hätte man in einem erläuternden Bericht die Echtheit des Textes anzweifeln müssen, fand er. Daß Mettke es am liebsten gesehen hätte, wenn der Text gar nicht gedruckt worden wäre, geht aus einer anderen Aufzeichnung der Staatssicherheit hervor. In Telefongesprächen mit Wolfgang Harich und Rolf Schneider, die das MfS in der ersten Januarwoche mitschnitt, bekannte der Redakteur angeblich, er habe sich noch nie so »für sein Blatt geschämt« wie jetzt. Aus Empörung und Widerwillen gegen die Art der Behandlung von DDR-Themen sei er zu einem »*Spiegel*-Dissidenten« geworden.[472] Das »Manifest« diente nach Mettkes Ansicht dazu, Honecker und dessen Politik zu diffamieren und innerhalb der SED Zwietracht zu säen. Die Autoren, denen offensichtlich die ganze politische Entwicklung nicht passe, wollten sich mit Hilfe dieses Papiers »in Moskau über die Entspannungspolitik von Honecker« beschweren.

Die Vermutung liegt nahe, daß weniger Rolf Schneider und Wolfgang Harich, sondern vielmehr die Staats- und Parteiführung der eigentliche Adressat von Mettkes Anrufen war. Denn daß die Staatssicherheit die Gespräche abhörte, muß dem DDR-erfahrenen Journalisten bewußt gewesen sein. Und selbst wenn das MfS nicht mithörte, konnte er davon ausgehen, daß jedenfalls Harich von sich aus offizielle Stellen von dem Gespräch unterrichten würde.[473] Harich, der nach dem Telefonat mit

470 Vater im WDR (11. 1. 1978), zit. nach Johannes/Schwarz: 1978, 91.

471 Vgl. hierzu und zum folgenden Information A/116/1/78: Meinungsäußerung des Mettke zur ›Quelle‹ des Spiegel; in: BStU, ZA, MfS GH 65/88.

472 Siehe hierzu und zum folgenden HA XX: Reaktionen und Meinungen im Zusammenhang mit der ›Spiegel‹-Veröffentlichung, in: BStU, ZA, MfS-HA XX/AKG/II, 84f. (AKG).

473 Es war unter westlichen Journalisten bekannt, daß der Philosoph, seit er 1957–1964 wegen regimekritischer Äußerungen im Gefängnis gesessen hatte, ein gebranntes Kind war

Mettke tatsächlich das MfS informierte, vermutete denn auch, daß sich der *Spiegel*-Redakteur als neuer DDR-Korrespondent empfehlen wollte. Er habe betont, wie sehr ihm die Politik der friedlichen Koexistenz am Herzen liege und daß er eine für die DDR angenehmere Politik betreiben würde als Schwarz oder Vater.[474]

Es bleibt offen, wie viele Anhänger Mettkes Position innerhalb des *Spiegel* hatte und ob Augstein in die Aktion eingeweiht war, wie Harich vermutete.[475] Immerhin erhielt Mettke Mitte Februar die Gelegenheit, seine Ansicht in einem namentlich gekennzeichneten Artikel im *Spiegel* ausführlich darzulegen. Die deutsche Frage habe tatsächlich ihre Sprengkraft behalten, argumentierte er. »Doch alle Sprengungen, die seit der deutschen Spaltung mittels dieses Treibsatzes in der DDR gezündet wurden, haben den Graben an der Westgrenze nicht zuzuschütten vermocht, sondern vertieft, sichtbarer und – was wichtiger ist – spürbarer gemacht.«[476] Der Versuch, eine Emanzipation von der Sowjetunion ausgerechnet über den wunden Punkt der »deutschen Frage« anzugehen, sei nicht nur von vornherein zum Scheitern verurteilt, folgerte Mettke, »er würde zugleich auch den Verlust von relativer DDR-Selbständigkeit in nachrangigen Bereichen bedeuten«.[477] Offensichtlich gab es also auch innerhalb des *Spiegel* Stimmen, die dafür plädierten, zu einer wohlwollenderen Berichterstattung über die DDR zurückzukehren. Die Sorge um die Fortführung der Entspannungspolitik spielte dabei genauso eine Rolle wie die pragmatische Überlegung, daß es ohne die Duldung der SED-Spitze möglicherweise keine *Spiegel*-Berichterstattung aus der DDR mehr geben werde.

Den Zwiespalt, in dem sich der *Spiegel* befand, spürten in geringerem Maße auch die anderen westdeutschen Medien. Zum einen konnte es nicht in ihrem Interesse liegen, die Schließung eines Redaktionsbüros in der DDR und die Verwarnung zweier Kollegen widerspruchslos hinzunehmen. Denn beides verstieß nach westlicher Auffassung eindeutig gegen die im Rahmen des Grundlagenvertrages getroffenen Vereinbarungen. Wenn sich die Journalisten jetzt nicht wehrten, würde sich die DDR-

und selbst das geringste Risiko mied, erneut in den Geruch des politischen Abweichlers zu kommen. Vgl. dazu etwa Leonhard im DLF (11. 1. 1978), zit. nach Johannes/Schwarz: 1978, 167; Biermann: 1978.

474 HA XX: Reaktionen und Meinungen im Zusammenhang mit der Spiegel-Veröffentlichung, in: BStU, ZA, MfS-HA XX/AKG/II, 85 (AKG).

475 Ebd.

476 In: Spiegel 7/1978, 42.

477 Ebd., 44.

Führung zu weiteren Schikanen geradezu ermutigt fühlen. Andererseits mußten die Korrespondenten jedoch befürchten, bei allzu lauter Beschwerde selbst ausgewiesen oder zumindest in ihrer Berichterstattung noch mehr behindert zu werden. Verstärkt wurde die Sorge durch den Wettbewerb der Journalisten untereinander. Was nützt es mir, mag sich mancher gefragt haben, wenn ich lautstark protestiere und andere, die vorsichtiger sind, dafür in Zukunft bevorzugt werden?

Mit dem von neunzehn Journalisten unterzeichneten Protestschreiben, das Fritz Pleitgen im Namen seiner Kollegen drei Tage nach der Schließung des *Spiegel*-Büros im DDR-Außenministerium abgab, versuchten die DDR-Korrespondenten, beiden Überlegungen gerecht zu werden.[478] Sie wiesen darauf hin, daß die Maßnahmen der DDR gegen den Grundlagenvertrag und die Schlußakte von Helsinki verstießen, und machten deutlich, daß sie nicht schweigend zur Tagesordnung übergehen wollten. Einer »Differenzierungspolitik« von Seiten der SED versuchten die Journalisten entgegenzuwirken, indem sie den Brief gemeinsam unterzeichneten. Kein Kollege sollte durch das Fehlen seiner Unterschrift in den Genuß einer Vorzugsbehandlung kommen. Zudem hatten die Verfasser in den Text ihrer Beschwerde eine Art salvatorische Klausel eingefügt, die bewußt offenließ, ob man sich mit dem *Spiegel* solidarisierte: Man halte die Maßnahmen der DDR-Führung »ungeachtet unterschiedlicher Auffassungen zur *Spiegel*-Veröffentlichung« für ungerechtfertigt.

Einigen Korrespondenten erschien jedoch selbst diese behutsame Form des Protests zu kühn. Noch am Nachmittag des Tages, an dem Pleitgen den Brief übergeben hatte, rief der *Stern*-Journalist Horst Barkow im Außenministerium an, um sich davon zu distanzieren. Das Schreiben sei vom Fotoreporter des *Stern*, Harald Schmitt, einfach in seinem Namen unterschrieben worden, ohne ihn vorher zu informieren. »Ich sage Ihnen das nicht, um Ihnen einen Gefallen zu tun«, begründete Barkow seine Entscheidung, »sondern ich will dadurch deutlich machen, daß ich nicht auf diese Provokation hereinfalle.«[479]

Einen Tag später schrieb Walter Leo, der Korrespondent des *Vorwärts*, in einem Brief an Pleitgen, daß er sich von dem Beschwerdebrief überrumpelt gefühlt habe und gern andere Formulierungen gewählt hätte. Mit seiner Unterschrift habe er nicht deutlich machen können, so Leo, daß er sich zwar dem Protest gegen die Verwarnungen und Beschuldigungen

478 In: SAPMO-BA, DY 30/IV 2/2.033/111, 163 (Büro Lamberz).
479 Aktennotiz der Abt. Journalistische Beziehungen/MfAA über ein Telefongespräch mit Barkow (13. 1. 1978), in: SAPMO-BA, DY 30/IV 2/2.033/111, 162 (Büro Lamberz).

anschließe, die gegen die beiden Fernseh-Journalisten Sager und Lehmann erhoben worden waren, nicht jedoch dem Protest gegen die Schließung des *Spiegel*-Büros. Das Magazin habe selbst auf die Entspannung und das Helsinki-Abkommen nicht die leiseste Rücksicht genommen, als es mit der »Manifest«-Veröffentlichung Honecker beleidigt und das politische, ideologische und ökonomische Fundament der DDR erschüttert habe. Leo ging es weniger darum, Pleitgen seine Einstellung zu erklären. Wichtiger war ihm, daß das Außenministerium der DDR erfuhr, wie er zum Protest seiner Kollegen stand. Deswegen schickte er eine Kopie des Schreibens an die Abteilung Journalistische Beziehungen im MfAA. Vielleicht sei sein Brief ja auch für die DDR von Interesse, schrieb Leo heuchlerisch in der kurzen Notiz, die er seinem Schreiben beifügte.

Ähnlich wie der *Vorwärts*-Korrespondent argumentierte auch René Bayer, der für die *Kölnische Rundschau* und die *Badische Zeitung* aus Ost-Berlin berichtete. In einem Telefongespräch sagte er einem Funktionär des DDR-Außenministeriums, daß er schwerwiegende Einwände gegen einzelne Formulierungen des Protestbriefes habe. Vor allem sei er der Meinung, daß man sich von Verunglimpfungen führender Persönlichkeiten klar distanzieren müsse. Er sei jedoch erst so spät über den Text des Schreibens informiert worden, daß eine Diskussion über Änderungen nicht mehr möglich gewesen sei. Wenn man der Aktennotiz glauben schenken darf, die der ostdeutsche Ministerialbeamte über das Gespräch mit Bayer angefertigt hat, dann brach der Journalist nicht nur durch seinen heimlichen Rückzieher die kollegiale Loyalität. Er denunzierte darüber hinaus seine Kollegen Lutz Lehmann von der ARD, Peter Pragal von der *Süddeutschen Zeitung* und den für die *Westfälische Rundschau* und die *Nürnberger Nachrichten* berichtenden Peter Nöldechen, indem er durchblicken ließ, diese hätten »den Hauptanteil an der Formulierung dieses Briefes«.[480]

480 Vgl. MfAA/Abt. Journalistische Beziehungen: Aktennotiz über ein Gespräch mit dem Korrespondenten René Bayer (31. 1. 1978), in: SAPMO-BA, DY 30/IV 2/2.033/111, 172 (Büro Lamberz).

Die Suche nach den Verfassern

Die Ermittlungen des MfS gegen Hermann von Berg

Die Ermittlungen des MfS begannen erfolgreich. Sehr bald stieß man auf von Berg. Schon vor der »Manifest«-Veröffentlichung hatte sich in den Akten belastendes Material gegen ihn angesammelt. Zu den Verdachtsmomenten, welche die HA II bereits Anfang 1977 wegen von Bergs Kontakten zu Cramer und Nette gesammelt hatte, waren im Herbst und Winter 1977 weitere hinzugekommen. In einem Bericht über die Beschattung Ulrich Schwarz' hatte die Abteilung Anfang Dezember »trotz lückenhafter Kontrollmaßnahmen« im Zeitraum von Dezember 1976 bis Oktober 1977 allein 14 Begegnungen zwischen dem *Spiegel*-Korrespondenten und von Berg registriert.[481] Am 15. Dezember hatten die Abwehr-Experten ein Telefongespräch abgehört, in dem die beiden für denselben Tag ein Treffen in der Ost-Berliner Innenstadt vereinbarten.[482]

Im Rahmen der Fahndungsaktion, die nach der Veröffentlichung des ersten »Manifest«-Teils anlief, kam ein neuer Beweis hinzu, der von Berg stark belastete. Den abgehörten Telefongesprächen des ehemaligen *Spiegel*-Korrespondenten Mettke entnahm die HA II, daß dieser von Berg für den Informanten des Magazins hielt. Das genügte den unter Erfolgsdruck stehenden MfS-Offizieren. Sie entschlossen sich zu handeln.[483] Am Tag, an dem der *Spiegel* den zweiten Teil des »Manifests« abdruckte, erwarteten von Berg am Hinterausgang der Humboldt-Universität zwei Staatssicherheits-Offziere, die ihn zu einem wartenden Auto lotsten und in eine außerhalb Berlins gelegene MfS-Villa brachten. Dort wurde er unter Hausarrest gestellt und wochenlang verhört.[484] Am 11. Januar mußte der für die Westkontakte von Bergs zuständige HV A-Offizier alle

481 HA II: Sachstandsbericht zum OV »Nadel« (8. 12. 1977), In: BStU, ZA, MfS GH 65/88.

482 HA II: Information über ein abgehörtes Telefongespräch zwischen Schwarz und von Berg, in: BStU, ZA, MfS GH 65/88.

483 Information A/116/1/78: Meinungsäußerung des Mettke zur ›Quelle‹ des Spiegel; in: BStU, ZA, MfS GH 65/88.

484 Vgl. den Bericht des Spiegel aus dem Jahr 1986 und die Darstellung bei Förster in der BZ vom Mai 1995, die beide auf der Schilderung v. Bergs beruhen (Spiegel 21/1978, 58; Förster: 1995).

Akten abgeben, welche die Aufklärung darüber angelegt hatte. »Dann war für uns zwei Monate lang Funkstille im Fall von Berg«, erinnerte sich HV A-Chef Markus Wolf nach der Wende.[485] Die Ermittlungen, über deren Fortgang sich Erich Mielke und sein Erster Stellvertreter Bruno Beater regelmäßig unterrichten ließen, übernahm Oberstleutnant Krüger von der HA IX, dem »Untersuchungsorgan« des MfS.[486]

Krüger mußte freilich die Entdeckung machen, daß es selbst mit dem aufgeblähten Sicherheitsapparat der DDR nicht möglich war, jede oppositionelle Regung bis zu ihrem Ursprung zurückzuverfolgen. Es gelang ihm nicht, die Hintergründe der »Manifest«-Veröffentlichung aufzuklären. Da er alle Papiere und Notizen, die ihn belasten konnten, verbrannt hatte, fand die Staatssicherheit bei drei Hausdurchsuchungen »nicht den geringsten Anhaltspunkt eines Beweises«, so von Berg später.[487] Krügers Hoffnung, wenigstens in den HV A-Unterlagen Indizien für dessen Schuld zu finden, wurde ebenfalls enttäuscht. Die Akten bestätigten die Aussage des Verhafteten, er habe den Umgang mit West-Journalisten mit Wissen der HV A gepflegt, und jede Preisgabe von Informationen – auch die an Nette und Cramer – sei mit HV A-Offizieren abgesprochen gewesen.[488] Da das MfS auch über die Begegnungen mit Schwarz im Herbst und Winter 1977 nichts Genaues wußte, standen die Aussichten, von Berg zu überführen, denkbar schlecht.[489]

Krüger blieb nur die Hoffnung, daß von Berg seine Schuld selbst gestand. In wochenlangen Verhören versuchte er, ihm ein Geständnis abzupressen. Als auch dies mißlang, gerieten die Ermittlungen in eine Sackgasse. War Krüger am 16. Januar noch zuversichtlich gewesen, daß aufgrund »des bisher erarbeiteten Sachverhaltes [...] der dringende Verdacht der Nachrichtenübermittlung gemäß § 98 StGB berechtigt und die Einleitung eines Ermittlungsverfahrens möglich« sei[490], so revidierte er seine Einschätzung drei Wochen später: »Zusammenfassend muß eingeschätzt werden, daß von Berg gegenwärtig keine Straftat bewiesen werden kann und keine Möglichkeiten bestehen, kurzfristig zu derartigen Beweisen zu gelangen.«[491] Krüger schlug deshalb vor, von Berg einen

485 Mündliche Mitteilung von Markus Wolf.
486 Gill/Schröder: 1991, 43.
487 v. Berg: 1994, 209.
488 Siehe HA IX/5: Bericht über die bisher durchgeführten Befragungen und Überprüfungen zu dem IM der HV A/Abt. 10 (7. 2. 1978), in: BStU, ZA, MfS GH 65/88.
489 Vgl. Abt. III: Nachanalyse über Verbindungen westlicher Journalisten zu einem DDR-Bürger (OV Tal) (24. 2. 1978), in: BStU, ZA, MfS GH 65/88, Bd. 8, 5.
490 HA IX/5: Informationsbericht (16. 1. 1978), in: BStU, ZA, MfS GH 65/88 Bd. 9, 95.
491 HA IX/5: Bericht über die bisher durchgeführten Befragungen und Überprüfungen zu

Handel anzubieten: Das MfS werde ihn freilassen, wenn er sich dazu verpflichte, absolutes Stillschweigen über seine Haft zu bewahren und alle Kontakte zu Westjournalisten abzubrechen.

Der Vorschlag wurde zunächst abgelehnt. Honecker, der sich von Mielke über den Fortgang der Untersuchungen unterrichten ließ, war nicht gewillt, einen Mann, der im Verdacht stand, die Macht der SED-Führung zu unterminieren, nur deswegen freizulassen, weil man seine Schuld nicht eindeutig beweisen konnte. Wenn sich kein belastendes Material finden ließ, dann würde das Verfahren im Geheimen und ohne Beweise stattfinden. Zwei MfS-Offiziere brachten von Berg am 22. Februar zurück nach Berlin in die Untersuchungshaftanstalt Hohenschönhausen. Am Tag darauf leitete das Militärgericht Berlin ein Ermittlungsverfahren gegen ihn ein.[492] Daß ein Freispruch in diesem Verfahren nicht in Betracht kam, wurde deutlich, als die Militärrichter fünf Tage später eine Beschwerde von Bergs gegen den Haftbefehl mit der ebenso knappen wie unzutreffenden Begründung zurückwiesen, die »bisherigen Ermittlungen rechtfertigten den im Haftbefehl begründeten dringenden Tatverdacht«.[493]

Seiner Bekanntheit im Westen verdankte es von Berg, daß er schließlich doch nicht verurteilt wurde. Das Verschwinden eines Menschen, der über so enge Kontakte zu Westdeutschen verfügte, war auch in der DDR nicht mehr zu verheimlichen. Schon Mitte Januar hatte Krüger befürchtet, »daß die Journalisten der BRD von einer Inhaftierung bald Kenntnis erhalten und diese zur Forcierung ihrer Hetze ausnutzen, insbesondere versuchen werden, damit die Rolle des BND als Verfasser des *Spiegel*-Machwerkes in Abrede zu stellen«.[494] Um dem vorzubeugen, hatte die Staatsicherheit die Legende verbreitet, von Berg befinde sich auf einer längeren Dienstreise in Moskau. Ein MfS-Offizier fing in von Bergs Haus alle Telefongespräche ab und zwang dessen Frau, unangemeldete Besucher mit der Geschichte von der Moskau-Reise abzuspeisen.[495]

Dennoch verbreitete sich das Gerücht, von Berg sei entführt worden. Der West-Berliner Journalist Manfred Rexin, seit den fünfziger Jahren

dem IM der HV A/Abt. X (7. 2. 1978), in: BStU, ZA, MfS GH 65/88.

492 Vgl. auch die Darstellung bei Förster in der BZ, die auf der Schilderung von Bergs beruht (Förster: 1995a).

493 Vgl. Militärobergericht Berlin, 3. Militärstrafsenat: Beschluß in der Ermittlungssache gegen den Prof. Dr. Hermann von Berg – Zurückweisung einer Beschwerde gegen den Haftbefehl des Militärgerichts Berlin; in: Privatarchiv v. Berg.

494 HA IX/5: Informationsbericht (16. 1. 1978), in: BStU, ZA, MfS GH 65/88, Bd. 9, 100.

495 Mündliche Mitteilung von Hermann von Berg; vgl. Förster: 1995.

mit von Berg befreundet, ahnte schon Ende Januar, daß an dem Verschwinden seines Freundes etwas faul war. Denn bei mehreren Anrufen Rexins hatte Frau von Berg erst nach merkwürdigem Zögern geantwortet, ihr Mann sei auf einer Dienstreise.[496] Einem Journalisten der britischen Nachrichtenagentur Reuter, der den Professor in Schöneiche besuchen wollte, fiel das seltsame Verhalten der Ehefrau ebenfalls auf. Auch Heinz Niemann, ein Freund der Familie aus Leipzig, wurde mißtrauisch, als ihn Frau von Berg am Telefon betont mit »Sie« anredete, obwohl man einander seit Jahren duzte.[497] Die Mitarbeiter des Professors in der Humboldt-Universität schließlich begannen an einer Dienstreise von Bergs zu zweifeln, als sie dessen Hut, Mantel und Aktentasche fanden, die er bei seiner Entführung zurückgelassen hatte.[498] Aufgrund der Vielzahl derartiger Merkwürdigkeiten beschloß Reuter, am 8. März zu melden, der Ost-Berliner Wirtschaftsprofessor von Berg sei seit Wochen unauffindbar, sein Verschwinden stehe offensichtlich im Zusammenhang mit dem *Spiegel*-»Manifest«. Am nächsten Tag waren die westdeutschen Tageszeitungen voll von Spekulationen über das Verschwinden des Professors.[499]

Reuter hatte für die Verbreitung der Nachricht einen taktisch günstigen Zeitpunkt ausgewählt. Gerade in jenen Tagen konnte sich Honecker neue negative Schlagzeilen über die DDR nicht leisten, fand doch am 9. März im Bundestag die Debatte über den jährlichen Bericht zur Lage der Nation statt, die von der Opposition in der Regel für eine Abrechnung mit der Deutschlandpolitik der Regierung genutzt wurde. Wenn in der DDR immer noch Menschen einfach verschwinden konnten, gab dies schließlich denjenigen recht, die glaubten, das ostdeutsche Regime habe sich seit Ulbrichts Zeiten im Prinzip nicht verändert.[500] Die kooperationsbereiten Politiker in der Regierungskoalition, mit deren Hilfe Honecker das deutsch-deutsche Verhältnis gerade erst wieder ins Lot gebracht hatte, würden dadurch erneut in die Defensive gedrängt werden.

496 Mündliche Mitteilung von Manfred Rexin.
497 Mündliche Mitteilung von Heinz Niemann. Niemann selbst geriet nach eigener Aussage in den Verdacht, in die Spiegel-Publikation verwickelt zu sein, da er seit der gemeinsamen Studienzeit mit von Berg befreundet war. Am 10. 1. 1978 habe ihn der zuständige Leipziger SED-Bezirkssekretär deswegen aufgefordert, seine Einstellung zum Eurokommunismus niederzuschreiben (vgl. Leserbrief Niemanns im ND v. 18. 8. 1994, 5).
498 Siehe Spiegel 21/1978, 58; Förster: 1995.
499 Vgl. Spiegel 21/1978, 58; Förster: 1995.
500 Zwar erwähnte die Union in der Aussprache die Meldung vom Verschwinden von Bergs nicht ausdrücklich. Dennoch kritisierte sie das Verhalten der DDR und die Reaktion der Bundesregierung im Zusammenhang mit der Spiegel-Publikation erneut; vgl. Verhandlungen/Bundestag 8/78 (9. 3. 1978).

Auch im Hinblick auf das Verhältnis zur Sowjetunion war eine neue Eskalation in den deutsch-deutschen Beziehungen wenig ratsam. Gerade hatten sich Breschnew und Schmidt geeinigt, daß der seit langem geplante Besuch des sowjetischen Staats- und Parteichefs Mitte Mai stattfinden sollte. Honecker durfte es sich nicht erlauben, die Deutschlandpolitik seines sowjetischen Mentors durch Schlagzeilen über stalinistische Zustände in der DDR zu stören.

Was blieb zu tun? Den Professor weiter in Haft zu behalten und abzuwarten, bis er mürbe würde, war wegen des Pressewirbels in der Bundesrepublik nicht länger möglich. Für einen öffentlichen Prozeß gegen von Berg reichten jedoch die Beweise nicht aus. Notgedrungen griff man daher auf Krügers Vorschlag zurück, von Berg einen Handel anzubieten: Haftentlassung gegen Kooperation.[501] Nachdem von Berg sich bereit erklärt hatte, in Zukunft alle Kontakte zu Westjournalisten abzubrechen und in der Öffentlichkeit, die Geschichte über seine angebliche Dienstreise zu bestätigen, wurde er noch am Abend des 9. März zurück in sein Haus gebracht, das Sicherheitsbeamte vor neugierigen Besuchern abriegelten. Von dort aus mußte er im Beisein eines MfS-Offiziers in der Ständigen Vertretung der Bundesrepublik anrufen, um die Gerüchte über seine Verhaftung zu dementieren.[502]

Dem ARD-Korrespondent Pleitgen, der vom MfS einen Wink erhalten hatte, wann er von Berg vor dessen Haus abfangen könne, erzählte der Professor am folgenden Tag die gleiche Geschichte: Er wisse nicht, was das Gerede von seinem Verschwinden zu bedeuten habe. Er sei gestern von einer Dienstreise aus Moskau zurückgekommen, zu der er plötzlich aufbrechen mußte.[503]

Mit der Entlassung aus der Haft war die Leidenszeit für von Berg jedoch nicht zu Ende. Er mußte sich zweimal wöchentlich im Objekt »Boxer«, einer konspirativen Wohnung des MfS, mit Krüger und einem weiteren MfS-Offizier treffen, damit sich die Staatssicherheit regelmäßig

501 Wie kurzfristig die Staatssicherheit diesen Entschluß faßte, wird aus einem Bericht der HA XX ersichtlich, der sich in den Untersuchungsakten des MfS findet: Noch am 7. 3. hatte ein MfS-Offizier gegenüber dem Sohn des ehemaligen Volkskammerpräsidenten Dieckmann, der sich für von Berg verwandt hatte, eine baldige Haftentlassung von Bergs ausgeschlossen; siehe HA XX/OG: Bericht (7. 3. 1978), in: BStU, ZA, MfS GH 65/88, Bd. 9, 168–170.

502 Vgl. Förster: 1995b.

503 Vgl. HA II/1: Information zum OV »Tal« (10. 3. 1978), in: BStU, ZA, MfS GH, 65/88, Bd. 7, 277f. Vgl. auch Spiegel 21/1978, 58; BZ v. 18. 5. 1978, 16. Von Berg vermutete später wohl nicht zu Unrecht, daß die Staatssicherheit mit dem unangekündigten Auftauchen Pleitgens seine Bereitschaft testen wollte, die getroffenen Absprachen einzuhalten (mündliche Mitteilung von Hermann von Berg).

davon überzeugen konnte, ob er sich an die getroffenen Vereinbarungen hielt. Auch nachdem von Berg am 10. Juli 1978 in aller Form jede weitere Zusammenarbeit mit dem MfS abgelehnt hatte[504], ging der Kleinkrieg weiter. Auf Druck der Kaderabteilung des ZK und der Bezirksparteikontrollkommision versetzte der damalige Rektor der Humboldt-Universität Helmut Klein ihn wenig später von der wirtschaftswissenschaftlichen in die politisch weniger bedeutende historische Sektion. Auf seinem Hauptinteressengebiet, der EG-Forschung, durfte er nicht mehr arbeiten. Die Universitätsleitung schränkte seine Lehrmöglichkeiten und wissenschaftlichen Kontakte erheblich ein, machte Dienstreisen und Publikationen innerhalb der DDR unmöglich.[505] Acht Jahre später gab von Berg entnervt auf. Als sich ihm durch die Fürsprache Brandts und Bahrs die Möglichkeit bot, in die Bundesrepublik auszureisen, verließ er im Sommer 1986 die DDR.[506]

Kein »Bund Demokratischer Kommunisten«

Bis zu diesem Punkt lassen sich die Ereignisse recht verläßlich aus den vorhandenen Quellen rekonstruieren. Alle weitergehenden Aussagen über von Bergs mögliche Mitstreiter in dem geheimnisvollen »Bund Demokratischer Kommunisten Deutschlands« basieren dagegen auf Vermutungen. Denn von Bergs Glück, daß der Staatssicherheitsdienst die Hintergründe der »Manifest«-Veröffentlichung nicht aufzuklären vermochte, ist für die zeitgeschichtliche Forschung ein Unglück. In den Unterlagen des MfS finden sich keine Hinweise auf den »Bund«, ebensowenig in den Aktenbeständen des SED-Parteiarchivs.

Etwas ergiebiger ist ein kurzer Ausflug in die Ideengeschichte: Der »Bund der Kommunisten«, der dem »BDKD« des *Spiegel*-Papiers Pate stand, war jene 1847 gegründete revolutionäre Geheimorganisation, als deren theoretische Leitlinie Karl Marx und Friedrich Engels im Februar 1848 das Kommunistische Manifest formulierten.[507] Er hatte sich den Sturz der Bourgeoisie, die Herrschaft des Proletariats und die Schaffung einer klassenlosen Gesellschaft auf die Fahne geschrieben. In der deut-

504 Vgl. BStU, ZA, MfS GH 65/88 Bd. 7, 57.
505 Vgl. Schreiben des Rektors der Humboldt-Universität an von Berg (28. 1. 1992), in: Archiv der Humboldt-Universität, Rehabilitierungsvorgang Hermann von Berg.
506 Vgl. dazu v. Berg: 1988, 138–142.
507 Mündliche Mitteilung von Hermann von Berg. Allgemein zum »Bund der Kommunisten« siehe Lexikon: 1986, s. v. »Bund der Kommunisten«, 105–107 (mwN).

schen Revolution 1848 spielte er keine ganz unbedeutende Rolle, obwohl er sein Ziel, eine gesamtdeutsche Arbeiterorganisation unter seiner Leitung aufzubauen, nicht erreichte und vier Jahre später aufgelöst wurde.

So schillernd wie das Schicksal des »Bundes« ist auch seine Rezeptionsgeschichte. Für die offizielle Geschichtsschreibung der DDR war er die erste marxistische Partei in Deutschland und somit Ahnherr der SED.[508] Zugleich war er jedoch auch Symbol für die angebliche Unverderbtheit des ursprünglichen Kommunismus'. Auf den »Bund der Kommunisten« beriefen sich die Herrschenden in Partei und Staat ebenso wie jene, die den real existierenden Sozialismus kritisierten und zu den wahren Wurzeln des Marxismus zurückkehren wollten. Die einen behaupteten, im »Bund der Kommunisten« sei erstmals das Prinzip des demokratischen Zentralismus verwirklicht worden. Die anderen erblickten in ihm einen Bund von Gleichgesinnten, denen es um die Sache, nicht um die Hierarchie gegangen sei. Zitate, um diese Deutung zu belegen, waren zur Hand: »Wir sind keine Kommunisten, welche die persönliche Freiheit vernichten und aus der Welt eine große Kaserne oder ein großes Armenhaus machen wollen«, hieß es etwa im September 1847 in der ersten und einzigen Ausgabe der von Marx und Engels herausgegebenen Zeitschrift des »Bundes«. Und weiter: »Es gibt freilich Kommunisten, welche es sich bequem machen und die persönliche Freiheit, die nach ihrer Meinung der Harmonie im Wege steht, leugnen und aufheben wollen, wir aber haben keine Lust, die Gleichheit mit der Freiheit zu erkaufen.«[509] Klang das nicht wie eine ganz aktuelle Kritik an der Herrschaftspraxis der SED?

Es verwundert daher nicht, daß ein gebildeter Marxist wie Rudolf Bahro die revolutionäre Avantgarde seiner »Alternative«, die endlich den wahren Marxismus verwirklichen sollte, ebenfalls als »Bund der Kommunisten« bezeichnete. Zwar war für Bahro der Gegner, den es zu überwinden galt, nicht mehr der Kapitalismus, sondern der erstarrte Sozialismus der Politbürokratie. Doch das Ziel blieb dasselbe: »die Idee der allgemeinen Emanzipation«.[510] Bis hin zur Verwendung der militärischen Metapher folgt Bahro seinem Vorbild, wenn er forderte, der »Bund der Kommunisten« solle »keine gehorsame Armee [sein], die den politbürokratischen Konsens über die Ausdehnung und Fortsetzung des Status quo ausführt, sondern der kollektive Intellektuelle, der in demokratischer

508 Vgl. Lexikon: 1986, s. v. »Bund der Kommunisten«, 105 (mwN).
509 Zit. nach Weber: 1968, 286f.
510 Bahro: 1977, 429.

Kommunikation den Konsens über Veränderungen schafft und praktiziert«.[511]

Bahros Anregung fiel in der DDR des Jahres 1977 auf fruchtbaren Boden. Nicht einmal drei Wochen nach seiner Verhaftung gingen in west- und ostdeutschen Zeitungsredaktionen hektographierte Schreiben ein, in denen die Gründung eines »Bundes Deutscher Kommunisten« vermeldet und dessen »Legalisierung [...] auf dem Territorium der DDR« gefordert wurde.[512] Die anonymen Absender, die sich als ehemalige SED-Mitglieder bezeichneten, bezogen sich mehrfach ausdrücklich auf die Thesen Bahros und forderten, diesen sofort aus der Untersuchungshaft zu entlassen. Außerdem beriefen sie sich auf Marx, Engels, Lenin, Rosa Luxemburg, Mao Tse-Tung, Ernst Bloch und Robert Havemann. Vier Monate später, am 11. Januar 1978, erhielten dieselben Zeitungen einen weiteren Brief des »Bundes«, in dem die Verfasser den Antrag auf Legalisierung ihrer Organisation erneuerten. Das Schreiben endete mit den Worten: »Freiheit für Rudolf Bahro! Freiheit für alle in der DDR inhaftierten politischen Gefangenen! Für eine Wende in der Politik der DDR!«[513]

Die Ähnlichkeiten zwischen Bahros »Bund der Kommunisten«, dem »Bund Deutscher Kommunisten« und dem »BDKD« des *Spiegel*-Textes springen zwar ins Auge. Dennoch bestanden zwischen ihnen keine personellen oder organisatorischen Verflechtungen. Ein Band zwischen dem »Bund Deutscher Kommunisten« und dem »BDKD« sucht man ebenso vergeblich[514] wie einen Kontakt zu Rudolf Bahro. Der Regimekritiker wurde vielmehr von der angeblichen Gründung des »Bundes Deutscher Kommunisten« und von der Publikation des »Manifests« vollkommen überrascht. Das *Spiegel*-Papier betrachtete er sogar mit großer Skepsis, als man es ihm in der Untersuchungshaft vorlegte. »Ich entsinne mich, daß es mir keinen besonders authentischen Eindruck machte«, äußerte er später.[515]

(Bahros Skepsis und das Fehlen beweiskräftiger Quellen erlauben dem Historiker jedoch noch nicht die Schlußfolgerung, einen »Bund Demokratischer Kommunisten Deutschlands« habe es gar nicht gegeben. Jederzeit könnte in irgendeinem Archiv oder Nachlaß ein Schriftstück auftauchen, das seine These widerlegt. Der Nachweis, daß es etwas *nicht* gegeben hat, ist daher methodisch viel schwieriger zu erbringen als der

511 Ebd., 448.
512 Brief eines »Bundes Deutscher Kommunisten« v. 11. 9. 1977, zit. nach Johannes/Schwarz: 1978, 40.
513 Ebd., 46.
514 Mündliche Mitteilung von Hermann von Berg; siehe auch Johannes/Schwarz: 1978, 39.
515 Brief Rudolf Bahros an den Verfasser v. 28. 2. 1996.

umgekehrte Beweis der Existenz einer Sache. Es bleibt allein der Nachweis ex negativo: Es ist zu zeigen, daß alle denkbaren Alternativen falsch oder zumindest unwahrscheinlich sind. Hierfür ist der Historiker in erster Linie auf die Aussagen von Bergs angewiesen. Die einzige Möglichkeit, dessen Darlegungen zu überprüfen, besteht darin, ihre Plausibilität abzuschätzen und sie, wenn möglich, mit den Schilderungen anderer Zeitzeugen zu konfrontieren.)

Von Bergs Aussagen über seine Mitstreiter sind widersprüchlich. Zwei Jahre nach seiner Übersiedlung in die Bundesrepublik behauptete er lediglich, einige leitende Genossen aus dem »Bund« zu kennen, die ihn gebeten hätten, »für ihre ›Erklärung‹ den Weg zum *Spiegel* freizumachen«.[516] Mitglied ihres Zusammenschlusses sei er nicht gewesen. Vier Jahre nach dem Untergang der DDR schrieb von Berg dagegen, daß er seit 1972 in einem konspirativen Zirkel Honeckers Politik kritisch diskutiert habe. In demselben Beitrag bekannte er auch, den Text der Erklärung nicht nur dem *Spiegel* zugespielt, sondern selbst formuliert und Ulrich Schwarz »in die Feder« diktiert zu haben. Auch damals verriet er die Namen seiner Gesinnungsgenossen nicht.[517]

Erst im Mai 1995 nannte er der *Berliner Zeitung* »diejenigen, die sich als seine Mitstreiter verstanden«: Gerhard Weiss, ein ehemaliger Stellvertreter von Ministerpräsident Stoph, Peter-Bernd Schulz, Philosoph und Jurist an der Humboldt-Universität, Kurt Heuer, ehemals Sektionschef für Marxismus-Leninismus an derselben Universität, der Leipziger Historiker Heinz Niemann, der 1983 in die USA geflohene Philosoph Franz Loeser und ein Berliner Physiker mit Namen Wolfgang Decker. Verbindungen hatte die Gruppe von Bergs Bericht zufolge auch zu einem Oberstleutnant der Dresdner Militärakademie »Friedrich Engels«.[518] Zusammen mit diesen Vertrauten habe er die Unzulänglichkeiten des östlichen Wirtschaftssystems, den schleichenden Zerfall des Staates und die Trägheit des Funktionärsapparates diskutiert, so von Berg: »Wir versuchten, jeder in seinem Wirkungsbereich, unsere Ideen weiter zu vermitteln, um mehr Menschen zum konstruktiven Nachdenken und Verändern zu ermutigen. Uns einte die Idee eines Deutschland unter linkssozialdemokratischer Führung.«[519]

516 Siehe ebd., 136.
517 v. Berg: 1994.
518 Förster: 1995a.
519 Ebd.

Ob die genannten SED-Mitglieder darüber hinaus wirklich in einem organisierten oppositionellen »Bund« zusammengeschlossen waren und sich gemeinsam zu einer Publikation ihrer Thesen im *Spiegel* entschlossen hatten, erscheint äußerst zweifelhaft. Zum einen macht die Tatsache stutzig, daß ein »BDKD« weder vor noch nach der *Spiegel*-Veröffentlichung in irgendeiner Form von sich reden gemacht hatte. Für die Zeit bis 1990 ist diese Zurückhaltung verständlich, wenn man bedenkt, wie groß das Risiko oppositioneller Äußerungen in der DDR bis zum Schluß war und wie skeptisch die westdeutsche Öffentlichkeit insgesamt auf die *Spiegel*-Publikation reagiert hat. Unverständlich bleibt jedoch, wieso sich auch nach dem Ende der SED-Herrschaft außer Hermann von Berg niemand zu seiner Mitgliedschaft im »BDKD« bekannt hat, als ein solches Bekenntnis nicht nur gefahrlos war, sondern überdies den Lorbeer des Regimekritikers eingebracht hätte. Fast alle 30 angeblichen Mitglieder des »Bundes«, deren Namen von Berg bald nach der Veröffentlichung der Streitschrift Schwarz gegenüber erwähnte, hat dieser nach der Wende befragt. Nicht ein einziger von ihnen wollte etwas mit dem »Manifest« zu tun gehabt haben.[520]

Darüber hinaus macht die Tatsache stutzig, daß vier der sechs Personen, die von Berg der *Berliner Zeitung* im Mai 1995 als seine Mitstreiter im »BDKD« genannt hat, bereits vor dem Ende der DDR gestorben sind: Peter-Bernd Schulz hatte bereits am 5. Januar 1975 Selbstmord begangen. Gerhard Weiss starb 1986, Kurt Heuer 1987 und Loeser 1988. Einen Physiker namens Wolfgang Decker, der sich zu seiner Beteiligung am »Manifest« bekannt hätte, konnte der Verfasser trotz intensiver Suche nicht ausfindig machen.

Der sechste im Bunde, der frühere Leipziger Geschichtsprofessor Heinz Niemann, hat sich 1991 im *Deutschland Archiv* und 1994 im *Neuen Deutschland* zu seiner Beteiligung an der Entstehung des »Manifests« geäußert. Seine Aussagen sind die einzige Ergänzung zu der Schilderung von Bergs. Anders als von Berg bezeichnete Niemann den kleinen Zirkel, in dem die später in der *Spiegel*-Streitschrift publizierten Ideen diskutiert wurden, nicht als »Bund«. Er sprach statt dessen von einem »informellen Geflecht, aus dem die Informationen und alternativen Schlußfolgerungen stammten«. Damit wollte er ausdrücken, daß an eine organisierte Opposition oder Fraktionsbildung nicht zu denken war.[521] Niemann nannte die

520 Mündliche Mitteilung von Ulrich Schwarz; die Zahl von 30 angeblichen »Manifest«-Autoren tauchte erstmals im Februar 1978 auf; vgl. Berliner Morgenpost v. 7. 2. 1978.
521 Niemann: 1991, 534 (vgl. auch Leserbrief Niemanns im ND v. 18. 8. 1994, 5).

im *Spiegel* veröffentlichten Thesen »heterogene, nicht abgeschlossene Diskussionsergebnisse«, zu denen er selbst die Passagen zur Geschichte der Arbeiterbewegung, zum Eurokommunismus und zur westdeutschen Sozialdemokratie beigetragen habe.[522]

Die polemischen Formulierungen des Textes habe von Berg nicht mit ihm abgestimmt. Die Entscheidung, mit der Publikation im *Spiegel* an die Öffentlichkeit zu treten, sei ein »Alleingang von Bergs« gewesen.[523] Nach der Veröffentlichung, so Niemann, sei man sich innerhalb des Diskussionskreises nicht über alle im Papier vorgebrachten Thesen einig gewesen: »Differenzen betrafen z. B. die Gleichsetzung von Faschismus und Stalinismus, die Bewertung des sowjetisch-chinesischen Konflikts, den zeitlichen Horizont für die Überwindung der deutschen Spaltung und ihrer Formen als auch eine zu rigide Sprache, die von einigen als eine Barriere gegenüber den Adressaten in der Partei und dem Funktionärsapparat empfunden wurde.«[524]

Auch die Ausführungen Niemanns sind kritisch zu betrachten. Allzu stark wird in seinen Stellungnahmen die Absicht deutlich, in der Geschichte der SED »eine originär sozialdemokratische Traditionslinie [nachzuweisen], die sich in der Formulierung und Vertretung einer aktuellen Reformpolitik manifestiert«[525] und die heute von der PDS genutzt werden kann. Dennoch macht Niemanns Darlegung plausibel, warum sich nach der Wende niemand außer von Berg als Verfasser der Streitschrift zu erkennen gegeben hat: Ein »BDKD« hatte nie existiert.

Daß es keinen organisierten »Bund« gab, bedeutet jedoch nicht automatisch, daß die Aussagen von Bergs über den Kreis seiner Gesinnungsgenossen nicht der Wahrheit entsprechen. Die Zusammensetzung des Diskussionskreises beschrieb auch Niemann als »ganz kleine Gruppe von Parteiintellektuellen und Funktionären aus der SED«, deren Kontaktmann in der Regierung neben Gerhard Weiss der stellvertretende Außenhandelsminister Heinz Behrendt gewesen sei.[526] Auch in der Frage der Motivation des oppositionellen Grüppchens stimmten die Angaben Niemanns und von Bergs weitgehend überein. Entscheidend seien zum einen

522 Niemann: 1994, 8.
523 Mündliche Mitteilung von Heinz Nemann.
524 Niemann: 1991, 536. Niemann selbst hatte nach eigenem Bekunden an ein anderes Vorgehen gedacht: Zum X. Parteitag 1981 wollte er einen offenen Brief an die Parteiführung schreiben, um – »stärker im Parteichinesisch« – die drängenden Schwierigkeiten anzusprechen. Zu diesem Zeitpunkt, so habe er damals gehofft, müsse das Krisenbewußtsein innerhalb der SED schon stärker ausgeprägt sein (mündliche Mitteilung von Heinz Niemann).
525 Niemann: 1994, 8.
526 Mündliche Mitteilung von Heinz Niemann; vgl. auch ND v. 27. 7. 1994, 8.

die ihnen bekannten, besorgniserregenden ökonomischen Daten gewesen, »die auf eine Katastrophe in spätestens zehn bis zwölf Jahren hindeuteten«[527], und zum anderen die ungelöste nationale Frage, die »am Ende auf den Anschluß des kleineren, ökonomisch abhängigen deutschen Staates [...] hinauslaufen würde«.[528]

Nimmt man all dies zusammen, so erscheint es als möglich, daß von Berg gemeinsam mit Kollegen und mit einzelnen hochrangigen Wirtschaftsfunktionären Honeckers Politik kritisch betrachtete, im vertrauten Kreis mögliche Alternativen diskutierte, diese vielleicht sogar schriftlich ausarbeitete. Daß dieses Grüppchen kritischer Geister sich jedoch zu einer regelrechten oppositionellen Vereinigung, einem »Bund« zusammengetan und gemeinsam den Schritt an die Öffentlichkeit beschlossen haben soll, ist unwahrscheinlich.

Vermutungen über Hermann von Bergs Motive

Da von Berg die Entscheidung, die im kleinen Kreis diskutierten Thesen im *Spiegel* zu publizieren, offensichtlich nicht mit seinen Gesinnungsgenossen abgesprochen hat, bleibt die Frage, was ihn dazu bewog, im Dezember 1977 den riskanten Schritt zu wagen. Wahrscheinlich kamen hier politische und persönliche Motive zusammen. Zu von Bergs Bedenken gegenüber Honeckers wirtschaftspolitischem Kurs, zu der Enttäuschung über die drastische Verschlechterung des geistig-kulturellen Klimas nach Biermanns Ausbürgerung und der Verhaftung Bahros trat die Ablehnung der Kurskorrektur in der nationalen Frage, die Honecker seit 1971 schrittweise vollzog.[529]

Zusätzlich hatte von Berg persönliche Gründe, mit der Politik der SED seit 1971/1972 unzufrieden zu sein. Die Ablösung Ulbrichts durch Honecker hatte das Ende seiner Schlüsselposition in den deutsch-deutschen Beziehungen bedeutet. Hatte er Anfang der siebziger Jahre westdeutschen Gesprächspartnern noch anvertraut, die Stellung eines Staatssekretärs entspreche in etwa seiner wirklichen politischen Bedeutung[530], so war er wenig später *ein* Wissenschaftler unter vielen geworden, der ne-

527 Niemann: 1994, 8. Vgl. auch von Bergs Aussage gegenüber der BZ (Förster: 1995a).
528 Niemann: 1994, 8.
529 Als er 1985 seinen Austritt aus der SED erklärte, begründete von Berg den Bruch unter anderem mit Honeckers Politik in der nationalen Frage (siehe Begründung Parteiaustritt v. 5. 8. 1985, in: Privatarchiv von Berg).
530 Mündliche Mitteilung von Ulrich Schwarz.

benher westdeutsche Journalisten bespitzeln sollte. Einen Mann wie von Berg, der »von Politik besessen« war, wie ein Kollege urteilte[531], befriedigte wissenschaftliche Arbeit allein auf die Dauer nicht. Ebensowenig konnte sein Stolz verwinden, daß er vom mit höchsten Vollmachten versehenen Unterhändler zum einfachen Spitzel degradiert worden war. Von Bergs Verbindungsoffiziere in der HV A ahnten dessen Unzufriedenheit. In einer »Einschätzung« vom November 1977 notierten sie: »Im Umgang mit den westlichen Partnern litt der IM [...] unter seiner ›fiktiven Stellung‹. Er verhandelte mit hochgestellten Persönlichkeiten, wurde in politischen Vorgängen gefordert, deren Einzelheiten er nicht beherrschte und damit der Erwartungshaltung der Gegenseite keineswegs entsprach [sic!].«[532]

Um so härter mußte es den hochintelligenten, aber auch »egozentrischen« und »geltungssüchtigen« Professor[533] treffen, daß er – kaum war ihm mit der Vorbereitung der EG/RGW-Verhandlungen die Rückkehr in eine politisch bedeutungsvollere Position gelungen – im April 1977 erneut zurückgestellt wurde. Das Scheitern des geplanten Aufenthaltes in Brüssel mag in ihm den Entschluß ausgelöst haben, die Politik Honeckers von nun an aktiv zu stören. Markus Wolf könnte mit seiner Vermutung durchaus recht haben, daß von Berg die Streitschrift auch als »Kompensation für den Verlust der großen Rolle« verfaßt habe.[534]

Ebenso wichtig dürfte jedoch der häufige Umgang mit westdeutschen Journalisten und Politikern gewesen sein, welche die politischen Ansichten von Bergs beeinflußt haben. Wie viele, die dem MfS zuarbeiteten, war er Bürger zweier gegensätzlicher Welten[535]: auf der einen Seite die Welt der westdeutschen DDR-Korrespondenten und auf der anderen die der SED und des MfS. Während die westdeutschen Journalisten von Berg als intelligenten, schlagfertigen Gesprächspartner schätzten, fühlte er sich von Partei und MfS zunehmend unter Wert gehandelt und zurück-

531 Zit. nach Merseburger: 1988, 156.

532 HV A Abt. X: Einschätzende Bemerkungen zum Vorgang ›Günther‹« (18. 11. 1977), in: BStU, ZA, MfS GH 25/87, Bd. 1, 8–17 (12); vgl. auch HA IX/5: Bericht (7. 2. 1978), in: BStU, ZA, MfS GH, 65/88.

533 So jedenfalls die Charakterisierungen in der MfS-Personalakte über von Berg, die mit den Beschreibungen seiner westdeutschen Bekannten weitgehend übereinstimmen. Vgl. BStU, ZA, MfS GH 65/88, passim; mündliche Mitteilungen von Markus Wolf, Herbert Brehmer, Manfred Rexin, Ulrich Schwarz.

534 Mündliche Mitteilung von Markus Wolf.

535 Als ein Beispiel dafür, daß diese Konstellation manchen IM bis an den Rand der Schizophrenie – oder gar darüber hinaus – getrieben hat, sei hier auf Birgit Lahanns vorzügliche Biographie Ibrahim Böhmes, des ehemaligen Spitzenkandidaten der Ost-SPD, hingewiesen; Lahann: 1994.

gesetzt. Während er gegenüber westdeutschen Journalisten aus seiner Einschätzung der von Honecker verfolgten Politik keinen Hehl zu machen brauchte[536], mußte er sich in seinen Berichten an die SED und das MfS immer stärker verbiegen und verleugnen.

Er habe sich seit langem gefragt, wie von Berg diese »heimliche Zerreißprobe zwischen dem, was er offiziell tat, und dem, was er insgeheim dachte, auf die Dauer aushielt«, berichtete Manfred Rexin.[537] Zunächst habe ihm sicherlich der Glaube geholfen, daß wenn nicht die sozialistische Praxis, so doch die marxistischen Prinzipien dem Westen überlegen seien. 1976 oder 1977, jedenfalls vor der Veröffentlichung des »Manifests«, habe von Berg diese Überzeugung jedoch verloren, so Rexin. Damals habe dieser zu ihm gesagt, mit dem Marxismus »bin ich eigentlich fertig«.[538] Mit der Formulierung der Streitschrift, so vermutete Rexin, habe von Berg versucht, die ständige Zerrissenheit durch einen spektakulären Schritt zu beenden.

Schon 1964 hat Jänicke eine idealtypische Ursache für die Entstehung oppositioneller Haltungen in der SED ganz ähnlich beschrieben als »Rollenkonflikte derjenigen [...] Kader, denen die Parteidisziplin gebietet, gegen die Interessen ihrer ›Kollegen‹ zu handeln«.[539] Nach dem skizzierten Gesinnungswandel von Bergs scheint es gut möglich, daß dieser die westdeutschen Journalisten tatsächlich in zunehmendem Maße als seine »Kollegen« betrachtet hat, gegen deren Interessen er mit seinen Berichten an die Partei und die HV A verstieß. Die Situation, der sich von Berg durch die verschärfte Pressepolitik der SED Ende 1977 gegenübersah, ähnelt jedenfalls der von Jänicke beschriebenen Konfliktkonstellation bis aufs Haar: »Auch hier wächst die Spannung und die Neigung, eine Mittelstellung einzunehmen oder gar aktiv auf eine gemäßigtere Politik hinzuwirken, tendenziell mit der Verschärfung der Auseinandersetzung. Zugleich richtet sich das aus derartigen Spannungssituationen entspringende Unbehagen typischerweise auch gegen die Urheber unzweckmäßiger und konfliktschaffender Maßnahmen und die Herrschaftsprinzipien und Machttechniken, mit denen sie ihren Willen [...] durchsetzen.«[540]

536 Viele seiner westlichen Gesprächspartner bezeugen, daß er dies auch nicht tat (mündliche Mitteilungen von Ulrich Schwarz und Manfred Rexin).
537 Mündliche Mitteilung von Manfred Rexin.
538 Mündliche Mitteilung von Manfred Rexin.
539 Jänicke: 1964, 11.
540 Ebd.

Drahtzieher im Hintergrund?

Selbstverständlich läßt diese Deutung der Ereignisse Fragen offen. Von Berg waren die Überwachungsmaßnahmen, die das MfS gegen ihn eingeleitet hatte, nicht verborgen geblieben. Er konnte deswegen nicht darauf hoffen, daß sein Tun folgenlos bleiben würde. Der Autor des »Manifests« habe nach DDR-Strafrecht »Hochverrat« begangen, urteilte damals etwa ein Gutachter des Ministeriums für innerdeutsche Beziehungen.[541] »Lebenslänglich Bautzen« habe von Berg riskiert, bestätigte auch Markus Wolf nach der Wende.[542] Kannte von Berg die Machtverhältnisse in der DDR nicht gut genug, um zu wissen, daß die verzweifelte Tat eines einzelnen außer dessen Inhaftierung nichts bewirken würde? War er trotz allem nicht doch »ein typischer Funktionär«, wie Schwarz im Rückblick meint, und »kein Kamikaze«, der seine gesicherte Existenz und das Wohlergehen seiner Familie leichtfertig aufs Spiel setzte?[543]

Wer derartige Überlegungen anstellt, wirft unweigerlich die Frage auf, ob die Attacke auf Honecker nicht von einflußreicher Seite unterstützt wurde. Da von Berg sowohl zum Regierungsapparat Willi Stophs als auch zu Markus Wolfs HV A Beziehungen unterhielt, sind gleich zwei mögliche Hintermänner denkbar. Während es für eine Beteiligung Stophs bislang keine deutlichen Hinweise gibt, legen Berichte ehemaliger HV A-Offiziere den Verdacht nahe, daß die HV A an der Entstehung des »Manifests« beteiligt gewesen sein könnte. Zwei Mitarbeiter der HV A-Abteilung X, die von Bergs Berichte verwaltete, deuteten nach der Wende an, »daß bestimmte Hardliner im MfS ein Interesse an einer solchen Veröffentlichung hatten«.[544] Sie berichteten außerdem, daß Mielke nach der Verhaftung von Bergs interne Untersuchungen gegen die HV A eingeleitet habe.[545]

Markus Wolf war jedoch – wie auch Willi Stoph – ein durch und durch kommunistischer Funktionär. Es ist unwahrscheinlich, daß er aus eigenem Antrieb und ohne Rückendeckung aus Moskau gehandelt hätte. Wenn von Berg seinen Text dem *Spiegel* wirklich im Auftrag Wolfs zugespielt haben sollte, wären die wirklichen Drahtzieher daher mit großer

541 So Dettmar Cramer in einem Schreiben an Hermann von Berg v. 14. 1. 1991; in: Privatarchiv von Berg.
542 Mündliche Mitteilung von Ulrich Schwarz.
543 Mündliche Mitteilung von Ulrich Schwarz.
544 Bohnsack/Brehmer: 1992, 183.
545 Ebd., 182f.

Wahrscheinlichkeit in Moskau zu suchen.[546] Freilich erscheint die Annahme, daß der HV A-Chef mit Unterstützung der Sowjetunion Honeckers Sturz betrieb, äußerst zweifelhaft. Erstens bestreitet Wolf heute, an der Entstehung des »Manifests« beteiligt gewesen zu sein oder nur von ihr gewußt zu haben.[547] Zweitens betont die MfS-Forschung zu Recht die strukturelle Verflechtung von »Abwehr« und »Aufklärung«. Eine strikte Trennung der Arbeit nach außen und nach innen gab es im MfS nicht.[548] Es ist daher wenig wahrscheinlich, daß die HV A ohne Wissen und gegen den Willen Mielkes gehandelt haben soll. Drittens weist die DDR-Forschung mit guten Gründen darauf hin, das MfS – und auch die HV A – sei kein Staat im Staate gewesen, sondern habe sich als »Schild und Schwert der Partei« verstanden.[549] Daß sich die HV A mit der Lancierung des »Manifests« gegen den SED-Chef gestellt haben soll, ist vor diesem Hintergrund nahezu ausgeschlossen. Viertens schließlich darf man bezweifeln, ob die sowjetische Führung unter Leonid Breschnew versucht hätte, einen unliebsamen SED-Chef mit Hilfe eines Papiers zu stürzen, das eine Fülle von nationalistischen und antisowjetischen Analysen enthielt. Gerade weil sie die innere Entwicklung der DDR unter Honecker kritisch einschätzte, mußte sie sich hüten, selbst zur Destabilisierung beizutragen.[550]

Denkbar erscheint noch eine andere Variante. Könnte von Berg mit sowjetischen Befürwortern einer deutschen Wiedervereinigung in Verbindung gestanden haben, die ein wirtschaftlich starkes und neutralisiertes Gesamtdeutschland einer maroden DDR vorzogen? Könnten diese Kreise in der schweren Erkrankung des sowjetischen Staats- und Parteichefs im Winter 1977/78 das Ende der Breschnew-Ära erblickt und eine außenpolitische Wende der UdSSR für möglich gehalten haben? Könnte das »Manifest« als Testballon gedacht gewesen sein, wie die Deutschen in Ost und West auf ein derartiges Wiedervereinigungsangebot reagieren würden?

Ohne Zweifel stand Hermann von Berg mit Wjatscheslaw Daschitschew in Kontakt, dem Abteilungsleiter für Internationale Beziehungen am Moskauer Institut für die Wirtschaft des Sozialistischen Weltsystems.[551] Der westdeutsche Journalist Dettmar Cramer hatte die beiden

546 Diese Vermutung äußerte auch Spittmann im DLF (3. 1. 1978), in: Johannes/Schwarz: 1978, 163–164; ebenso Leonhard im DLF (11. 1. 1978), in: ebd., 167; Stern v. 9. 2. 1978, 101.
547 Mündliche Mitteilung von Markus Wolf. Vgl. auch Förster: 1995b.
548 Vgl. Siebenmorgen: 1993, 166; Fricke: 1994a, 1203.
549 Siehe etwa Siebenmorgen: 1993, 166; Fricke: 1994, 1203.
550 Ähnlich argumentieren Oldenburg: 1978; Cramer im Kölner Stadtanzeiger v. 13. 1. 1978; abgedruckt in: Johannes/Schwarz: 1978, 244.
551 Mündliche Mitteilung von Hermann von Berg.

miteinander bekannt gemacht.[552] Daschitschew war einer jener »gesamtdeutschen Russen«, die glaubten, der Status quo in Mitteleuropa widerspreche den sowjetischen Interessen. »Es wäre falsch, die Wiedervereinigung und die Neutralisierung Deutschlands nur als Preisgabe von Positionen des Sozialismus in der DDR zu betrachten«, schrieb er 1987 in einem Gutachten. Vielmehr könne die »Variante des geeinten neutralen Deutschlands [..] vom Standpunkt der nationalen Interessen der Sowjetunion als insgesamt sehr vorteilhaft betrachtet werden.«[553] Nach dem Untergang der UdSSR behauptete Daschitschew, er habe schon seit Mitte der siebziger Jahre versucht, »den gefährlichen antinationalen Charakter der sowjetischen Außenpolitik den politischen Kreisen in Moskau in vertraulichen Denkschriften und Gutachten allmählich klarzumachen und einen Wandel in dieser Politik herbeizuführen«.[554]

Das Konzept des sowjetischen Wissenschaftlers ähnelt den deutschlandpolitischen Passagen des »Manifests« auf verblüffende Weise. Doch wirft die These, von Berg habe mit gesamtdeutsch orientierten Kreisen in der UdSSR Verbindung gehalten, mehr Fragen auf als sie beantwortet. Wie stark war die gesamtdeutsche Fraktion in der UdSSR zu dieser Zeit? Bestand sie nur aus wenig einflußlosen Wissenschaftlern wie Daschitschew? Oder gab es Verbindungen zur Partei- und Staatsspitze? Wer waren die Vertrauensleute dieser Gruppe in der DDR? Bestanden neben den Kontakten mit von Berg auch Verbindungen zu wirklichen Spitzenfunktionären?

Es kann nicht Aufgabe der vorliegenden Studie sein, auf diese hypothetischen Fragen befriedigende Antworten zu geben. Solange keine Belege aus sowjetischen Archiven auftauchen, müssen alle Überlegungen in dieser Richtung reine Spekulation bleiben. Fest steht nur so viel: Falls Hermann von Berg die Veröffentlichung des »Manifests« tatsächlich mit gesamtdeutsch orientierten Kreisen in der Sowjetunion abgesprochen hat, haben er und seine Gesinnungsgenossen die Situation falsch eingeschätzt. Leonid Breschnew erholte sich wieder und hielt für fünf weitere Jahre die Herrschaft in der UdSSR in der Hand. Weder in Bonn noch in Moskau oder Ost-Berlin fand der Wiedervereinigungsvorschlag des »Manifests« Beifall. Die *Spiegel*-Streitschrift brachte keine Wende in der sowjetischen Außenpolitik. Sie wurde nicht zum Beginn der Wiedervereinigung des deutschen Volkes, sondern zum Endpunkt SED-interner Opposition in der DDR.

552 Mündliche Mitteilung von Dettmar Cramer.
553 Zit. nach Daschitschew: 1994, 46.
554 Ebd., 37.

Das »Manifest« in der Geschichte der DDR-Opposition

Das Aufbegehren der Funktionäre

Zwei spezifische Ausprägungen parteiinterner Opposition[555] lassen sich in der Geschichte der SED unterscheiden: erstens die Auflehnung hochrangiger Funktionäre gegen die SED-Chefs Ulbricht und Honecker; zweitens der Protest reformkommunistischer Intellektueller gegen die Politik der Parteiführung.

Im »Manifest« fließen diese beiden Strömungen zusammen – und versiegen. Inhalt, Entstehungsbedingungen und Ziele der *Spiegel*-Streitschrift weisen noch einmal signifikante Parallelen zu beiden Traditionslinien auf, während die immer breiter werdende Oppositionsströmung der achtziger Jahre ganz andere Wurzeln, Ausdrucksformen und Ziele hatte. Innerparteiliche Resistenz spielte in ihr bis zur Absetzung Honeckers keine Rolle mehr.

Für die erste Form innerparteilicher Opposition stehen Namen wie Rudolf Herrnstadt, Wilhelm Zaisser, Karl Schirdewan, Ernst Wollweber, Gerhart Ziller und Fritz Selbmann. Auch die Ablösung Walter Ulbrichts durch Erich Honecker im Mai 1971 gehört hierher. Diesen Spitzenfunktionären ist gemeinsam, daß sie durch eine Mischung aus persönlichem Ehrgeiz und inhaltlichem Widerspruch in Gegensatz zum ersten Mann der Partei gerieten und seine Ablösung, wenigstens aber seine Einbindung in ein »Führungskollektiv« betrieben.[556] Für die Einstellung der meisten oppositionellen Spitzenkader dürfte symptomatisch gewesen sein, was Wilhelm Zaisser 1945 zu Hanna Wolf, der späteren Rektorin

555 Weil die SED die bürgerliche Gegenwehr in den Blockparteien CDU und LDP und den Widerstand ehemaliger Sozialdemokraten in den eigenen Reihen Anfang der fünfziger Jahre erfolgreich ausgeschaltet hatte (vgl. für viele Weber: 1991, 27f.), bestimmte die innerkommunistische Opposition fast drei Jahrzehnte lang die Geschichte der Opposition in der DDR überhaupt. Es scheint dem Verf. daher unzulässig, die als »SED-Reformer« bezeichneten kommunistischen Oppositionellen gänzlich aus der Geschichte von Opposition und Widerstand in der DDR auszuklammern, auch wenn sie die Macht der Partei häufig »nur mit veränderten Konzeptionen und oft auch nur in personell anderer Zusammensetzung stabilisieren wollten« (so jedoch Poppe u. a.: 1995, 17f.; in dieser Hinsicht treffender Otto: 1994; in diesem Sinne auch schon Fricke: 1984).

556 Vgl. Herrnstadt: 1990; Müller-Enbergs: 1991; Schirdewan: 1994

der Parteihochschule »Karl Marx«, über seine Haltung zu Ulbricht und dessen Leuten sagte: »Laß mal, sie werden abwirtschaften, und dann komme ich.«[557]

Unter den Spitzenkadern wurde stets dann Widerspruch laut, wenn sich der SED-Chef außen- wie innenpolitisch in einer Krise befand. Darin ähneln die gescheiterten Bestrebungen Zaissers, Herrnstadts und der Gruppe um Schirdewan dem »Manifest der Opposition« von 1978. Zudem hatten die kritischen Situationen, denen sich Ulbricht 1953 und während der Tauwetter-Periode der Jahre 1956/57 gegenübersah, zum Teil ganz ähnliche Ursachen wie die Krise, mit der sein Nachfolger seit 1975 fertig werden mußte. Erstens ging ihnen jeweils eine außenpolitische Kurskorrektur der Sowjetunion voraus, auf die sich der SED-Chef nur schwer einstellen konnte. Zweitens distanzierte sich die KPdSU im Zusammenhang mit dieser Umorientierung jedesmal deutlich von ihrem ostdeutschen Statthalter. Drittens befand sich die UdSSR 1953, 1956/57 und seit 1975 jeweils in schweren Führungskrisen, die in der DDR die Hoffnung auf eine Änderung der sowjetischen Politik nährten. Und viertens schließlich wies die innere Lage in der DDR 1953 und 1956/57 deutliche Parallelen mit der zweiten Hälfte der siebziger Jahre auf.

Die Reihe der außenpolitischen Kurswechsel der UdSSR, welche die SED-Spitze verunsicherten, begann mit Stalins Tod im März 1953. Damals schien der von Moskau oktroyierte »Neue Kurs« zunächst die Rückkehr zu einer stärker gesamtdeutsch orientierten sowjetischen Deutschlandpolitik zu bedeuten, die Ulbricht nicht behagte. Rudolf Herrnstadt, in dessen Denken die nationale Frage »seit ehedem [...] von besonderer Bedeutung« gewesen war[558], durfte sich als der Mann der Stunde fühlen.

Der Distanzierung Schirdewans und seiner Mitstreiter von Ulbricht ging ebenfalls ein Kurswechsel in der sowjetischen Außenpolitik voran. Denn der Übergang von der Konfrontations- zur Koexistenzpolitik, den Chruschtschow im Februar 1956 auf dem XX. Parteitag der KPdSU verkündete, zwang die DDR – wiederum gegen Ulbrichts Willen – zur Kooperation mit Bonn. Erneut schienen stärker gesamtdeutsch orientierte Funktionäre im Aufwind zu sein. In seinen Erinnerungen betont Schirdewan zwar, auch für ihn habe der »Aufbau einer neuen Gesellschaftsordnung« in der DDR Priorität genossen. Anders als Ulbricht sei er je-

557 Zit. nach Müller-Enbergs: 1991, 116.
558 Müller-Enbergs: 1991, 145.

doch der Ansicht gewesen, »die Frage der Wiedervereinigung Deutschlands sollte [...] parallel vorangetrieben werden«.[559]

Auch 1969 änderte die Sowjetunion ihren außenpolitischen Kurs. Leonid Breschnew begann die Entspannungspolitik und nahm Verhandlungen mit der Bundesregierung auf.[560] Erneut zeitigten die Moskauer Entscheidungen Folgen in Ost-Berlin. Da die KPdSU von dem Grundsatz abrückte, ohne die vorherige Anerkennung der DDR durch die Bundesrepublik werde es keine deutsch-sowjetischen Verhandlungen geben, konnte die SED nicht lange nachstehen. Walter Ulbricht, der sich konstruktiven deutsch-deutschen Gesprächen immer noch verweigerte, hatte sich verrechnet: »gegen Moskau *und* Bonn kam er nicht an«.[561] Dadurch kam Erich Honecker zum Zuge.

Das vorläufige Ende des sowjetischen Engagements in der Entspannungspolitik im Jahr 1975 stellte wiederum Erich Honecker vor vergleichbare Probleme, da der sein politisches Schicksal mit der Détente verknüpft hatte. Wenn sich der SED-Generalsekretär jedoch den sowjetischen Vorgaben allzu offenkundig verweigerte, mußte er das gleiche Schicksal fürchten, das er selbst seinem Vorgänger bereitet hatte.

Hand in Hand mit den außenpolitischen Kurswechseln Moskaus ging in der Regel eine für die Führungskader unübersehbare Desavouierung des SED-Chefs. Gleichzeitig stärkte die sowjetische Führung dem jeweiligen zweiten Mann der SED den Rücken. So gab die KPdSU im Frühjahr 1953 mit der Verkündung des »Neuen Kurses« unmißverständlich zu verstehen, daß sie den von Ulbricht ins Werk gesetzten »Aufbau des Sozialismus« für übereilt halte. In ihrem Maßnahmenkatalog »zur Gesundung der politischen Lage in der Deutschen Demokratischen Republik« stellte die Partei fest: »Infolge der Durchführung einer fehlerhaften politischen Linie« sei in der DDR »eine äußerst unbefriedigende politische und wirtschaftliche Lage entstanden.«[562] In den Augen der Sowjets hatte Walter Ulbricht die falsche Politik zu verantworten. Moskau erwartete von seinem ostdeutschen Statthalter ein rückhaltloses Schuldbekenntnis. Als dessen Selbstkritik halbherzig blieb, wurde Rudolf Herrnstadt nach Karlshorst zitiert. Dort gab ihm der damalige Chef der sowjetischen Diplomatischen Mission bei der Regierung der DDR, Iljitschow, zu verstehen: »Sie und Zaisser nehmen ein paar Genossen aus dem Politbüro zu-

559 Schirdewan: 1994, 75.
560 Siehe hierzu Bender: 1995, 155–161.
561 Bender: 1995, 195.
562 Stöckigt: 1990, 651.

sammen [...], gehen gemeinsam zu Ulbricht oder bitten ihn zu sich und sprechen mit ihm [...]. Er ist doch ein erfahrener Mann, sicher versteht er das. Na, und wenn er nicht verstehen will – dann berichten Sie uns, und wir werden tätig werden.«[563]

1956 stellten Chruschtschows Enthüllungen über die Fehler und Verbrechen Stalins auf dem XX. Parteitag der KPdSU wiederum den SED-Chef bloß, der als treuer Gefolgsmann Stalins bekannt war. Als Ulbricht in den folgenden Wochen die Entstalinisierung der DDR hintertrieb, machte der sowjetische Parteichef aus seinem Ärger keinen Hehl. Zu Karl Schirdewan sagte er, »daß er nicht verstehe, warum sich Walter Ulbricht durch seine starre Haltung hinsichtlich der Auswertung des XX. Parteitages so große Schwierigkeiten anhäufe«. Die Angelegenheiten der KPdSU solle er dieser selbst überlassen und sich doch endlich den vor der SED und der DDR stehenden Problemen zuwenden. Schirdewan begriff: »Das war eine harte Kritik an der Haltung Walter Ulbrichts.«[564]

Ende der sechziger Jahre lagen die Dinge ähnlich. Die Aufnahme offizieller Verhandlungen zwischen Moskau und Bonn war eine Blamage für den SED-Chef, hatte er doch stets darauf bestanden, vor der völkerrechtlichen Anerkennung der DDR jedes Gespräch mit der Bundesregierung zu verweigern. Als Ulbricht sich hartnäckig der neuen Westpolitik der KPdSU verweigerte, rückte Leonid Breschnew in einer vertraulichen Aussprache mit Honecker auf der Krim unmißverständlich von seinem ostdeutschen Statthalter ab: »Du kannst mir glauben, Erich, die Lage, wie sie sich bei euch so unerwartet entwickelt hat, hat mich tief beunruhigt. Die Dinge sind jetzt schon nicht mehr eure eigene Angelegenheit.« Die Sowjetunion werde sich nicht daran hindern lassen, ihre Siegesbeute des Zweiten Weltkriegs endlich völkerrechtlich festschreiben zu lassen. »Auf irgendwelche Schritte von Walter, die die Einheit des PB (Politbüros), die Einheit der SED betreffen, werden wir von uns aus entsprechend reagieren. [...] es wird ihm auch nicht möglich sein, an uns vorbei zu regieren [...]. Wir haben doch Truppen bei ihnen [sic!].«[565]

Sechs Jahre später war Honecker in eine ähnliche Situation geraten wie Walter Ulbricht. Die seit 1975 stetig wachsende Skepsis, mit der man in Moskau die deutsch-deutschen Beziehungen und die Wirtschaftspolitik der DDR betrachtete, verriet nichts Gutes. Das Erscheinen des »Manifests« im *Spiegel* ließ bei dem Generalsekretär daher alle Alarmglocken

563 Herrnstadt: 1990, 79.
564 Schirdewan: 1994, 83.
565 Zit. nach Przybylski: 1991, 280f.

schrillen: Machte sich die KPdSU wieder daran, ihren Paladin in Ost-Berlin auszutauschen?

Diese Frage mußte Honecker um so bedrohlicher erscheinen, als die Machtverhältnisse in der UdSSR um die Jahreswende 1977/1978 unklar waren. Wie krank war Breschnew? Würde er die Staatsgeschäfte noch einmal aufnehmen können? Wer würde nach dem Tod des Parteichefs sein Nachfolger werden? Etwa KGB-Chef Andropow, von dem eine Änderung der sowjetischen Deutschlandpolitik zu erwarten war?[566] Die ungeklärte Machtfrage in Moskau ist eine weitere Linie, welche die Ereignisse des Januars 1978 mit dem Frühjahr 1953 und der Tauwetterperiode 1956/1957 verbindet.

Denn nach dem Tod Stalins war ebenfalls unsicher, wer zum neuen starken Mann in der Sowjetunion avancieren würde. Die drei mächtigsten Männer an der Spitze von Staat und Partei, Lawrentij Berija, Georgij Malenkow und Nikita Chruschtschow, belauerten einander mißtrauisch. Zwar läßt sich bis heute nicht mit Gewißheit sagen, ob Berija im Frühjahr 1953 eine weitergehende Entspannungspolitik verfocht als seine Rivalen in der Parteispitze.[567] Auch direkte Instruktionen an Wilhelm Zaisser und Rudolf Herrnstadt sind bislang nicht zu belegen. Unabhängig davon liegt es jedoch nahe, daß Staatssicherheitsminister Zaisser und Herrnstadt als langjähriger Agent des sowjetischen Geheimdienstes im Moskauer Machtkampf auf den Sieg Berijas hofften, der Chef des sowjetischen Sicherheitsdienstes war.[568] Trifft dies zu, dann zeigte sich nach der Entmachtung Berijas Ende Juni und dem Aufstieg Chruschtschows zum Ersten Sekretär im September 1953, daß Ulbrichts Widersacher auf das falsche Pferd gesetzt hatten.

Die Fraktionskämpfe, die im Februar 1957 zwischen Chruschtschow auf der einen und Malenkow, Molotow, Kaganowitsch auf der anderen Seite ausgebrochen waren, schufen eine ähnliche Situation. Bis zum Juni-Plenum des sowjetischen Zentralkomitees war der Machtkampf in der KPdSU nicht entschieden – weder Ulbricht noch seine innerparteilichen Kontrahenten um Schirdewan und Wollweber konnten sicher sein, welche Seite sich durchsetzen würde. Erst als am 4. Juli 1957 der Ausschluß der »parteifeindlichen Gruppe« Malenkow, Molotow und Kaganowitsch bekannt gegeben wurde, wußte man in Ost-Berlin, aus welcher Richtung

566 Vgl. hierzu Keworkow: 1995; siehe auch Meissner: 1988, 52f.
567 So etwa Leonhard: 1959, 109–112; skeptisch dagegen Wettig: 1992.
568 So auch Fricke: 1984, 111f.

der Wind in Zukunft wehen würde.[569] Und wieder verstand es Ulbricht, seine Segel schneller zu setzen als seine Gegner.

Nicht nur in der auswärtigen Politik, auch im Hinblick auf die inneren Schwierigkeiten rief die Lage, in der sich die DDR Ende 1977 befand, Erinnerungen an die Jahre 1953 und 1956/57 wach. Jeweils spitzte sich die ökonomische Misere zu, die Flucht- bzw. Ausreisewelle schwoll an, die Unruhe in der Bevölkerung wuchs. So hatte im Frühjahr 1953 der forcierte »Aufbau des Sozialismus«, der auf der II. Parteikonferenz der SED im Juli 1952 beschlossen worden war, das Land an den Rand des wirtschaftlichen Zusammenbruchs getrieben. Der oktroyierte Auf- und Ausbau der Schwerindustrie war ein gigantisches Zuschußprojekt; wegen der Kollektivierung der Landwirtschaft wurden die Lebensmittel immer knapper; zudem strapazierte der ebenfalls angeordnete Aufbau bewaffneter Streitkräfte die Staatsfinanzen.[570] Die Löhne sanken und mit ihnen der Lebensstandard. Immer mehr Menschen entschlossen sich daher, das Land zu verlassen. Allein im März 1953 waren es mehr als 58.000.[571] Der aufgestaute Unmut der Zurückbleibenden entlud sich explosionsartig im Aufstand des 17. Juni.

Nachdem die Zahl der Flüchtlinge 1954 in Erwartung einer Liberalisierung der DDR zurückgegangen war, stieg sie in den folgenden Jahren wieder drastisch an.[572] Die Bevölkerung glaubte nicht mehr an die Erfüllung ihrer Hoffnung, seit die SED-Spitze den »Neuen Kurs« praktisch zurückgenommen hatte und die von der UdSSR ausgehende Entstalinisierung hintertrieb. Die Bevölkerung lastete die starre Haltung der Partei nicht zu Unrecht in erster Linie dem SED-Chef an. Im Frühjahr 1956 »wurden in stärkerem Maße Diskussionen bekannt, die eine offene Hetze gegen den Genossen Walter Ulbricht enthielten«, hieß es in einem Bericht des MfS.[573] Außerdem häuften sich seit Anfang 1956 wieder die Versorgungsschwierigkeiten nach einem langen und kalten Winter. Die Kohlen wurden knapp, die Züge fuhren unpünktlich, der Strom wurde häufig abgeschaltet.[574]

Hinzu kam, daß der Unmut der Bevölkerung 1956 wie auch in den Jahren nach 1975 durch Protestbewegungen in anderen Ostblockstaaten geschürt wurde. In den siebziger Jahren zeitigten die Charta 77 in der

569 Siehe Leonhard: 1959, 348–359.
570 Vgl. hierzu etwa Fricke: 1982, 5–9.
571 DDR-Handbuch: 1985, 419.
572 Ebd.
573 Zitiert nach Mitter/Wolle: 1993, 210. Siehe auch v. Flocken/Scholz: 1994, 179f.
574 Mitter/Wolle: 1993, 186.

Tschechoslowakei und die Anfänge der polnischen Oppositionsbewegung Folgen in Ostdeutschland; 1956 waren es der Arbeiteraufstand in Poznan Ende Juni und die Erhebung der Ungarn im Oktober. Wegen der Lehren, welche die SED aus der gefährlichen Entwicklung ziehen sollte, geriet Ulbricht zum erstenmal mit Staatssicherheitsminister Wollweber in Konflikt. Dieser hatte den Herbst 1956 selbst in Polen verbracht und hielt nichts von Ulbrichts Devise des *business as usual*.[575] Zunächst schien ihm die Entwicklung recht zu geben. Am 30. Oktober streikten dreißig junge Arbeiter in Magdeburg aus Solidarität mit den revoltierenden Ungarn.[576] Und einen Tischlermeister aus dem Vogtland zitierte die Staatssicherheit mit den Worten: »In Polen und Ungarn tut sich was, bei uns fehlt nur noch der Anstoß.«[577] Dieser Anstoß blieb jedoch aus – ein zweiter 17. Juni fand nicht statt.[578]

Nicht nur die äußeren Umstände seiner Entstehung verbinden das »Manifest« mit den gescheiterten Bestrebungen von 1953 und 1956/57. Ebenfalls charakteristisch ist die Tatsache, daß die aufbegehrenden SED-Funktionäre stets durch Insiderwissen zu ihren oppostionellen Ansichten gelangten. So wie Hermann von Berg, den seine Kenntnis der maroden wirtschaftlichen Lage der DDR in der Gegnerschaft zu Honeckers Politik bestärkte,[579] erging es vordem auch anderen Parteifunktionären: Wilhelm Zaisser wußte als Chef der Staatssicherheit so genau über die Mißstimmung in der Bevölkerung bescheid wie niemand sonst. Herrnstadt erfuhr als Chefredakteur des *Neuen Deutschland* und über seine guten Drähte in die Sowjetunion ebenfalls vieles, was anderen Genossen, Nicht-Parteimitgliedern erst recht, unbekannt war.

In der Tauwetterperiode nach dem XX. Parteitag konnte Karl Schirdewan als Kaderchef der Partei besser als jeder andere das Ausmaß der Orientierungslosigkeit und Verunsicherung einschätzen, das die SED ergriffen hatte. Mit Ernst Wollweber gehörte auch damals wieder der gut informierte Minister für Staatssicherheit zu denjenigen, die gegen den Parteichef opponierten.[580] Und Gerhart Ziller, ein weiterer Gesinnungsgenosse Schirdewans, wußte als Wirtschaftssekretär des ZK so gut wie kein zweiter, daß es um die Ökonomie des Landes immer noch nicht ro-

575 v. Flocken/Scholz: 1994, 172–174.
576 Ebd., 249.
577 Zit. nach Mitter/Wolle: 1993, 256.
578 Vgl. hierzu die Überlegungen von Mitter/Wolle: 1993, 294.
579 Diesen Aspekt betont besonders Klein, Thomas: Reform von oben. Opposition in der SED, in: Poppe u. a.: 1995, 136.
580 Vgl. v. Flocken/Scholz: 1994, 179f.

sig bestellt war.[581] In seinem Falle bestätigt sich die Ansicht Fritz Schenks, der 1960 schrieb: »Immer wieder werden diejenigen Rebellen werden, auf deren Arbeitstischen sich die Meldungen über Fehlschläge der Parteipolitik häufen. Die eigentliche Ursache für diese Vorgänge liegt im polit-ökonomischen System des Ostblocks. Die Parteien treten als Verkünder phantastischer Zukunftsperspektiven auf, welche nicht von den realen Möglichkeiten, sondern von der Doktrin ausgehen. Die Praxis korrigiert dieses Wunschdenken ständig und bringt diejenigen Funktionäre in Konflikt mit der Theorie, auf deren Schultern die Verantwortung für die Realisierung der [...] politischen und ökonomischen Ziele ruht.«[582]

Auch Erich Honecker machte sich beim Sturz Ulbrichts seine intimen Kenntnisse der wirtschaftlichen Misere zunutze, in der die DDR Anfang der siebziger Jahre steckte. Gemeinsam mit Mittag und Stoph erstellte er im Sommer 1970 eine »erschreckende wirtschaftspolitische Bilanz«[583] und erwirkte gegen den Willen des greisen SED-Chefs eine vorsichtige Kurskorrektur. Das war der Anfang vom Ende der Ära Ulbricht.

Eine weitere Parallele zwischen dem »Manifest« und dem Aufbegehren der Spitzenkader gegen Ulbricht stellt die konspirative Art und Weise dar, mit der die Opponenten ans Werk gingen. Zaisser, Herrnstadt, Schirdewan, Honecker und auch Hermann von Berg glaubten, nur dann Erfolgsaussichten zu haben, wenn sie aus dem Verborgenen heraus operierten. Die Leitartikel Rudolf Herrnstadts im *Neuen Deutschland* zum Beispiel vertraten noch die offizielle Parteilinie, als er hinter verschlossenen Türen längst gegen Ulbricht Front machte. Von den Meinungsverschiedenheiten innerhalb des Politbüros erfuhr die Öffentlichkeit erst, als am 28. Juli 1953 der Ausschluß Zaissers und Herrnstadts aus dem ZK der SED bekanntgegeben wurde.

Karl Schirdewan betont zwar in seinen Erinnerungen: »Wir waren keine Geheimbündler.«[584] Er räumt jedoch ein, »Kontakt zu mir bekannten Genossen in verantwortlichen Parteifunktionen« gesucht zu haben, mit denen er sich in der Ablehnung Walter Ulbrichts einig gewesen sei. Ausdrücklich nennt er unter anderem Ernst Wollweber, Gerhart Ziller und Fritz Selbmann.[585] Auch von diesen Kontakten drang nichts nach außen.

581 In die Reihe der aufbegehrenden Wirtschaftsfunktionäre gehört auch Erich Apel, dessen Selbstmord 1965 im Zusammenhang mit dem Abbruch des NÖSPL-Experiments zu sehen ist.
582 Schenk: 1960, 200. Schenk hatte Anfang der fünfziger Jahre selbst im DDR-Staatsapparat gearbeitet.
583 Przybylski: 1991, 105.
584 Schirdewan: 1994, 103.
585 Ebd., 92f.

Erneut erfuhr die Bevölkerung erst im nachhinein von der Existenz der Opposition. Am 6. Februar 1958 hieß es in dem Bericht über die 35. Tagung des Zentralkomitees: »Das Plenum mußte sich mit der Tätigkeit einer opportunistischen Gruppe in der Partei beschäftigen, die versucht hatte, die politische Linie der Partei zu ändern.«[586] Zu diesem Zeitpunkt waren Schirdewan und Wollweber schon ihrer Parteiämter enthoben.

Erich Honecker ging ähnlich vor wie Schirdewan und seine Genossen, nur hatte er Erfolg. Auch er warb heimlich Verbündete gegen Ulbricht und versuchte, den Kern des Politbüros hinter sich zu bringen. Wieder drang die Kunde von den Auseinandersetzungen an der Parteispitze erst nach außen, als bereits alles entschieden war. Am 3. Mai 1971 erfuhr die verblüffte Öffentlichkeit, Walter Ulbricht habe das Zentralkomitee gebeten, ihn »aus Altersgründen« vom Posten des Ersten Sekretärs zu entbinden, »um diese Funktion in jüngere Hände zu geben«.[587]

Bei Hermann von Bergs »Manifest« lagen die Dinge in dieser Hinsicht durchaus ähnlich. Zwar suchte er die Öffentlichkeit, aber seine Streitschrift erschien anonym und forderte auch andere auf, »die aus der Nazi-Zeit erlernten Regeln der Konspiration zu beachten und zu verfeinern«.[588] Von Berg war in diesem Punkt den Funktionären Herrnstadt und Schirdewan näher als Regimekritikern wie Havemann und Bahro. Diese bekannten sich in der Öffentlichkeit zu den Thesen, die sie vertraten.[589] »Ich war [...] von vornherein entschlossen, unter meinem Namen aufzutreten«, schrieb etwa Bahro. »Eine direkte Herausforderung, wie sie dieses Buch bezweckt, erfordert nicht nur moralisch, sondern auch politisch das offene Visier.«[590]

Die Opposition der Intellektuellen

Trotz dieser Ähnlichkeiten mit den Bestrebungen aufbegehrender Spitzenkader steht das »Manifest« auch in der Tradition reformkommunistischer Intellektueller. Wolfgang Harich, Robert Havemann und Rudolf

586 Zit. nach Fricke: 1984, 113.
587 Zit. nach Fricke: 1984, 150.
588 Spiegel 1/1978, 22.
589 So auch Knötzsch: 1968, 25, für den die Ablehnung jeder konspirativen Tätigkeit und das »Prinzip unbedingter Legalität und Publizität aller Maßnahmen« die wichtigsten Unterscheidungskriterien sind zwischen der Regimekritik Robert Havemanns und den Oppositionsströmungen, die sich während der fünfziger Jahre in der SED gegen die Herrschaft Ulbrichts gebildet hatten.
590 Bahro: 1977a, 9.

Bahro sind die bekanntesten Vertreter dieser Gruppe. Man kann sie insgesamt als »revisionistische Opposition« bezeichnen, wenn man darunter mit Karl Wilhelm Fricke eine »geistig-politische Einstellung unter Wissenschaftlern und Studenten, Intellektuellen und Schriftstellern« versteht, »deren Intentionen nicht auf einen Bruch mit dem Marxismus-Leninismus hinausliefen, sondern auf den Kerngedanken, ihn von den Fesseln des Stalinismus und des Dogmatismus zu befreien«.[591]

Eine erste Parallele ist schon in den ideologischen Begleitumständen zu sehen, welche die bis dahin parteitreuen Intellektuellen in die Auflehnung gegen die SED-Spitze trieben. Sie alle verband die Vision einer Rückbesinnung auf die wahre Lehre mit dem Ziel, den praktizierten Sozialismus zu verbessern. Dadurch sah sich die Parteispitze jedesmal mit einer ideologischen Herausforderung konfrontiert, die zwar zunächst systemkonform schien, aber dennoch die SED-Herrschaft gefährdete.

Harich und seine Freunde beriefen sich 1956 auf Veränderungen in der UdSSR, wo Chruschtschow kurz zuvor einige Verbrechen Stalins enthüllt und die Doktrin der friedlichen Koexistenz, des Wettbewerbs mit dem Westen verkündet hatte. »Wir lernten besonders aus den Beschlüssen des XX. Parteitages«, hieß es in ihrer Plattform. Diese wollte ausdrücklich nicht mit dem Marxismus-Leninismus brechen, sondern »ihn vom Stalinismus und vom Dogmatismus befreien und auf seine humanistischen und undogmatischen Gedankengänge zurückführen«.[592] Eine Realisierung dieser Utopie glaubte Harich im unruhigen Polen des Frühsommers 1956 entdeckt zu haben. Dort werde ein Sozialismus verwirklicht, sagte er zu Freunden, »der vom Volke und nicht nur von einer Funktionärskaste getragen wird und Chancen zu haben scheine, auch für Leute attraktiv zu werden, für die der Sozialismus östlicher Machart bisher ein rotes Tuch war«.[593] Harich und seine Mitstreiter hofften, die Unterstützung der sowjetischen Führung für ihre reformsozialistischen Ziele zu gewinnen.[594] Gegen die Herrschaftspraxis der SED-Führung, die alle Ansätze zur Entstalinisierung hintertrieb, riefen sie ausdrücklich den KPdSU-Chef als Kronzeugen auf – vergeblich, wie sich bald zeigte.

Erst nach dem Mauerbau 1961 fühlte sich Ulbricht sicher genug, auch in der DDR die kommunistische Eiszeit zu beenden. Erst jetzt verschwanden in Ostdeutschland die Stalin-Denkmäler, wurde die Stalin-

591 Vortrag von Fricke, Karl Wilhelm, in: Materialien Bd. VII, 1, 23.
592 Weber: 1963, 598f.
593 Zit. nach Spiegel 51/56, 22.
594 So auch Mitter/Wolle: 1993, 272.

allee in Frankfurter Allee, Stalinstadt in Eisenhüttenstadt umbenannt. Gleichzeitig begann ein kurzer kulturpolitischer Frühling. Das »Neue Ökonomische System« sollte zudem die starre sozialistische Planwirtschaft flexibler gestalten. Diese zweite Welle der Entstalinisierung rief unabhängige Denker auf den Plan, die weitergehende Reformforderungen erhoben.[595] Der konsequenteste unter ihnen hieß Robert Havemann. Wie Harich verlangte er die Rückkehr zur reinen marxistischen Lehre: »Nicht als Enttäuschter des sozialistischen Gedankens, sondern als sein überzeugter Anhänger fordere ich die restlose Überwindung von Stalinismus und Dogmatismus in allen Erscheinungsformen.«[596] Havemann berief sich ebenfalls auf das Vorbild der UdSSR und der anderen Länder des sozialistischen Lagers: Was dort schon seit langem möglich sei, müsse auch in der DDR möglich sein.[597]

Ebensowenig brach Rudolf Bahro mit dem Sozialismus. Auch er wollte zurück zu den Wurzeln: Die sowjetische und osteuropäische Gesellschaft sei unvereinbar mit den marxistischen Zielvorstellungen, behauptete er.[598] War für Harich die erste, für Havemann die zweite Welle der Entstalinisierung Initialzündung für den Bruch mit der Parteilinie, so fiel Bahros Entscheidung in die Aufbruchstimmung des Jahres 1968. »Für mich waren 1967/68 die Jahre der am höchsten gespannten Hoffnung«, bekannte er zehn Jahre später. »In China sah ich damals [...] den großen Versuch, dem volkreichsten Land der Erde den Marsch durch die Niederungen des bürokratischen Sozialismus zu ersparen. In der Tschechoslowakei wurde [...] der stalinistischen Bürokratie, die jeden Fortschritt in unserem Teil der Welt blockiert, eine bis heute nicht verheilte Wunde zugefügt. Die Studenten und jungen Arbeiter von Paris überspielten für ein paar Wochen die konservativen Parteiverwalter und stießen im Kampf gegen die konservativen Parteiverwalter bis zu den Anfängen einer revolutionären Gegenherrschaft vor.«[599] Bahro sah nicht mehr die in der Breschnew-Ära erstarrte Sowjetunion als Vorbild an. Er setzte seine Hoffnung auf Maos China, auf die westeuropäischen Kommunisten und vor allem auf Dubčeks »Sozialismus mit menschlichem Antlitz«. Als die Truppen des Warschauer Paktes im August 1968 das Prager Experiment brutal beendeten, entschloß er sich, seine eigene sozialistische Alternati-

595 Siehe dazu etwa Knabe, Hubertus, in: Materialien Bd. VII, 1, 80f.
596 In einem Interview mit dem Hamburger Echo am Abend vom 11. 3. 1964; zit. nach Havemann: 1990, 190.
597 Ebd., 189.
598 Bahro: 1977a, 10.
599 Ebd., 69.

ve zum Spätstalinismus der »Politbürokratie« zu formulieren: »Wenn ich bis zu der Intervention noch auf immanente Kritik am Apparat eingestellt war, jetzt mußte ich springen.«[600]

Die Veröffentlichung des »Manifests« fällt in eine ähnliche Phase ideologischer Verunsicherung der SED. Die Diskussion über den Eurokommunismus und die Menschenrechtsprinzipien der KSZE-Charta hatten Ende der siebziger Jahre genauso desillusionierende und desorientierende Wirkungen wie die Beschlüsse des XX. Parteitages, die Entstalinisierung und der »Prager Frühling«. Wie Harich, Havemann und Bahro forderte das »Manifest« die Rückkehr zu den wahren marxistischen Tugenden, die es im Eurokommunismus verwirklicht sah. »Würden Marx/Engels ihr ›Manifest‹ heute abfassen, würden sie wohl beginnen ›Ein Gespenst geht um im östlichen Europa – das Gespenst des westeuropäischen Kommunismus‹«, hieß es dort in Anspielung auf Marx' berühmtes Pamphlet von 1848.[601]

Zudem träumten die revisionistischen Intellektuellen in der DDR zu allen Zeiten das gleiche: den Traum vom demokratischen Sozialismus. Harich forderte in seiner Plattform die Abschaffung des »demokratischen Zentralismus«, der die Herrschaft der SED-Führung sicherte: Die Parteiführung sei niemals identisch mit der Partei. Daher müsse die »Herrschaft des Parteiapparates über die Mitglieder [..] radikal gebrochen werden«.[602] Ähnlich äußerte sich acht Jahre später Robert Havemann, als er einen »freiheitlichen Sozialismus«[603] einklagte. Demokratie bedeutete für ihn, »daß das Regieren schwerer und das Regiertwerden leichter gemacht wird«.[604] Rudolf Bahro formulierte noch deutlicher: »Die Politbürokratie muß entmachtet, die Herrschaft des Apparates über die Gesellschaft beseitigt, [...] die kommunistische Bewegung, die der Gesellschaft von innen heraus die Perspektive der Kulturrevolution eröffnen soll, neu konstituiert werden.«[605] Im gleichen Sinne polemisierte die *Spiegel*-Streitschrift »gegen die Einparteien-Diktatur, die eine Diktatur der Sekretärs- und Politbüro-Clique ist, gegen die Diktatur des Proletariats, die eine Diktatur der Bürokratie über das Proletariat und gegen das gesamte Volk ist«. Auch von Berg forderte die Abschaffung des »demokratischen

600 Ebd., 71.
601 Spiegel 1/1978, 22.
602 Weber: 1963, 602.
603 In einem Interview mit dem Hamburger Echo am Abend vom 11. 3. 1964; zit. nach Havemann: 1990, 190.
604 Zit. nach Materialien Bd. VII,1, 81.
605 Bahro: 1977, 373.

Zentralismus« in Partei, Staat und Gesellschaft, »da er ein Zentralismus gegen die Demokratie ist«.[606]

Eine weitere Parallele fällt auf. Ihren Bruch mit der Partei vollzogen die revisionistischen Intellektuellen nie von heute auf morgen. Stets war er das Ergebnis eines schmerzhaften Ablösungsprozesses. »Der Mensch reift dazu lange in einem inneren Kampf, der von dem Moment an, wo er sich des Widerspruchs zwischen dem Ideal des Sozialismus und seiner verzerrten Praxis bewußt wird, dauert,« schrieb 1980 der tschechoslowakische Reformkommunist Jiri Pelikán in einem Geburtstagsartikel für Robert Havemann. »Bei überzeugten Kommunisten, wie ich über dreißig Jahre einer war, währt dieser Prozeß jahrelang. Je länger und schmerzhafter, um so aufrichtiger ist er.«

Bei Wolfgang Harich lagen zwischen den ersten Bedenken, die ihm nach dem 17. Juni 1953 kamen, bis zur Formulierung seiner Plattform über drei Jahre.[607] Robert Havemann benötigte mehr als fünf Jahre, um sich zum Bruch mit der Partei durchzuringen. Erste Zweifel hatte er schon nach dem XX. Parteitag der KPdSU. Damals war er jedoch voll Vertrauen in die Erneuerungsfähigkeit der Partei wider besseres Wissen zum Einlenken bereit.[608] Erst sechs Jahre später entschloß er sich zur öffentlichen Kritik. Für Bahro lag »die Inkubationsperiode [..] zwischen den beiden bekannten Augusttagen der Jahre 1961 und 1968« – zwischen Mauerbau und Niederwerfung des »Prager Frühlings« also.[609] Auch Hermann von Berg brach nicht auf einen Schlag mit seiner Partei. Bei ihm fand die allmähliche Wandlung vom linientreuen Funktionär zum Kritiker in der Zeit zwischen dem Abschluß des Grundlagenvertrages und den Dezembertagen des Jahres 1977 statt.

Hatten die revisionistischen Intellektuellen den Bruch einmal vollzogen, taten sie alle den Schritt in die Öffentlichkeit. Darin unterschieden sie sich deutlich von Funktionären wie Herrnstadt oder Schirdewan. Diese waren disziplinierte Kommunisten, die hinter den verschlossenen Türen des ZK-Gebäudes die Unterstützung gleichgesinnter Genossen suchten. Auf den Beifall von »Klassenfeinden« und Antikommunisten hatten sie es nicht abgesehen. Sich gar direkt an das Volk zu wenden, kam ihnen nicht in den Sinn. Harich, Havemann, Bahro und auch von Berg da-

606 Spiegel 1/1978, 23.
607 Spiegel 51/1956, 21.
608 So Hecht, Hartmut: Philosoph und Kritiker (1956–1964), in: Havemann: 1991, 150. Vgl. auch Fricke: 1983, 176.
609 Bahro: 1977a, 67.

gegen suchten die öffentliche Aufmerksamkeit. Weil sie in der DDR ihre Meinung nicht offen artikulieren durften, taten sie es dort, wo dies möglich war: in der westdeutschen Presse. Ihr liebstes Sprachrohr dafür war seit jeher der an deutsch-deutschen Belangen besonders interessierte *Spiegel*.

Wolfgang Harich etwa reiste noch im November 1956 – drei Tage vor seiner Verhaftung – nach Hamburg, wo er Rudolf Augstein »seine Pläne auseinandergesetzt hat«, wie dieser wenig später berichtete.[610] Zu einer Veröffentlichung seiner Thesen in dem Nachrichtenmagazin kam es jedoch nicht. Das gelang erst Robert Havemann, der im Wintersemester 1964 in seiner letzten Vorlesungsreihe an der Humboldt-Universität behauptet hatte: »Echte Freiheit der Meinungsäußerung aber besteht nur dann, wenn sie dazu dient, die Freiheit der Meinungsbildung zu sichern. Man darf die Menschen nicht [...] behördlich genehmigten Ansichten unterwerfen.«[611] Folgerichtig führte er wenige Monate nach seiner Entfernung von der Universität mit dem die DDR bereisenden englischen Journalisten Werner Knop ein Gespräch, das der *Spiegel* im Dezember 1964 druckte.[612] Ein Jahr später spielte Havemann dem West-Berliner *Spiegel*-Korrespondenten Hans Dieter Jaene ein Manuskript zu, in dem er sich für die Wiederzulassung der KPD in der Bundesrepublik einsetzte.[613] Im März 1970 kommentierte er die ersten vorsichtigen Vorverhandlungen zwischen Bonn und Ost-Berlin.[614] Und ein halbes Jahr später erschien ein Interview, das der Wissenschaftler heimlich mit einem Vertrauensmann des *Spiegel* geführt hatte.[615]

Seit die Westmedien im Zuge der Entspannungspolitik offiziell aus der DDR berichten durften, konnten die revisionistischen Intellektuellen einfacher mit westdeutschen Journalisten Kontakt aufnehmen. Nach der Ausbürgerung Biermanns gelang es Robert Havemann, dem *Spiegel*-Korrespondenten Schwarz einen offenen Brief an Honecker zuzuspielen, in dem er den SED-Chef aufforderte, die Ausweisung rückgängig zu machen.[616] Bis zur Schließung des Ost-Berliner *Spiegel*-Büros erschienen trotz des verschärften Hausarrests, den die SED-Führung gegen den Regimekritiker verhängt hatte, drei weitere Beiträge von ihm in dem Ham-

610 Spiegel 12/1957, 10.
611 Zit. nach Spiegel 12/1970, 38.
612 Spiegel 51/1964, 37–49.
613 Spiegel 52/1965, 30–32.
614 Spiegel 12/1970, 38–41.
615 Spiegel 42/1970, 204–207.
616 Spiegel 42/1976, 36–46 u. 49f.

burger Magazin.[617] Rudolf Bahro konnte sich im August 1977 sogar mehrfach mit Schwarz in seiner Wohnung in Berlin-Weißensee treffen und den Vorabdruck seiner Thesen im *Spiegel* besprechen.[618] Je ungehinderter die westlichen Medien aus der DDR berichten konnten, desto weniger ließen sich die Oppositionellen innerhalb und außerhalb der SED mundtot machen. Diese Entwicklung veranlaßte von Berg in seinem »Manifest« zu einer optmistischen Prognose. Während die Durchsetzung der Menschenrechte in Westeuropa historisch mit der Erfindung des Buchdrucks einher gegangen sei, gehe sie im heutigen Osteuropa »konform mit dem weltweiten System der Kommunikation durch die Massenmedien«.[619] Freimütig hieß es in dem Text, man habe sich ganz bewußt an ein liberales Magazin in der BRD gewandt, um seine »Erwägungen gefahrloser zu verbreiten«.[620]

Das Beispiel des »Manifests« zeigt ebenso wie die im Westen publizierten Ansichten Havemanns und Bahros, warum die Journalisten-Vereinbarung für die DDR zu den besonders gefährlichen Bestandteilen der Entspannungspolitik gehörte. Auf diese Weise begünstigte die Entspannungspolitik tatsächlich den Wandel innerhalb der kommunistischen Systeme, wie es die SPD 1970 in ihrem Abgrenzungsbeschluß gegenüber den Kommunisten gehofft hatte.[621]

Gemeinsamkeiten innerparteilicher Opposition

Neben den skizzierten Eigenheiten der beiden Traditionslinien SED-interner Opposition gab es auch signifikante Gemeinsamkeiten. Nicht nur im *Spiegel*-»Manifest« standen die Wirtschaftspolitik der SED-Spitze und die nationale Frage im Brennpunkt der Kritik; beide Themen zählten sowohl für die aufbegehrenden Spitzenfunktionären wie für die reformkommunistischen Intellektuellen stets zu den Hauptanliegen.

Auf einer Politbürositzung Anfang Juni 1953 etwa kritisierte Rudolf Herrnstadt im Beisein des sowjetischen Hohen Kommissars Wladimir Semjonow die Politik Ulbrichts gegenüber Bonn ganz offen. Man sei nicht vom Ausgangspunkt der »Deutschlandfrage« ausgegangen, sondern

617 Spiegel 42/1976, 67–75, 22/1977, 76f., 24/1977, 170–173; siehe hierzu und zum Folgenden Kapitel: Die Berichterstattung des Spiegel aus der DDR.
618 Spiegel 35/1977, 33–40.
619 Spiegel 1/1978, 22.
620 Ebd., 21.
621 Vgl. Baring: 1983, 358.

»von einem irrealen, metaphysischen, der etwa so aussah: wir bauen den Sozialismus auf, die Deutschlandfrage regelt sich inzwischen auf irgendeine Weise allein, oder, wenn sie das nicht tut, wird sie letzten Endes von den Bajonetten der Sowjetarmee geregelt«.[622]

Die Harich-Gruppe forderte die Erneuerung der SED ebenfalls nicht zuletzt, um einer Lösung der deutschen Frage näher zu kommen. Denn mit einer Reform der Einheitspartei und dem Austritt Westdeutschlands aus der Nato, so glaubte sie, »würde alles wegfallen, was einer Einheit der deutschen Arbeiterbewegung im Wege steht«.[623] Unlösbar mit der nationalen Problematik verbunden war für Harich und seine Freunde die Haltung der Kommunisten gegenüber der Sozialdemokratie. Sie waren überzeugt, daß in einem wiedervereinigten Deutschland »nur die SPD im Bündnis mit den echten sozialistischen Kräften in der SED den Sozialismus errichten« könne.[624]

Auch die Gruppe um Schirdewan verfolgte in der Deutschlandpolitik eine kompromißbereitere Linie als der Parteichef. Sie glaubte an die Möglichkeit einer Wiedervereinigung auf der Basis militärischer Neutralität.[625] Auf dem 35. Plenum des SED-Zentralkomitees im Februar 1958, in dessen Verlauf Ulbricht mit Schirdewan und seinen Gesinnungsgenossen abrechnete, warf Honecker im Auftrag des SED-Chefs dessen Widersachern vor, sie hätten versucht, »die Einheit Deutschlands um jeden Preis herbeizuführen«.[626] In seiner Verteidigungsschrift, die dem ZK-Plenum allerdings vorenthalten wurde, setzte sich Schirdewan tatsächlich für eine Öffnung der DDR gegenüber der westdeutschen Bevölkerung ein, um die nationale Frage einer Lösung zuzuführen.[627]

In der Auseinandersetzung zwischen Honecker und Ulbricht dreizehn Jahre später spielte die deutsche Frage wieder eine wichtige Rolle – allerdings unter umgekehrten Vorzeichen. Diesmal war Walter Ulbricht in den Verdacht der Unzuverlässigkeit geraten. Leonid Breschnew argwöhnte, daß sich der greise SED-Chef allzu eng mit den westdeutschen Sozialdemokraten einlassen wollte.[628] Nicht mehr Ulbricht, sondern Erich Honecker war in den Augen des sowjetischen Staats- und Parteichefs nun der ge-

622 Zit. nach Müller-Enbergs: 1991, 178; vgl. auch Fricke: 1984, 108; Stern: 1963, 212.
623 Zit. nach Weber: 1963, 603.
624 Ebd., 600.
625 So auch v. Flocken/Scholz: 1994, 175, 182.
626 Abgedruckt in: ND v. 8. 2. 1958.
627 Schirdewan: 1990, 510; siehe auch Jänicke: 1964, 34.
628 Vgl. das Gespräch zwischen Honecker und Breschnew im Juli 1970 auf der Krim, abgedruckt bei Przybylski: 1991, 283; siehe dazu auch Bender: 1995, 194.

eignete Mann, »die allseitige Stärkung der DDR«[629] durchzusetzen, die unabdingbare Voraussetzung für die Entspannungspolitik der UdSSR war.

An diese lange Reihe deutschlandpolitischer Auseinandersetzungen innerhalb der SED-Führung knüpfte das »Manifest« ganz bewußt an. »Alle Machtkämpfe im Politbüro – Ackermann, Zaisser, Herrnstadt, Oelßner, Schirdewan, Ulbricht kontra Honecker – waren mit der nationalen Frage verbunden«, hieß es dort. »Wir sind für eine offensive nationale Politik.«[630] Wie Harich hoffte Hermann von Berg auf ein Bündnis von Sozialdemokraten, Sozialisten und demokratischen Kommunisten in einem wiedervereinigten Deutschland. Wie dieser forderte er die Reform der SED und den Austritt Westdeutschlands aus der Nato. Nur ein blockfreies, neutrales Deutschland, das von einer linken Mehrheit regiert werde, könne ein »friedensstabilisierender Faktor« in Europa werden.[631]

Wenig später formulierte Robert Havemann in einem offenen Brief an Leonid Breschnew seine Position zur Wiedervereinigung und zur europäischen Friedensordnung.[632] Sie glich den Thesen von Bergs passagenweise wie ein Ei dem anderen: Die Teilung Deutschlands habe keine Sicherheit geschaffen, sondern sei zur Voraussetzung der tödlichsten Bedrohung geworden, die es in Europa jemals gegeben habe. Es gelte daher, »insbesondere die beiden Teile Deutschlands der Blockkonfrontation zu entziehen, [...] die Friedensverträge zu schließen und alle Besatzungstruppen aus beiden Teilen Deutschlands abzuziehen«. Wie die Deutschen ihre nationale Frage dann lösten, müsse ihnen selbst überlassen bleiben.

Neben dem Problem der deutschen Einheit waren die ökonomischen Mißerfolge der SED-Spitze stets ein entscheidendes Motiv für die Opposition.[633] Schon in den Auseinandersetzungen des Jahres 1953 spielte die Ablehnung der von Ulbricht verfochtenen Wirtschaftspolitik eine Rolle. Als deutlich wurde, daß Moskau mit dem »Neuen Kurs« vor allem die wirtschaftspolitischen Entscheidungen der II. SED-Parteikonferenz widerrief, beeilte sich auch Rudolf Herrnstadt, von ihnen abzurücken. Den »entscheidensten Fehler« der Vergangenheit sah er nun darin, »daß wir die Losung ›Beschleunigter Aufbau des Sozialismus‹ herausgegeben haben zu einem Zeitpunkt, als die Voraussetzungen dafür nicht vorlagen,

629 So Breschnew in dem erwähnten Gespräch auf der Krim, zit. nach Przybylski: 1991, 284.
630 Spiegel 1/1978, 24.
631 Ebd.
632 Abgedruckt in Zeit v. 20. 11. 1981.
633 Vgl. Jänicke: 1963, 34 u. 87.

und daß wir im Zusammenhang damit das Schwergewicht zu sehr auf die Produktionsmittelindustrie verlegten«.[634]

Wolfgang Harich kritisierte Ulbrichts Wirtschaftspolitik ebenfalls, setzte jedoch andere Akzente. Die in Osteuropa entstandenen ökonomischen Strukturen, so hieß es in seiner Plattform, bedürften der »radikalen Reform und Überwindung ihrer Entartung«.[635] Er wollte die Produktion auf die Erhöhung des Lebensstandards der Volksmassen umstellen, mit der Normentreiberei Schluß machen und die Gewinnbeteiligung der Arbeiter in den sozialistischen Betrieben einführen.[636]

Gleichzeitig geriet Ulbrichts dogmatische Wirtschaftspolitik auch im Führungszirkel der SED wieder in die Kritik. Mit dem ZK-Wirtschaftssekretär Gerhart Ziller und den beiden Stellvertretenden Ministerpräsidenten Fred Oelßner und Fritz Selbmann gehörten drei führende Wirtschaftsfunktionäre zum Kreis der Oppositionellen um Karl Schirdewan. Hauptsächlich richteten sich ihre Vorwürfe gegen die erneute Hinwendung zur vorrangigen Entwicklung der Schwerindustrie, gegen die massive Benachteiligung des privaten Einzelhandels und Handwerks sowie gegen die völlige Ineffizienz der landwirtschaftlichen Produktionsgenossenschaften.[637] Die Opposition gegen die Wirtschaftspolitik des Parteichefs blieb freilich nicht auf das Politbüro und das ZK-Sekretariat beschränkt. 1958 auf dem V. Parteitag der SED mußten insgesamt zwölf Landwirtschafts- und acht leitende Wirtschaftsfunktionäre aus dem Zentralkomitee ausscheiden.[638]

Zwölf Jahre später bildete sich eine neue Fronde gegen die Wirtschaftspolitik des Parteichefs. In Absprache mit Honecker attackierten die beiden Politbüro-Mitglieder Paul Verner und Willi Stoph Mitte Dezember 1970 auf der 14. Tagung des Zentralkomitees das ökonomische Konzept des SED-Chefs. Verner berichtete dem ZK-Plenum, daß es zu einer »hohen außerplanmäßigen Verschuldung der DDR gegenüber den Ländern des RGW [...] und gegenüber der BRD/Westberlin« gekommen sei.[639] Noch deutlicher wurde Stoph: »Es gab gewisse subjektive Wünsche, die im Widerspruch zu den realen Möglichkeiten standen. Wir können keine Sprünge machen und zum Beispiel 10 Prozent Steigerung der Arbeitsproduktivität und der Produktion pro Jahr als Aufgabe stellen,

634 Zit. nach Müller-Enbergs: 1991, 179.
635 Zit. nach Weber: 1963, 601.
636 Ebd., 602.
637 Vgl. v. Flocken/Scholz: 1994, 179; Weber: 1991, 78; Fricke: 1983, 114f.
638 Siehe Jänicke: 1964, 91.
639 Zit. nach Przybylski: 1991, 105.

ohne daß dafür die realen Voraussetzungen vorhanden sind. [...] Das führt zu Diskussionen über die sozialistische Planwirtschaft.«[640] Obwohl weder Verner noch Stoph den SED-Chef namentlich erwähnten, war allen Zuhörern klar, wen die beiden für die ökonomischen Probleme verantwortlich machten.

Beinahe gleichzeitig kritisierte Robert Havemann die Wirtschaftspolitik der Parteiführung von einer ganz anderen Seite her. Das Wesentliche am Stalinismus sei weder der Polizeiterror noch die Unterdrückung jeder von der Parteilinie abweichenden Meinung, sondern die wirtschaftliche Struktur. Ökonomisch sei im Stalinismus die sozialistische Revolution nur halb vollendet. »Nicht die Produzenten, die Arbeiter und Bauern, sind als Eigentümer an die Stelle der Kapitalisten und Grundbesitzer getreten, sondern der Staat«, so der Wissenschaftler.[641]

»Systemkritik mit den Kategorien von Marx«[642] übte neben Havemann auch Rudolf Bahro. In seiner »Alternative« nahm die Auseinandersetzung mit den ökonomischen Konzepten der Parteiführung eine zentrale Stelle ein. Die zentralistische Monopolisierung aller wirtschaftlichen Macht führte in Bahros Augen zu einem unüberwindlichen Widerspruch zwischen dem sozialen Auftrag der Partei und der politischen Realität. In der »institutionellen Identität von Staatsautorität, ökonomischer Verfügungsgewalt und ideologischem Ausschließlichkeitsanspruch« erblickte er das Kernproblem des »real existierenden Sozialismus«.[643]

Anders als Havemann und Bahro näherte sich Hermann von Berg dem Thema Wirtschaftspolitik nicht von der theoretischen, sondern von der praktischen Seite her. »Die DDR hat angeblich Arbeitskräftemangel, aber die vorhandenen Fachleute können oft nicht sinnvoll ausgelastet werden«, monierte er im »Manifest«.[644] Aufgrund seiner intimen Kenntnisse der ökonomischen Misere kam von Berg zu einem vernichtenden Fazit: »Die Lohn-, Preis- und Strukturprobleme wurden nicht gelöst. Die Qualität der Produktion sinkt ab, die Reparatur-, Garantie- und Lagerhaltungskosten steigen, die Verluste wachsen, die Außenwirtschaftsverschuldung nimmt im Osten und Westen zu.«[645]

Die parteiinternen Oppositionellen ähnelten sich nicht nur in der Diagnose der Probleme, sondern auch in der Therapie. Ihr Allheilmittel hieß

640 Ebd.
641 Zit. nach Fricke: 1984, 177.
642 So Fricke: 1984, 177.
643 Bahro: 1977, 291.
644 Spiegel 2/1978, 26.
645 Ebd., 29.

zu allen Zeiten »Reform«. Darunter verstand die innerparteiliche Opposition jeder Couleur vor allem zweierlei: »Reform der SED« und »Reform von oben«. Ansatzpunkt jeder Verbesserung war für Herrnstadt wie Schirdewan, für Harich wie Havemann die SED, besonders ihre Spitze. Erst wenn diese verändert worden war, würden sich mit ihrer Hilfe auch alle übrigen Probleme lösen lassen.[646]

Spitzenfunktionäre wie Herrnstadt, Zaisser, Schirdewan, Wollweber oder am Ende auch Honecker sahen in der Person Walter Ulbrichts und seinem diktatorischen Herrschaftsstil das einzige Problem, das es zu überwinden galt. Zweifel am »demokratischen Zentralismus« oder gar am ideologischen Unfehlbarkeitsdogma ihrer Partei quälten sie nicht. Die führende Rolle der SED wollte keiner von ihnen aufgeben. Wenn Ulbricht in eine »kollektive Führung« eingebunden oder durch einen anderen – am besten sie selbst – ersetzt worden wäre, würden sich ihrer Meinung nach alle sachlichen Schwierigkeiten lösen lassen.[647]

Auf die Erneuerung der SED-Führung setzte auch Wolfgang Harich seine ganze Hoffnung. In seiner Plattform hieß es: »Wir wollen die Partei von innen reformieren.«[648] Weder die Einheitspartei noch den Sozialismus zog er prinzipiell in Zweifel. Vielmehr suchte er gerade unter alten Kommunisten nach Bundesgenossen. So bemühte er sich, den 1950 aus der SED verjagten Paul Merker für seine Pläne zu gewinnen. Auch sein Vertrauen in die Sowjetunion war unerschüttert. Er selbst weihte den sowjetischen Botschafter in Ost-Berlin, G. M. Puschkin, in sein Vorhaben ein.

Robert Havemann hoffte lange Jahre, die SED könnte sich nach dem Vorbild des tschechoslowakischen Reformkommunismus selbst erneuern. Der »Prager Frühling« war für ihn »eine Revolution von oben, der Sieg der besseren Kommunisten über die Stalinisten. [...] Das Ergebnis war die breiteste Massenzustimmung, die je einer kommunistischen Partei zuteil wurde.«[649] Bis kurz vor seinem Tode hielt der Wissenschaftler an seiner Zuversicht fest, eines Tages werde auch der SED eine solche Revolution oder wenigstens eine Reform von oben gelingen.[650]

Zwar nicht explizit auf die Einheitspartei, aber doch auf einen kleinen Kreis aufrechter Kommunisten innerhalb oder außerhalb der SED konzentrierten sich die Reformhoffnungen Rudolf Bahros. Eine »wahrhaft

646 So auch Klein, Thomas: Reform von oben? Opposition in der SED, in: Poppe u. a.: 1995, 139.
647 Siehe dazu etwa die Verteidigungsschriften von Rudolf Herrnstadt und Karl Schirdewan: Herrnstadt: 1990; Schirdewan: 1994.
648 Zit. nach Weber: 1963, 601.
649 Zit. nach Fricke: 1984, 178.
650 Vgl. Havemann: 1991, 234.

kommunistische Partei«, einen »neuen Bund der Kommunisten« hatte Bahro zum Träger der von ihm erhofften Revolution ausersehen. Die »kommunistische Opposition« in den Ländern des real existierenden Sozialismus sollte zur Avantgarde werden, die den Kommunismus endlich in die Tat umsetzte.

In diese Reihe zunehmend verzweifelter Hoffnungen fügte sich das »Manifest« ein. Es erklärte eine »demokratisch-kommunistische Ordnung« zum Ziel[651] und hielt trotz all der erlittenen Rückschläge an der Perspektive der Reformierbarkeit wenn schon nicht der DDR, so doch des Kommunismus fest. Fast beschwörend hieß es im letzten Abschnitt des Papiers: »Es entwickelt sich ein schöpferischer, undogmatischer, demokratisch-humanistischer Reformkommunismus.«[652]

Das Ende der innerparteilichen Opposition und der Widerstand in den achtziger Jahren

Mit den grundverschiedenen Schriften Rudolf Bahros und Hermann von Bergs endete die parteiinterne Opposition in der DDR: »Kommunistische Gruppen mit ernsthaftem Einfluß waren seither nicht zu vernehmen, und auch aus internen Kreisen der SED war nichts Wirksames über eine Reformation der sozialistischen DDR zu hören.«[653] In der Oppositionsbewegung der achtziger Jahre spielten Erneuerungstendenzen innerhalb der SED kaum noch eine Rolle.

Die Schwäche der parteiinternen Opposition hing mit den geschilderten Positionen zusammen. Erstens waren die Oppositionellen in der SED, eben weil sie *innerparteiliche* Oppositionelle sein wollten, auf die marxistische Ideologie festgelegt. Sie litten daher naturgemäß in besonderer Weise unter der Sklerose der Ideologie, die im Laufe der siebziger Jahre immer deutlicher zu Tage trat. Schien der Marxismus in der Chruschtschow-Ära und sogar noch zu Zeiten des »Prager Frühlings« eine junge, vorwärtsstrebende Kraft zu sein, der die Zukunft gehörte, so verband sich mit ihm später das Bild kranker Greise, die mit versteinerter Miene Oktober-Paraden abnahmen. Robert Havemann reagierte darauf, indem er am Ende seines Lebens schließlich die Hoffnung auf »eine ›Reform von oben‹

651 Siehe Spiegel 1/1978, 21f.
652 Spiegel 2/1978, 30.
653 Bickhardt, Stephan, in: Materialien Bd. VII, 1, 454.

durch eine kommunistische Partei« aufgab.[654] Im »Manifest« Hermann von Bergs äußerte sich die gleiche Enttäuschung in einer seltsamen Gespaltenheit. Zwar bezeichnete er sich in dem Papier als demokratischen Kommunisten, bekannte jedoch im gleichen Atemzug, »nicht an Gottvater Marx, Jesus Engels oder gar den Heiligen Geist Lenins« zu glauben.[655]

Der zweite Grund für das Ende der parteiinternen Opposition ergab sich zwangsläufig aus dem ersten. Da sich die Abweichler in der SED ihrer selbst nicht mehr sicher waren, konnten sie auch andere kaum überzeugen, zumal der Schulterschluß mit weiteren oppositionellen Gruppen innerhalb oder außerhalb der Einheitspartei mißlang.[656]

Das Beispiel des »Manifests« zeigt, wie gering die Resonanz innerparteilicher Opposition in weiten Kreisen der Bevölkerung selbst dann war, wenn sie sich einer drastischen Sprache und populistischen Argumentation bediente.[657] Wer das Papier nicht für eine Finte der Staatssicherheit hielt, mißtraute ihm schon allein deshalb, weil aus der SED selten Gutes kam. Und selbst wenn ein abtrünniger Genosse wie Rudolf Bahro mit seiner »Alternative« einmal breiteres Interesse in der DDR-Bevölkerung fand, entstand daraus nicht die erhoffte kommunistische Opposition. Bahros Werk avancierte nicht zur Programmschrift eines »Bundes der Kommunisten«. Die kleinen Bahro-Lesezirkel, die überall im Land wie Pilze aus dem Boden schossen, wurden vielmehr zu einer Keimzelle der Bürgerbewegung.[658]

Der dritte Grund für die Schwäche der innerparteilichen Opposition ist darin zu sehen, daß die Parteiführung sie mit den Herrschaftsmethoden des Unterdrückungsstaates stets in Schach halten konnte. Das galt schon für Ulbrichts Widersacher in den fünfziger Jahren, obwohl sie zum Teil hohe Posten im Parteiapparat inne hatten.[659] Es gelang dem Parteichef immer wieder, seine Gegner auszumanövrieren und kaltzustellen: Ziller beging Selbstmord, Harich büßte seine Auflehnung mit sieben Jahren Gefängnis, Herrnstadt und Zaisser wurden aus der Partei, Oelßner und

654 Havemann: 1981, 234.
655 Spiegel 1/1978, 21.
656 So auch Klein, Thomas: Reform von oben. Opposition in der SED, in: Poppe u. a.: 1995, 139.
657 Vgl. Kapitel: Schadensbegrenzung nach innen.
658 Siehe dazu Bickhardt; Stephan, in: Materialien Bd. VII, 1, 452–454.
659 Zaisser, Herrnstadt, Schirdewan und Oelßner gehörten dem Politbüro, Wollweber, Ziller und Selbmann dem Zentralkomitee an. Herrnstadt war Chef des Neuen Deutschland, des wichtigsten Presseorgans der SED, Schirdewan seit 1953 ZK-Sekretär und Kaderchef der Partei. Zaisser und Wollweber unterstand der mächtige Staatssicherheitsdienst. Zumindest die Gruppe um Schirdewan besaß auch durchaus Rückhalt unter Funktionären und in der SED-Mitgliedschaft.

Schirdewan aus dem Politbüro, Wollweber aus dem ZK ausgeschlossen. Selbmann erhielt eine »strenge Rüge« und wurde zur Selbstkritik genötigt. Keinem gelang die Rückkehr in eine einflußreiche Position. Herrnstadt und Schirdewan wurden in die Archive von Merseburg bzw. Potsdam, Zaisser und Wollweber in den Ruhestand abgeschoben. Auf Oelßner wartete ein unwichtiger Posten an der Akademie der Wissenschaften, auf Harich eine Stellung als Verlagslektor in Ost-Berlin, Selbmann starb als freiberuflicher Schriftsteller. Sie alle wahrten über ihre Entmachtung hinaus die Parteidisziplin, indem sie nie wieder aufmuckten, sich still in ihr Schicksal fügten – auch das erleichterte dem SED-Chef die Ausschaltung der innerparteilichen Opposition.

Für Erich Honecker war die Aufgabe, seine parteiinternen Widersacher mundtot zu machen, einfacher geworden und zugleich schwieriger. Auf der einen Seite verfügte die SED-interne Opposition der siebziger Jahre über keinen nennenswerten Einfluß in der Partei mehr. Honecker hatte auch in der Krise den Apparat fest im Griff.[660] Mehr als dreißig Jahre intensiver kommunistischer Kaderpolitik zahlten sich aus. Auf der anderen Seite fiel es schwerer, die wenigen verbliebenen Oppositionellen zum Schweigen zu bringen. Da Männer wie Havemann, Bahro und von Berg sich von der Partei den Mund nicht mehr verbieten ließen, blieben der SED nur zwei Auswege. Sie konnte die Oppositionellen in den Westen abschieben, wie sie es schließlich mit Bahro und von Berg tat. Oder sie mußte ertragen, daß ein Robert Havemann zum unentwegt schmerzenden Stachel in ihrem Fleisch wurde.

Neben diesen *inneren* Aspekten beeinflußten auch Entwicklungen *außerhalb* der DDR das Ende der innerparteilichen Opposition. So konnte etwa die sich wandelnde Haltung der SPD zur nationalen Frage nicht folgenlos bleiben für Oppositionelle, die ihre gesamtdeutschen Visionen meist auf ein Bündnis von Reformkommunisten und westdeutschen Sozialdemokraten gegründet hatten. Spätestens seit der Publikation des »Manifests« mußten die letzten nationalgesinnten Reformer in der SED diese Hoffnung begraben. Denn die Reaktion der SPD auf die Veröffentlichung machte unmißverständlich klar, daß der Systemwandel in der DDR nicht – oder wenigstens *nicht mehr* – das wichtigste Ziel sozialdemokratischer Entspannungspolitik war.[661] Die abweisende Haltung, wel-

660 Vgl. auch Bender: 1995, 248.

661 So auch Garton Ash: 1994, 8. Selbst Bender, der ansonsten den Beitrag der Neuen Ostpolitik am Untergang der DDR herausstreicht, räumt ein, »daß diese Politik nicht darauf angelegt war, die DDR zugrunde zu richten« (Bender: 1994, 13).

che die SPD und die von ihr geführte Bundesregierung gegenüber dem *Spiegel*-Papier einnahmen, signalisierte eindeutig, daß sie mit unkontrollierbaren Wandlungen im Ostblock nichts zu tun haben wollten. Vor die Wahl gestellt, den SED-Chef zu unterstützen oder der Opposition beizuspringen, entschied sie sich für Honecker und gegen einen möglichen Wandel in der DDR. Die westdeutsche Regierungspartei zog die Sicherung des Erreichten und den Fortgang des Dialogs auf Regierungsebene einer unberechenbaren Veränderung des Status quo vor. Aus diesem Grund unterstützte sie den SED-Chef in seiner innerparteilichen Auseinandersetzung – auch darin unterschied sich die Situation im Januar 1978 von der Lage etwa 1953 oder 1956/57.

Die Hilfe der westdeutschen Sozialdemokratie stellte für Honecker vor allem deswegen eine wichtige Unterstützung dar, weil sie seine Position gegenüber Moskau stärkte. Wenn sich die Bundesregierung derart unmißverständlich für den SED-Chef einsetzte, mußte die UdSSR dies in ihre Überlegungen einbeziehen. Denn aus ökonomischen Gründen lag ihr weiterhin an dem Einvernehmen mit Bonn, und eine sozialdemokratisch geführte Regierung hielt man in Moskau immer noch für den geeignetsten Partner. Honecker machte sich diese Erwägungen zunutze, indem er sowjetischen Politikern gegenüber seinen Einfluß auf den Bundeskanzler herausstrich und andeutete, daß das politische Überleben der sozialliberalen Koalition eng mit dem Erfolg der deutsch-deutschen Entspannungspolitik verbunden sei. Ohne die DDR und ihre Politik gebe es längst keine SPD/FDP-Regierung mehr, behauptete Honecker etwa gegenüber dem sowjetischen Außenminister.[662] »Schmidt hängt von uns ab. Das wurde deutlich, als im *Spiegel* das auch den sowjetischen Genossen bekannte Pamphlet erschienen ist und in der DDR das *Spiegel*-Büro einfach geschlossen wurde.« Schmidt habe zum Telefon gegriffen und ihn, Honecker, gefragt, was er denn vor dem Bundestag erklären solle.[663] Zwar nahm Gromyko diese großspurige Bemerkung zu Recht mit Skepsis auf. Dennoch konnte die Sowjetunion das unmißverständliche Votum der Bundesregierung nicht einfach ignorieren.

Die westdeutsche Reaktion auf das »Manifest« war freilich nicht der entscheidende Grund, warum die Opposition gegen Honecker erfolglos blieb. Wichtiger waren andere Ursachen: Honecker hatte die Sowjetunion mit seinem harten Vorgehen gegen den *Spiegel* davon überzeugt, daß er

662 Vermerk über Gespräch zwischen Honecker und Gromyko (11. 5. 1978); in: SAPMO-BA, DY 30/J IV 2/2A/2152 (Politbüro d. ZK).
663 Ebd.

immer noch der Garant für die Aufrechterhaltung der kommunistischen Ordnung in der DDR war. Moskau hatte auch Ulbricht nicht zuletzt deswegen seinen innerparteilichen Widersachern immer wieder vorgezogen, weil er sich während des 17. Juni 1953 und während der Unruhen in Ungarn und Polen 1956 als zuverlässiger Vasall erwiesen hatte. Wenn es hart auf hart kam, galt auch in Moskau die Losung »Keine Experimente«, die sich meist zugunsten des als Stabilitätsgaranten erprobten Parteichefs auswirkte. Wie Ulbricht aus den Kämpfen der Jahre 1953 und 1956/57 letztlich gekräftigt hervorgegangen war, stärkte die »Manifest«-Episode auch Honeckers Machtposition.

Hinzu kam, daß die Moskauer Führungsspitze bis ins Jahr 1990 hinein vor wirklichen gesamtdeutschen Angeboten immer zurückschreckte. Die Stalin-Note vom März 1952 hat sich heute endgültig als Bluff entpuppt.[664] Das deutschlandpolitische Tauwetter nach Stalins Tod ein Jahr später währte nicht lange. Und auch der Deutschlandplan des *Spiegel*-Papiers war für die Sowjetunion zu diesem Zeitpunkt nicht akzeptabel. Falls Hermann von Berg darauf gehofft hatte, sein Text werde in Moskau Erwägungen über eine Art zweiter, diesmal ernstgemeinter Stalin-Note auslösen, hatte er sich getäuscht. Auch 1978 gab es nicht genug politisch einflußreiche Kräfte in der UdSSR, die ein neutralisiertes Gesamtdeutschland dem Status quo vorzogen.

Die Oppositionsbewegung der achtziger Jahre war in vielem das genaue Gegenbild der innerparteilichen Opposition. Hatten die SED-internen Oppositionellen versucht, Programme zu formulieren, wie die Einheitspartei von ihrer Spitze her zu reformieren sei, so gingen die Oppositionsgruppen der achtziger Jahre den umgekehrten Weg. Sie verzichteten darauf, schlüssige Gegenkonzepte zur Parteilinie zu formulieren, verstanden sich bewußt als offene Diskussionszirkel, in denen die verschiedensten Meinungen Platz haben sollten.[665] »Wir wollten nicht einfach nach Erfüllungsgehilfen unserer Entwürfe suchen, sondern die Möglichkeit für gemeinsames Entwerfen einer gesellschaftlichen Perspektive schaffen«, schrieb etwa Reinhard Schult, einer der Mitinitiatoren der Oppositionsgruppe »Neues Forum«. »Aus diesem Grund wollten [...] wir keine Partei gründen, sondern eine Vereinigung, die offen ist für alle, die an den längst überfällig gewordenen Veränderungen mitzuarbeiten bereit sind. Das Programm soll von allen, die sich engagieren, erstellt

664 Siehe hierzu Wettig: 1994.
665 Vgl. für viele den Vortrag von Gutzeit, Martin, in: Materialien Bd. VII, 1, 235–245 (bes. 244).

werden, und zwar durch Konsensbildung in einem breiten Diskussionsprozeß. Parteien haben eine starke Tendenz zur Bürokratisierung und grenzen viele Menschen von vornherein aus. Die Möglichkeiten der Einflußnahme durch die Basis sind zu klein. Die deutsche Parteiengeschichte ist ein Beispiel für Engstirnigkeit und Sektierertum.«[666]

»Kleine Schritte statt großer Utopien« lautete die Devise der Oppositionsgruppen.[667] Nicht auf Reformen von oben setzten sie ihre Hoffnungen, sondern auf Druck von unten. Konspiratives und koordiniertes Vorgehen lehnten sie in der Regel ab. Ihre Stärke lag darin, daß sich überall im Land meist spontan Gesprächsgrüppchen und Lesezirkel bildeten, die erst allmählich zu einer »locker vernetzten Zusammenarbeit«[668] fanden.

Die Themen, mit denen sich diese Oppositionsgrüppchen befaßten, unterschieden sich grundlegend von denen der parteiinternen Opposition. Abrüstung, Ökologie, Bildungspolitik, später auch Fragen der Menschenrechte und der Demokratisierung der DDR standen im Mittelpunkt ihres Interesses[669], nicht die Entwicklung des Sozialismus', wirtschaftliche Schwierigkeiten und die nationale Frage. Während für die innerparteilichen Oppositionellen Lenins Frage »Wer – wen« von entscheidender Bedeutung gewesen war, schenkte die Bürgerrechtsbewegung ihr wenig Aufmerksamkeit: »Nicht die Machtfrage wurde dem Regime gestellt, sondern tabuisierte soziale Fragen.«[670] Die Friedens- und Umweltbewegung forderte nicht die Ablösung der Regierung, sondern einen »Dialog« zwischen Herrschenden und Beherrschten.

Daß die Friedens- und Umweltgruppen, die häufig im Schutz der Evangelischen Kirche entstanden, allmählich eine Massenbasis gewannen, von der die parteiinterne Opposition nur hatte träumen können, verdankten sie nicht zuletzt der Abkehr von deren Themen, Zielen und Methoden.[671] Weder die drängenden ökonomischen Probleme noch die

666 Schult, Reinhard: Offen für alle – das »Neue Forum«, in: Knabe: 1989, 163f.

667 Poppe, Ulrike: »Der Weg ist das Ziel«. Zum Selbstverständnis und der politischen Rolle oppositioneller Gruppen der achtziger Jahre, in: Poppe u. a.: 1995, 244.

668 Ebd., 243.

669 Vgl. etwa Knabe: 1996. Siehe auch Gutzeit, Martin, in: Materialien Bd. VII, 1, 242.

670 Bickhardt, Stephan, in: Materialien Bd. VII, 1, 473. Vgl. auch Poppe, Ulrike: »Der Weg ist das Ziel«. Zum Selbstverständnis und der politischen Rolle oppositioneller Gruppen der achtziger Jahre, in: Poppe u. a.: 1995, 247.

671 Wenn hier die Unterschiede zwischen der SED-internen Opposition und der Bürgerrechtsbewegung der achtziger Jahre betont werden, so bedeutet dies nicht, daß es keine Gemeinsamkeiten und Berührungspunkte gegeben hat. Sicherlich hat das Beispiel Robert Havemanns viele ermutigt, selbst gegen das System aufzubegehren. Der »demokratische Sozialismus« des »Prager Frühlings« ist nicht nur für Rudolf Bahro zur Initialzündung geworden, sondern ebenso für viele derjenigen, die später die Oppositionsbewegung der achtziger Jahre trugen. Auch die Friedensbewegten und Bürgerrechtler brachen nur sel-

nationale Frage, die Hermann von Berg in seinem »Manifest« aufgegriffen hatte, stießen in der Generation, die »im Schatten der Mauer erwachsen geworden war«[672], auf ein größeres Echo. Wiedervereinigungshoffnungen waren für sie mit der internationalen Anerkennung der DDR und der vertraglichen Regelung der deutsch-deutschen Beziehungen endgültig zu Wunschträumen der Eltern und Großeltern verblaßt. Wirtschaftliche Probleme schienen ihnen wenig dringlich; die Orientierung auf materielle Bedürfnisbefriedigung und die sozialpolitischen Verbesserungen der Ära Honecker hatten trotz aller Mängel die Akzeptanz des SED-Regimes in der Bevölkerung sogar erhöht. Wie ihren Altersgenossen im Westen brannten dieser Generation andere Probleme viel stärker auf den Nägeln: Themen wie Kriegsgefahr und Umweltzerstörung etwa, deren Auswirkungen jeder am eigenen Leib spüren konnte – sei es im Wehrdienst bei der NVA oder in Form zunehmender Luftverschmutzung. Zudem boten die parteioffiziellen Denkmuster, die allein an den Kategorien der Blockkonfrontation ausgerichtet waren, für derartige systemübergreifende Probleme nicht einmal Ansätze für Lösungen.

Gerade weil sich die Oppositionsgruppen der achtziger Jahre Themenfelder annahmen, die von der SED wenig beachtet wurden, schienen sie der Einheitspartei zunächst keine große Gefahr zu sein. Nur dort, »wo sich Initiativen deutschlandpolitisch erklärten und zum Sozialismus Stellung bezogen, erhielten sie mehr Sprengkraft und forderten härtere Maßnahmen von Seiten der SED und Staatssicherheit heraus«.[673] Die den hohen Werten der Friedens- und Umweltbewahrung verpflichteten Gruppen kamen meist glimpflicher davon. Doch selbst wenn sich die Staats- und Parteiführung entschloß, gegen diese vorzugehen, stand sie vor Schwierigkeiten. Anders als bei der parteiinternen Opposition vergangener Zeiten genügte es nicht, einzelne auszuschalten, um die Opposition zum Schweigen zu bringen. Bärbel Bohley hat das Dilemma, in dem sich das Regime befand, frühzeitig auf den Punkt gebracht: »Es ist ein Irrtum der Staatssicherheit zu glauben, daß es in der Friedensbewegung ›Rädelsführer‹ gibt, die man nur ins Gefängnis stecken muß, um Ruhe vor dem Frieden zu haben. [...] Man kann nicht alle einsperren.«[674]

ten mit dem Sozialismus. Sie akzeptierten durchaus Grundvoraussetzungen des Systems, stießen sich ebenfalls an der Kluft zwischen Anspruch und Wirklichkeit des Sozialismus.

672 Poppe, Ulrike: »Der Weg ist das Ziel«. Zum Selbstverständnis und der politischen Rolle oppositioneller Gruppen der achtziger Jahre, in: Poppe u. a.: 1995, 244.

673 So Bickhardt, Stephan, in: Materialien Bd. VII, 1, 497.

674 Zit. nach Fricke: 1984, 201.

Die Eigenschaften, denen die Oppositionsgrüppchen in den achtziger Jahren ihren Erfolg verdankten, waren jedoch gleichzeitig auch dafür verantwortlich, daß es ihnen nicht gelang, während der Wende in der DDR ihre politischen Präferenzen durchzusetzen. Hatte während der achtziger Jahre gerade ihr unkoordinierter, dezentraler Charakter die Friedens- und Umweltbewegung davor bewahrt, von der Staatssicherheit zerschlagen zu werden, so wirkte sich im Wendeherbst 1989 die verbreitete Ablehnung, politische Parteien mit einer spezifischen Programmatik zu gründen, verheerend auf die Gestaltungschancen der Bürgerrechtler aus.[675] Ihr distanziertes Verhältnis zur Macht, ihr Plädoyer für gesellschaftlichen »Dialog« hatten zwar entscheidend dazu beigetragen, die Macht der nicht zum Dialog bereiten SED zu unterminieren. Als es jedoch darum ging, das entstandene Vakuum auszufüllen, reichten Diskussionskultur und Gesprächsbereitschaft nicht mehr aus. »Auf die Frage, ob sie bereit wären, den Posten eines Innenministers zu übernehmen, hätten die meisten wahrscheinlich gelacht und sehr ablehnend reagiert«, urteilte Martin Gutzeit, der das Wagnis damals eingegangen war.[676]

Als im Verlaufe der Wende die ökonomische Katastrophe, in die Honeckers Politik das Land manövriert hatte, immer deutlicher sichtbar wurde, offenbarte sich eine weitere Schwäche der Bürgerrechtsbewegung: Wirtschaftlicher Sachverstand fand sich kaum in ihren Reihen. Er konnte sich dort auch nicht finden, weil gerade Informationen über die ökonomische Entwicklung zu den *arcana imperii* der SED-Führung gezählt hatten.

Zudem rückte im Herbst 1989 ein anderes Thema wieder auf die Tagesordnung, das die Bürgerrechtler längst abgehandelt glaubten: die nationale Problematik. Jetzt rächte es sich, daß »die Bedeutung der ›deutschen Frage‹ von den Gruppen unterschätzt, vielleicht sogar verdrängt worden war«.[677] Die Forderung nach einem Ende der deutschen Teilung, die Hermann von Berg im »Manifest« oder Robert Havemann in seinem offenen Brief an Leonid Breschnew erhoben hatten, war von der Friedensbewegung in der DDR nicht aufgegriffen worden.[678] Dem Ruf »Deutschland, einig Vaterland«, der seit November 1989 auf den Demonstrationen in Leipzig, Berlin und anderswo immer lauter wurde, stand sie daher hilflos und ohne Verständnis gegenüber.

675 Siehe dazu den Vortrag von Gutzeit, Martin, in: Materialien Bd. VII, 1, 245.
676 Ebd., 244.
677 Poppe, Ulrike: »Der Weg ist das Ziel«. Zum Selbstverständnis und der politischen Rolle oppositioneller Gruppen der achtziger Jahre, in: Poppe u. a.: 1995, 266.
678 Siehe auch Bickhardt, Stephan, in: Materialien Bd. VII, 1, 464.

Schlußbemerkung

Ist es eine zufällige Kapriole der Geschichte oder der späte Triumph tieferer Einsicht, daß Hermann von Bergs »Manifest«, das 1978 vielen ein seltsames Relikt aus vergangenen Zeiten zu sein schien, heute wie eine hellsichtige Prophezeiung des Untergangs der DDR anmutet? Es ist beides zugleich. Von Berg mußte scheitern, obwohl er mit seiner Diagnose richtig lag. Er hatte recht, wenn er schrieb, daß sich bereits 1977/78 der wirtschaftliche Bankrott des Honecker-Regimes abzeichnete. Er hatte recht mit der Feststellung, daß die deutsche Frage noch nicht erledigt war. Er hatte recht, wenn er die Wirtschaftspolitik des SED-Chefs als irrational und seine Deutschlandpolitik als kurzsichtig bezeichnete.

Freilich hätte der Oberkämmerer Polonius aus Shakespeares *Hamlet* angemerkt: *Though this be madness, yet there's method in it* (Und ist es auch Wahnsinn, so hat es doch Methode). Versteht man nämlich Honeckers Politik nicht als Methode zur Lösung von Problemen, sondern als »Strategie des politischen Überlebens«, wie Garton Ash es genannt hat, dann war sie durchaus rational. Sie funktionierte solange, wie »die Sowjetunion bereit war, die DDR politisch zu unterstützen, und die Bundesrepublik bereit war, sie vor dem finanziellen Ruin zu bewahren«.[679] Da die Sowjetunion kein erfolgversprechendes Alternativkonzept zu Honeckers Politik besaß[680], sah sie sich gezwungen, dessen »Pump- und Pompsozialismus«[681] allen Bedenken zum Trotz zu stützen. Gerade weil die sowjetischen Besatzer früher als andere erkannten, wie instabil die DDR war, wußten sie, daß es nicht möglich war, die deutsch-deutschen Beziehungen drastisch einzuschränken. Die UdSSR besaß nicht die Wirtschaftskraft, der DDR zu liefern, was sie aus der Bundesrepublik bezog. Jede Beschränkung der innerdeutschen Kontakte hätte eine gravierende Verschlechterung des ostdeutschen Lebensstandards und somit erst recht die Destabilisierung des Landes zur Folge gehabt.[682]

679 Garton Ash: 1993, 238f.
680 So z. B. Kwizinskij: 1993, 265.
681 Handschriftliche Aufzeichnung Werner Krolikowskis (16. 1. 1990), in: Przybylski: 1991, 325.
682 So auch Bender: 1995, 248. Deutlich wurde das Dilemma, in dem sich die Sowjetunion befand, z. B. während des Gesprächs zwischen Gromyko und Honecker im Mai 1978. Der sowjetische Außenminister hatte in seiner Ansprache die DDR immer wieder aufge-

Wer auf dem Tiger reitet, darf nicht absteigen, sagt ein altes chinesisches Sprichwort, das Honecker als Leitmotiv seiner Politik gedient haben könnte. Daß der Ritt auf dem Tiger am Abgrund enden würde, hat Hermann von Berg früher erkannt als die meisten anderen. Es im *Spiegel*-»Manifest« laut und vernehmlich ausgesprochen zu haben, ist sein historisches Verdienst.

fordert, »Zurückhaltung beim Ausbau des Kommunikationsnetzes mit der BRD« zu üben. Gleichzeitig gab er in demselben Gespräch jedoch grünes Licht für den Bau der Autobahn zwischen Berlin und Hamburg; siehe Protokoll des Gesprächs zwischen Honecker und Gromyko (12. 5. 1978); in: SAPMO-BA, DY 30/J IV 2/2/1726, 20).

Das Manifest des Bundes Demokratischer Kommunisten Deutschlands

Hiermit wenden wir uns an die Öffentlichkeit Deutschlands und teilen mit, daß wir demokratisch und humanistisch denkenden Kommunisten in der DDR uns illegal in einem Bund Demokratischer Kommunisten Deutschlands (BDKD) organisiert haben, weil uns die Umstände noch keine Möglichkeit zur legalen Vereinigung lassen.

Wir rechnen damit, daß sich auch gleichgesinnte Genossen in der BRD und in West-Berlin legal organisieren, um die Einheit der kommunistisch-demokratischen Kräfte in Deutschland herzustellen.

Momentan haben wir begonnen, uns über Theorie und Praxis eines demokratischen Kommunismus zu verständigen. Unsere hektographierten Materialien bilden eine schwere Gefahr für die Genossen, falls sie in falsche Hände geraten. Daher wenden wir uns bewußt an ein liberales Magazin in der BRD, dessen kritische Haltung zu Ost und West gleichermaßen bekannt ist, um unsere Erwägungen gefahrloser zu verbreiten. Wir ersuchen zugleich die kommunistischen, sozialistischen, sozialdemokratischen und liberalen Journalisten der BRD, uns dabei zu helfen.

Wenn selbst die Ideologen der ZK-Akademie in westdeutschen Verlagen publizieren, wenn DDR-Intellektuelle ihre Fehden öffentlich in den westdeutschen Medien austragen – warum sollten wir nicht die Waffen selbst des politischen Rivalen nutzen, um für kommunistisch-demokratische Prinzipien zu streiten? Auch Lenin hat seine Möglichkeiten, in der bürgerlichen Presse zu publizieren, und außerdem sogar die 40 Millionen Goldmark des kaiserlichen deutschen Geheimdienstes durchaus sinnvoll verwandt.

Vielleicht bekommen wir, wie die SED-Ableger DKP/SEW in der BRD/Berlin-West, eines Tages die Möglichkeit, in der DDR unsere eigene Zeitung zu haben und in der Legalität zur Opposition gegen den pseudosozialistischen Spätkapitalismus, genannt »realer Sozialismus«, und seinen reaktionären politbürokratischen überlebten Überbau zu nutzen.

Vielleicht können wir, wie die DKP/SEW in die DDR, eines Tages unsere Genossen vom BDKD in die BRD zur Parteihochschule schicken. Sobald man uns diese Gleichberechtigung einräumt, verzichten wir auf die erhoffte Unterstützung demokratischer Journalisten.

Unter den Partei-Journalisten der DDR ist uns noch kein Minister- oder Präsidenten-Töter aufgefallen, obwohl auch hier das Wort des Chefredakteurs Karl Marx seine Gültigkeit hat, daß es Aufgabe der volksverbundenen Presse ist, die reaktionären menschenfeindlichen Herrschaftszustände »allerorts zu unterwühlen«.

Es ist unser Ziel, in ganz Deutschland auf eine demokratisch-kommunistische Ordnung hinzuwirken, in der alle Menschenrechte für jeden Bürger voll verwirklicht sind nach dem Marx-Wort, daß man alle Umstände vernichten muß, unter denen der Mensch ein unterdrücktes, verächtliches, geknechtetes Wesen ist. Wir wissen nicht, ob und wann wir oder Generationen nach uns das erreichen.

Wir glauben nicht an Gottvater Marx, Jesus Engels oder gar den Heiligen Geist Lenins, an die fatalistische Gesetzmäßigkeit der Geschichte, sondern wir schätzen die »Klassiker des Marxismus-Leninismus« als bedeutsame Glieder einer langen Gedankenkette von Morus und Campanella über die französischen, englischen und deutschen Utopisten, die Aufklärung, die Klassik bis hin zu Bebel, Rosa Luxemburg und Liebknecht – welche beide in ihren in der DDR nicht gedruckten philosophischen Positionen eindeutig einen pluralistischen Kommunismus vertreten – bis hin zu Bloch, Harich, Havemann und Bahro.

Dabei ist immer ein roter Faden erkennbar: die rationale, nicht die gläubige Analyse der gesellschaftlichen Prozesse und die Verpflichtung des Kommunisten zur sozialen Gerechtigkeit, zum Kampf gegen asoziales Schmarotzertum und für einen kämpferischen Humanismus.

Lebten Marx, Engels, Lenin heute, blickten sie voller Abscheu auf das dogmatisierte heidnische Götzenbild, was man von diesen bemerkens- und liebenswerten Persönlichkeiten übriggelassen hat, und sie befänden sich heute, wie gehabt, in der West-Emigration – bei den Eurokommunisten. Würden Marx/Engels ihr »Manifest« heute abfassen, würden sie wohl beginnen »Ein Gespenst geht um im östlichen Europa – das Gespenst des westeuropäischen Kommunismus«.

Wir bringen einige Thesen zu theoretischen und praktischen Hauptproblemen, wie sie sich aus unserer Sicht für die Politik eines BDKD in Deutschland darstellen. Sie sollen zur Selbstverständigung dienen und nach der Diskussion zu einem Programm und Statut verdichtet werden. Dabei sind die aus der Nazi-Zeit erlernten Regeln der Konspiration zu beachten und zu verfeinern. Die Partei- und Staatsarbeit, das Partei- und FDJ-Studienjahr, die Zivilverteidigung und die Kampfgruppen – alle bieten die Möglichkeit, sich über die Thesen der »Revisionisten« zu verständigen und sie – auch unter dem Vorwand der Bekämpfung – zu verbreiten.

I. Krieg und Frieden

1. Wir wenden uns gegen den Nebelvorhang der »allgemeinen Gesetzmäßigkeiten«. Die Wahrheit ist immer konkret. Die Seele des Marxismus ist die konkrete Analyse der konkreten Situation.

2. Die ungleichmäßige Entwicklung des Staatskapitalismus hat dazu geführt, daß heute zwei imperialistische Supermächte, die USA und die UdSSR, existieren. Es kann im Interesse der Friedenssicherung nur erhofft werden, daß sich international eine pluralistisch ausgewogene Kräfteverteilung ergibt.

3. Die Kriegsgefahr geht von beiden imperialistischen Zentren aus. Der brutale Einsatz von Napalm gegen die Grenztruppen der Volksrepublik China durch die Sowjet-Union und die dauernde Spannung an der chinesisch-sowjetischen Grenze beweisen die Demagogie der These von der angeblich friedenssichernden Macht der SU. Die Gefahr eines kriegerischen Zusammenstoßes wächst im Gefolge der Aufrüstung der Supermächte. Die Abrüstung muß durchgesetzt werden.

4. Im westlichen imperialistischen System ist die Interdependenz global geworden, in der Wirtschaft wie in der Politik und Kultur. Von dieser Seite her droht deshalb keine Kriegsgefahr mehr zwischen den kapitalistischen Industrieländern.

5. Die sowjetische Aufrüstung zu Lande, zu Wasser und in der Luft, das Schüren von Kriegsherden im afrikanisch-arabischen Raum durch Lieferung von Waffen, Personal und Ausbildern, die zunehmende Militarisierung des gesamten öffentlichen Lebens im Ostblock gefährden den Weltfrieden. Die SU muß bei den MBFR-Verhandlungen in Wien zur gleichwertigen Abrüstung und zum Abzug ihrer Truppen aus Osteuropa vertraglich verpflichtet werden. Das Ende des Kolonialsystems muß auch gegenüber dem roten Imperialismus durchgesetzt werden.

6. Die überseeischen NATO-Truppen müssen aus Westeuropa abgezogen werden. Die BRD soll aus der NATO, die DDR aus dem Warschauer Pakt ausscheiden, und ganz Deutschland soll total abgerüstet werden. Der Sicherheitsrat der Vereinten Nationen kann die Neutralität Deutschlands garantieren. Die in Deutschland dadurch frei werdenden Mittel werden bis auf den letzten Pfennig den Vereinten Nationen für die Vierte Welt zur Verfügung gestellt.

7. Es müssen friedensvertragliche Regelungen mit Deutschland geschaffen werden nach Lenins weisem Wort »Frieden ohne Kontributionen und Annexionen«. Rußland hat riesige Weiten, wozu muß es als

Landräuber auftreten? Wir begrüßen die Haltung unserer japanischen Genossen in der Kurilenfrage. Sie haben recht: Die sowjetische Haltung ist die des Großmacht-Chauvinismus in Asien wie in Europa.

8. Die UdSSR hat der Entspannungspolitik aus ökonomisch-technischer Rückständigkeit heraus zugestimmt. Zugleich tut sie durch kooperative Verträge, wissenschaftlich-technische Zusammenarbeit und ähnliches alles, um mit westlicher Hilfe ihre Militärmaschine auf Überlegenheit zu trimmen. Das würde sie zu Zeiten eines Kalten Krieges erst recht tun. Deshalb gibt es keine Alternative zur Entspannung. Nur diese schafft die Möglichkeit einer friedlichen grundsätzlichen Reformation im Innern des sowjetischen Machtbereiches, einen Übergang von der asiatischen Produktionsweise des bürokratischen Staatskapitalismus zur sozialistischen Volkswirtschaft und Gesellschaft.

II. Reformkommunismus und sowjetische Orthodoxie

1. Alles, was den Menschen bewegt, muß durch seinen Kopf, sagt Marx. Wir fügen hinzu: Erst muß das Richtige in seinen Kopf hinein. Die Herstellung der Menschenrechte in Westeuropa ging historisch konform mit der Erfindung und Verbreitung des Buchdrucks, der Flugblätter, der Zeitungen; die Herstellung der Menschenrechte im heutigen Osteuropa geht konform mit dem weltweiten System der Kommunikation durch die Massenmedien, besonders durch das Fernsehen.

Deshalb die erstaunliche Furcht der roten Päpste im Kreml vor den Medien, deshalb ihre Verbotsanträge gegen Satelliten-Übertragungen in den Vereinten Nationen. Wird der Marxismus durch subalterne Überzeugungen oder nach dem Prinzip erhalten, mit dem er angetreten ist, nämlich durch den Widerspruch der Meinungen die beste Lösung für ein politisches Problem zu finden?

2. Die politbürokratische Orthodoxie Moskaus ist objektiv reaktionär geworden. Sie hindert im Interesse eigener imperialer Machtausübung die kommunistische Weltbewegung an neuen Erkenntnissen, neuen Theorien, neuen praktischen Schritten. Sie betreibt Großmachtpolitik ohne Rücksicht auf die internationale Arbeiterbewegung oder die sogenannten Bruderländer.

Sie macht mit den reaktionärsten Feudalstaaten eine Ölpreispolitik, die Inflation für die Arbeiter im Kapitalismus wie im Sozialismus bedeutet, erhält die Spannungen um Berlin-West aufrecht, setzt kubanische Hiwis in Entwicklungsländern ein und so weiter. Das alles bedeutet das Gegenteil von progressiver Politik.

3. Rußland hat weder eine Reformation noch eine Aufklärung noch eine liberale Zivilisation kennengelernt. Partei und Staat der heutigen SU sind dementsprechend geprägt. Eine theokratische Gesellschaft mit zum Teil vorchristlichen Mythen, mit großrussischem Nationalismus, mit einer antisemitischen, antidemokratischen, antinationalen Denk-, Sprach- und Verhaltensweise kann in Westeuropa nur Widerwillen erwecken.

Wir bestehen auf dem Recht unseres eigenen deutschen nationalen Weges zum Sozialismus, was uns Moskau verbal stets zuerkannte, aber politisch immer verweigert hat.

4. Der Stalinismus war keine Entgleisung, er ist System. Stalinismus und Faschismus sind, unter staatsmonopolistischen Verhältnissen und geprägt vom Kampf um die Ausweitung der Macht, Zwillinge. Wir erinnern an das Wort des KZ-Häftlings Kurt Schumacher von den Stalinisten als rotlackierten Nazis. Stalin hat Hitler zur Macht verholfen, indem er die KPD auf die »Sozialfaschisten« der SPD hetzte. Damit hat er sich Hitlers Aufstieg und dessen Angriff auf die SU selbst mitorganisiert. Er hat die SED 1947/48 wiederum auf den »Sozialdemokratismus« gehetzt und auch damit die Kalten Krieger, die Neonazis und Revanchisten in der BRD einflußreich gemacht.

Genossen, die diese Komintern-Politik nicht mitmachten, etwa Tito, wurden zu »Faschisten« gestempelt, isoliert, verfolgt und nach Scheinprozessen ermordet.

5. Wir teilen deshalb die Einschätzungen der chinesischen Genossen vom neofaschistischen Typ der sowjetischen Machthaber. Sie haben Hitler die KZs vorgemacht, sie praktizieren noch heute den Antisemitismus.

Der Zar zahlte seinen politischen Häftlingen die Lebenskosten und ließ sie – wie Lenin und Stalin in einem sibirischen Bauernhaus – in der Verbannung leben. Die Scheußlichkeiten der Arbeits- und Straflager und der Irrenanstalten für Kritiker blieben dem stalinistischen Politbüro vorbehalten.

Die Barbarei des Systems hat in der SU und in vielen annektierten osteuropäischen Staaten nach 1945 mehr Opfer an Menschenleben unter den Genossen gefordert als Hitlerfaschismus und Krieg. Es ist mehr als symbolisch, wenn 1977 der letzte Kampfgefährte Lenins die UdSSR verlassen hat.

6. Die Arbeiterklasse der SU wird von einer parasitären Bürokratenkaste ausgebeutet, die sich den größten Teil des Mehrwertes aneignet.

Erst seit 1956 gibt es eine allgemeine Sozialversicherung für Arbeiter und Angestellte, erst seit 1966 bezieht der faktisch leibeigene, an die Scholle gebundene Kolchosbauer eine schmale Rente. Es gibt nicht einmal innerhalb der SU normale Bewegungsfreiheit. Das Lebensniveau ist erheblich niedriger als in den kapitalistischen Industrieländern.

Wo sind die sozialen, wo vor allem die politischen Errungenschaften? Richtig ist, daß die Arbeitslosigkeit beseitigt ist. Der Staat bezahlt ein Heer von Parasiten mit Scheinbeschäftigungen im Unterdrückungsapparat. Sonst gäbe es im Zuge von Rationalisierung und Automatisierung Arbeitslosigkeit wie in der westlichen Form des Staatsmonopolismus. Wo ist aber besonders das menschliche, das demokratische Profil des angeblichen Sozialismus? Die Machthaber sind, völlig unkontrolliert in der russischen Feudalgesellschaft unserer Tage, mächtiger als die absolut regierenden Fürsten früherer Jahrtausende. Sie teilen die Macht nicht einmal mit der Kirche.

7. Keine bahnbrechende wissenschaftlich-technische Erkenntnis ist seit der Oktoberrevolution zuerst aus der SU gekommen. Das Land, zu Zarenzeiten Großexporteur landwirtschaftlicher Produkte, ist heute von amerikanischen Weizenimporten abhängig.

Die Scharlatanerie eines Lyssenko, der es fertigbrachte, alle winterharten Getreidesorten Rußlands zu vernichten, zeigt den wahren verderblichen Einfluß des »Marxismus-Leninismus« in der Wissenschaft. Seine antiquierten Religionsdogmen ersticken schöpferisches Denken und Tun. Ob Relativitätstheorie oder Kybernetik, ob Kunstfaser oder Elektronik, die Sowjets laufen nach wie vor den neuen Qualitäten des Westens nach.

8. Sie trompeten heute, die USA bei der Stahl- und Zementproduktion eingeholt zu haben. Zugleich verbreiten sie, daß die USA ihre entsprechenden Kapazitäten nicht ausgelastet haben. Im Ernstfall könnten also die USA 50 Prozent mehr produzieren als die Sowjets.

Diese Tonnen-Ideologie zeugt von einem völligen Unverständnis für Prozesse der Stoff-, Struktur- und Effektivitätswandlungen in den modernen Volkswirtschaften des Westens. Die SU produziert nach wie vor veraltet und zu teuer – und ist darauf noch stolz. Zugleich wälzt sie diese Lasten in wachsendem Maße über eine intensive Preistreiberei auf die RGW-Staaten ab. Sie setzt Masse und Quantität anstelle der längst überfälligen Qualität.

9. Die Widersprüche zwischen Produktivkräften und Produktionsverhältnissen drängen in der SU zu einer Lösung. Die soziale, rassische, nationale und religiöse Unterdrückung ist eine Schande für eine Partei, die

sich kommunistisch nennt und voll und ganz im Sinne der Gemeinschaft zu handeln vorgibt.

Unsere klare Aussage ist: Unsere Sympathie gilt allen Völkern der SU – mit der herrschenden Klasse dort, auch persönlich korrupt bis auf die Knochen, wollen wir nichts zu tun haben. So wenig wie mit ihren Statthaltern in der DDR, die ihr Dasein vorwiegend zur persönlichen Bereicherung durch beachtliche Präsente auf Kosten der DDR-Werktätigen benutzen.

10. Wir treten ein für einen theoretisch und politisch total reformierten Kommunismus, der nach Lenin das Beste verkörpert, was die Menschheit bisher hervorgebracht hat. Wir sind daher

- gegen die Einparteien-Diktatur, die eine Diktatur der Sekretärs- und Politbüro-Clique ist,
- gegen die Diktatur des Proletariats, die eine Diktatur der Bürokratie über das Proletariat und gegen das gesamte Volk ist,
- für einen Parteienpluralismus, denn Freiheit ist, nach Luxemburg, immer die Freiheit der Andersdenkenden,
- für ein unabhängiges Parlament, das aus freier Entscheidung der Wähler hervorgeht,
- für einen unabhängigen Obersten Gerichtshof, wo jeder Bürger seine Klagen gegen Machtmißbrauch vorbringen kann. Selbst in Preußen konnte ein Müller seinen Prozeß gegen den König gewinnen. Im »realen Sozialismus« muß sich der machtlose Geist der geistlosen Macht beugen, ohne juristischen Schutz in Anspruch nehmen zu können,
- für eine von lebensfremden ZK-Apparatschiks unabhängige Regierung,
- für die Abschaffung des »demokratischen Zentralismus« in Partei, Staat und Gesellschaft, da er ein Zentralismus gegen die Demokratie ist.

Wir sind für ein vertrauensvolles Verhältnis der Zusammenarbeit von demokratischen Kommunisten, Sozialisten und Sozialdemokraten in Deutschland, Europa und der Welt. Wir sind nicht für einen erstklassigen sozialistischen und einen zweitklassigen proletarischen Internationalismus, sondern für einen Internationalismus, wie er sich auf der Berliner Konferenz der kommunistischen und Arbeiterparteien gezeigt hat.

Dort sind die Positionen festgeschrieben und nicht in den parteiinternen Anweisungen, in denen es heißt: Was Carillo, Berlinguer und Marchais uns dort erzählt hätten, gehe die Parteien in den sozialistischen Ländern nichts an.

Wir sind nicht verblendet und bilden uns nicht ein, gegenüber den anderen Parteien der Arbeiterbewegung die Einsicht in den historischen Gang der Dinge vorauszuhaben.

Wir wissen aus den Entscheidungen der Politbüros, daß deren Einsicht immer erst im nachhinein erwächst. Alle Gruppen von Menschen verfolgen ihre Ziele, sagt der alte Engels, aber heraus kommt, was keiner gewollt hat. Herauskommen muß für demokratische Kommunisten eine Gesellschaft, in der alle Menschen Brüder sein können, unbeschadet ihrer Weltanschauung. Nathan der Weise steht uns näher als die leninistische Version des Kommunismus.

Wir treten ein für die Beendigung der unheilvollen Spaltung der internationalen Arbeiterbewegung, die durch die russischen Instrukteure teils ausgelöst und teils generell forciert worden ist.

Wir halten Lenins Partei-, Demokratie- und Staatskonzept für untauglich. Vielleicht hätte er es in der SU richtig praktizieren können. Wir müssen uns nach den historischen Tatsachen und Erfahrungen richten, die für uns zutreffen.

Wir sind für juristisch und verfassungsmäßig real und eindeutig gesicherte Versammlungs-, Presse-, Organisations- und Glaubensfreiheit. Die Diener des Staates dürfen nicht den willkürlichen Ambitionen eines beschränkten Parteisekretärs, sondern müssen dem Gesetz und der Allgemeinheit verpflichtet sein.

Wir sind für die Abschaffung der Staatsreligion des Marxismus-Leninismus. Wissenschaft, Kunst und Literatur, das geistige Leben überhaupt, dürfen nicht reglementiert werden. Der menschliche Geist darf nicht der unmenschlichen Bürokratie, die unmenschliche Bürokratie muß dem menschlichen Geist unterworfen werden!

Der schöpferische Marx hätte heute längst die These der französischen Sozialisten vom Klassenkampf und seine eigene von der Diktatur des Proletariats als überholt gestrichen. Spätestens bei seinem Hohn auf den »Autoritätsaberglauben der selbsternannten Führer« wäre er verhaftet, eingesperrt oder gehenkt worden.

III. Deutschlandpolitik

1. Noch haben die Sowjets ihr Ziel der Verewigung der deutschen Spaltung nicht erreicht. Auch die Deutschlandpolitik der SED-Spitze ist bisher gescheitert.

Kein Konzept konnte die Spannungen an der Grenze und um die Grenze lösen. Keine pseudotheoretischen Haarspaltereien um die Nation schaffen das praktisch ungelöste nationale Problem aus der Welt. Damit bleibt für den Weltfrieden ein gefährlicher Spannungsherd trotz aller Entspannung auch weiterhin bestehen.

Alle Machtkämpfe im Politbüro – Ackermann, Zaisser, Herrnstadt, Oelßner, Schirdewan, Ulbricht kontra Honecker – waren mit der nationalen Frage verbunden. Die historischen Erfahrungen in der UdSSR, Vietnam und Korea beweisen die Richtigkeit der theoretischen Verallgemeinerungen sowjetischer Wissenschaftler, daß die nationale Komponente langlebiger als die soziale ist.

Theorie und Praxis des SED-Politbüros unter Honecker stehen in direktem Gegensatz zur Theorie und Praxis der kommunistischen Parteien der genannten Staaten.

Die demokratischen Kommunisten können in Deutschland nur zu politischem Einfluß gelangen, wenn sie die erste Forderung von Marx in der Revolution von 1848 zu ihrer eigenen machen und für Jahrzehnte unverrückbar daran festhalten: »Ganz Deutschland wird zu einer einigen, unteilbaren Republik erklärt.«

2. Der Entwicklungsprozeß gestattet heute, zu neuen Denkmodellen in der Deutschlandpolitik vorzustoßen. Wir sind für eine offensive nationale Politik, für ein Konzept, das auf die Wiedervereinigung Deutschlands zielt, in dem Sozialdemokraten, Sozialisten und demokratische Kommunisten ein Übergewicht gegen die konservativen Kräfte bilden. Das wird der entscheidende Beitrag für eine europäische Friedenssicherung in Deutschland sein.

Dieses Deutschland kann und muß eine Brücke zwischen Ost und West, ein friedensstabilisierender Faktor werden. Die Stichworte dazu lauten Abzug aller fremden Truppen im Gefolge der Entspannung, Austritt aus den Militärpakten, Friedensverträge mit beiden deutschen Staaten, Neutralitätsgarantie durch den Sicherheitsrat der UN, totale Abrüstung und Abführung der ersparten Rüstungskosten an die Vierte Welt, Assoziierung mit der EWG und dem RGW, Zulassung aller BRD- und DDR-Parteien in ganz Deutschland, freie, geheime Wahlen zur Nationalversammlung, Konstituierung einer Nationalversammlung zur Ausarbeitung einer Verfassung, stufenweise Rechtsangleichung in allen gesellschaftlichen Bereichen.

3. Zur Vorbereitung dieser Entwicklung sind heute eine Reihe von Schritten denkbar, die DDR-Wissenschaftler schon vor Jahren angeregt haben:

- Mitgliedschaft der DDR im GATT,
- Zusammenarbeit mit der Weltbank,
- Konvertierbarkeit der DDR-Mark. De facto besteht diese schon durch die Intershop- und Exquisit-Praxis sowie die Praxis der statthaften Deviseneinfuhr,
- Einführung einer Berlin-Mark, die in beiden deutschen Staaten Gültigkeit hat und mit dem Wert der Mark der Bundesrepublik identisch ist.

Diese finanziellen Maßnahmen können als Übergangsregelungen zur Herstellung einer deutschen Währung dienen.

Mit ihnen korrespondieren muß eine Enteignung der Polit-Bürokratie und der DDR-Millionäre. Die circa 90 Milliarden DDR-Mark auf den Konten sind nicht durch ehrliche Arbeit, sondern ab einer bestimmten Höhe durch Ausbeutung und Spekulation erworben. Die Beseitigung der Staatsverschuldung und festgefrorenen Inflation wäre Voraussetzung für die hauptstädtische Einheitswährung und die Konvertierbarkeit der DDR-Mark.

Sie würde politisch bedeuten, daß der »reale Sozialismus« sein unmenschliches Gesicht mit Mauer, KZ-Tötungsanlagen und Minenfeldern aufgeben kann, weil der ökonomisch-politische Anlaß entfiele, der DDR-Obrigkeit millionenfach zu entfliehen. Dies wäre eine echte Hilfe für den schweren Kampf unserer Genossen nicht nur in Westeuropa.

Die Vorteile der RGW-Partner der DDR lägen auf der Hand. Sie könnten sich höchste Qualität und modernste Technik zu geplanten Lieferzeiten sichern. Die BRD-Wirtschaft könnte für die nächsten zehn Jahre mit der Aufpäppelung des herabgewirtschafteten Entwicklungslandes DDR auf Hochkonjunktur laufen. Die OECD-Staaten erschlössen sich eine massive Handelsschleuse zum RGW-Markt. Und schließlich könnten direkte Kooperationsbeziehungen zwischen DDR- und BRD-Konzernen in wissenschaftlich-technischer, ökonomischer und personeller Beziehung aufgenommen werden.

4. Die ökonomischen Maßnahmen bedürfen der politischen Ergänzung. Hier fordern wir: Einführung des ungehinderten Reiseverkehrs zwischen der DDR und der BRD bei Abschaffung aller überflüssigen

Zoll- und Kontrollformalitäten. Als Übergangslösung verlangen wir die Senkung des Reisealters auf 35 Jahre, da die Berufsrentner des Politbüros dieser Altersstufe die Fähigkeit zur Selbstentscheidung wohl nicht absprechen können.

Es sollte ein Abkommen zwischen Bonn und Ost-Berlin geschlossen werden, das – analog etwa israelischen und ähnlichen Regelungen – vorsieht, im Falle von Arbeitsplatzwechsel dem Ausbildungsbetrieb, falls er im anderen deutschen Staat liegt, die Ausbildungskosten voll zu ersetzen.

Dieses Abkommen könnte auch die Vermittlung von westdeutschen Arbeitslosen in DDR-Betriebe regeln, besonders auch von Jugendlichen zur Ausbildung. Übrigens zeigt die jugoslawische Praxis, daß Gastarbeiter aus sozialistischen Ländern in westlichen Monopolbetrieben fachlich und politisch zumeist hinzugewinnen.

Außerdem fordern wir freie Bewegung in Berlin und die Absorption der West-Berliner Arbeitslosen in DDR-Betrieben bei gleichen Tarifen, welche die Gewerkschaften auszuhandeln hätten.

Die deutsche Arbeiterklasse ist eine Arbeiterklasse und muß es bleiben. Solidarität gilt dabei wechselseitig. Jahrhundertealte Tradition und Blutsbande sind weder durch imperialistische Machtpolitik noch durch Politbüro-Quislinge zerstörbar.

5. Großzügige Kooperationsbeziehungen sollten zwischen westdeutschen Handelskonzernen und Dienstleistungsfirmen einerseits und den Konsumorganisationen in der DDR andererseits hergestellt werden. Mit den Gewerkschafts-, SPD- und staatseigenen Betrieben der BRD, ferner zwischen FDGB und DGB könnten besonders für Urlaub und Erholung betriebliche Kompensationsgeschäfte geschlossen werden. Das gleiche gilt für Jugend-, Sport- und Frauenorganisationen.

IV. Zur inneren Situation der DDR

Warum wird der Abstand DDR–BRD in der Arbeitsproduktivität, nach Lenin dem letztlich entscheidenden Kriterium für die Überlegenheit einer Gesellschaftsordnung, in den entscheidenden volkswirtschaftlichen Zweigen immer größer?

Warum ebben die Wellen der Ausreise-Anträge und die Versuche zur Republikflucht, selbst unter Einsatz des Lebens, nicht ab?

Warum treten 94 Prozent aller DDR-Bürger, also auch die Mehrheit der Funktionäre, Abend für Abend die geistige Republikflucht an und schalten auf ARD und ZDF? Weil der politideologische Psychoterror unerträglich, die Flucht in eine andere Welt Notwendigkeit zum Überleben ist!

Warum steigt der Verbrauch von Arzneimitteln in der DDR überdurchschnittlich hoch, wobei der Verbrauch der »LMA«-Tabletten (»Leck mich am Arsch«, DDR-Kürzel für Psychopharmaka, A.d.R.) sogar sechsfach höher liegt als der anderer Medikamente?

Warum hat die DDR Weltspitze bei Ehescheidungen, Selbstmordraten und Alkoholmißbrauch?

Wo liegen die Defekte dieser Gesellschaft?

Warum ist der Datschismus (benannt nach der Datscha, aus dem Russischen entlehnter DDR-Ausdruck für Wochenendhaus, A.d.R.) zur Hauptform des Lebens geworden?

Wir könnten weitere Fragen aus einzelnen Lebensbereichen stellen, deren Beurteilung für das Politbüro genauso niederschmetternd wäre, selbst wenn es die Statistiken noch mehr fälschen ließe. Der letztliche Grund für diese deprimierenden, dem sozialistischen »neuen Menschen« hohnsprechenden Tatsachen ist im politischen Überbau ohne demokratische Spielregeln, in der skandalösen Differenz zwischen der ethischen Theorie einerseits und der ahumanen Praxis andererseits, im Widerspruch zwischen PK (Produktivkräften, A.d.R.) und PV (Produktionsverhältnissen, A.d.R.) zu suchen. Die DDR ist der Abklatsch einer 16. Unionsrepublik (der Sowjetunion, A.d.R.), wobei deren negative Seiten mit deutscher Gründlichkeit vergröbert sind.

Der ostdeutsche Arbeiter kann genauso klug, erfinderisch und geschickt wie sein westdeutscher Kollege sein. Aber will er? Hat er den Ehrgeiz, die Arbeitsproduktivität höher zu treiben? Hat er den Anreiz, mehr Geld auf ehrliche Weise, durch echte Leistungssteigerung zu verdienen? Oder soll er Kraft, Werkzeug und Material aus dem Betrieb nicht besser für den privaten Job nach Feierabend einsetzen? Jeder, der in Industrie oder Landwirtschaft, im Gesundheitswesen oder Verkehr, im Handel oder als kleiner Staatsangestellter arbeitet, sieht: Die nicht arbeiten, leben am besten. Soll man es ihnen nicht nachtun?

Die DDR hat angeblich Arbeitskräftemangel, aber die vorhandenen Fachleute können oft nicht sinnvoll ausgelastet werden, weil es an Material, Energie, Transportkapazität oder ähnlichem fehlt. Der Plan wird schon in der Brigade-Abrechnung mit dem Bleistift erfüllt, die Leistung gefälscht, damit die Lohntüte stimmt.

So entstehen Millionen-Verluste. Dann hetzen Überstunden, Sonn- und Feiertagsarbeit die Werktätigen. Der Lohnfonds wird wiederum weit überzogen, die Lücke zwischen Angebot und Nachfrage noch mehr aufgerissen. Es fehlt an Ersatzteilen, die wertmäßig Pfennige ausmachen, aber ganze Produktionsabschnitte fallen dadurch aus. Zeit, Sprit und Arbeitskraft gehen massenweise verloren beim Kreuz und Quer durch die Republik, um das Nötigste an Engpässen zu überwinden. Wiederum versickern Millionen.

Jeder Kapitalist ginge bei dieser Wirtschaftsweise zugrunde. Bei uns zahlt der Arbeiter und Bauer für die Unfähigkeit des bürokratischen Apparates mit niedrigerem Lebensstandard als im Westen. Wir erinnern daran, Genossen: Beim NÖSPL (Neues Ökonomisches System der Planung und Leitung der Volkswirtschaft, wirtschaftspolitische Reformkonzeption mit liberalen Elementen, 1963–1967, A.d.R.) kann man die vernichtendste Kritik über das Versagen des Systems nachlesen. Es handelt sich dabei nicht um Feindpropaganda, sondern um offizielle Staats- und Parteidoktrin. Nur: Die Honecker-Administration, die den Mund so voll nahm, alles zu bessern, hat das organisierte Chaos bis zur Unerträglichkeit vergrößert. Nie in der Geschichte der DDR klafften Anspruch und Wirklichkeit derart weit auseinander. Nie wurden die Werktätigen derart intensiv ausgebeutet wie heute.

Wir fragen: Hat die Arbeiterklasse für den Acht-Stunden-Tag oder das pausenlose Schichtsystem gekämpft? Die Familien sind Tag und Nacht getrennt, aber die Partei erhebt den Finger: Erzieht eure Kinder sozialistischer, sie sind labil! Am Wochenende darf Vater zur Kampfgruppe, Mutter übt ZV (Zivilverteidigung, A.d.R.), der Sohn GST (Gesellschaft für Sport und Technik, Organisation zur vormilitärischen und wehrsportlichen Erziehung und Ausbildung, A.d.R.), die Tochter DRK – alles zum Schutz der Politbüro-Kaste!

Von der Woche wollen wir gar nicht reden: Zeitungsschau, Agitatoren-Gespräch, Versammlungen in Partei, Gewerkschaft, FDJ, DSF (Gesellschaft für Deutsch-Sowjetische Freundschaft, A.d.R.), Partei-, FDJ- und Gewerkschaftsschuljahr – und überall die gleiche Leitartikel-Litanei.

Die Kollektivierung ist total, selbst das gemeinsame Mittagessen am Sonntag wird ersetzt durch Pflichtdemonstrationen, Pflichtbegrüßungen, Pflichtverabschiedungen, meist eines Sowjet-Touristen.

Marx pflegte über einen Potentaten Frankreichs, der seine Berufsjubler auf Reisen stets mit sich führte und ihnen nach erfolgtem Gebrüll heiße Würste spendierte, zu sagen: Hoch die Würste, hoch der Hanswurst. Wir fordern die Einführung der Titulatur eines obersten DDR-Hanswurstes!

Und im Ernst: Schluß mit dem unglaublichen Diebstahl an kärgster

Freizeit und den lebensgefährdenden, jedem Sicherheitsbedürfnis für Kinder hohnsprechenden Verkehrsverhältnissen bei den Zwangsveranstaltungen!

Wir fragen: Hat die Arbeiterbewegung dafür gekämpft, ein unüberschaubares Heer von nichtsnutzigen Parasiten im Partei-Apparat, den Hoch-, Bezirks-, Kreis- und Sonderschulen von Partei, FDGB (Freier Deutscher Gewerkschaftsbund, A.d.R.), FDJ, DSF, GST, ZV usw. usf. zu ernähren?

Hat sie dafür gestritten, diesen ML (Marxismus-Leninismus, A.d.R.)-Pfaffen ein Leben auf Kosten der Staatskasse zu ermöglichen? Dafür, daß trotz alle Jahre wieder erfolgender Ministerratsbeschlüsse zur Reduzierung des Apparates auch die staatliche Verwaltung immer weiter wächst, wächst, wächst? Und das alles, obwohl ein Dutzend Computer in der Lage wäre, 100.000 Verwalter für die bitter benötigten Dienstleistungen freizusetzen?

Wir fragen: Wozu braucht die DDR, gemessen an der BRD, einen achtfach höher besetzten Polizei- und Sicherheitsapparat, wo doch jeder täglich im ND (SED-Zentralorgan »Neues Deutschland«, A.d.R.) lesen kann, wie sehr das Volk die Obermotzen liebt? Wozu braucht die DDR ein Heer von Journalisten, die alle genau das wiedergeben, was Lülas (Lügen-Lamberz, SED-Spottname für Werner Lamberz, Mitglied des SED-Politbüros und als Sekretär für Agitation zuständig für die DDR-Presse, A.d.R.) Agitkommission per Fernschreiber dekretiert? Und ein Heer von ML-Leuten, vom Kindergarten bis zur Hochschule, die alle das gleiche lebensfremde Dogma sülzen?

Wir stellen fest: Keine herrschende Klasse Deutschlands hat jemals so schmarotzt und sich jemals so gegen das Volk gesichert wie jene zwei Dutzend Familien, die unser Land als einen Selbstbedienungsladen handhaben. Keine hat sich derart exzessiv goldene Gettos in die Wälder bauen lassen, die festungsgleich bewacht sind. Keine hat sich derart schamlos in Sonderläden und Privatimporten aus dem Westen, durch Ordensblech, Prämien und Sonderkliniken, Renten und Geschenke so korrumpiert und bereichert wie diese Kaste.

Schaut sie euch genau an: Hatte auch nur einer dieser selbsternannten Führer einmal eine Idee aufzuweisen, ein Buch oder wenigstens einen Artikel geschrieben? Auf irgendeinem Fachgebiet oder wenigstens im Bereich der Politik?

Nein, sie beschäftigen Persönliche Referenten und Institute mit der Fabrikation ihrer Bleiwüsten, genannt Reden, in denen nur die Gedankenlosigkeit entlarvend blüht in einem Stil, den Lenin gezwungenermaßen vor russischen Analphabeten gebrauchen mußte und der noch heute sklavisch nachgeahmt wird.

Hat je einer der wirklich intellektuell leistungsfähigen Spitzenfunktionäre auch nur einmal ein entscheidendes Amt im Zentrum der Macht ausgeübt?

Nein, sie kamen etwa wie Becher (Johannes R. Becher, Schriftsteller, 1954–1958 Minister für Kultur, A.d.R.) oder Abusch (Alexander Abusch, Schriftsteller, 1958-1961 Minister für Kultur, bis 1971 Mitglied des Ministerrats, A.d.R.) nie über den staatlichen Rahmen hinaus, kontrolliert von gesichtslosen Apparatschiks.

Wir fragen: Wurde jemals ein brillanter Kopf Chefredakteur der schlechtesten Zeitung Deutschlands? O ja, einmal war Herrnstadt (Rudolf Herrnstadt, Chefredakteur 1949–1953, Kandidat des Politbüros, 1954 als Ulbricht-Gegner aus der SED ausgeschlossen, A.d.R.) Chefredakteur des ND. Er wurde beizeiten gefeuert. Heute regiert dort einer, der weder denken noch schreiben kann (Joachim Hermann, Kandidat des Politbüros, A.d.R.). Die Hofberichterstattung ist danach, und der DDR-Bürger versteht sie überhaupt nur, wenn er sich vorher im Westen informiert hat.

Wir fordern eine Parteidiskussion über die vernichtende Analyse, die einer unserer beliebtesten Schriftsteller, Stefan Heym, über die DDR-Medien im »Stern« publiziert hat!

Dabei sind diese Politbürokraten krankhaft eitel. Zählt die Titularien: Wir, Erich und Co. von Breschnews Gnaden, König von Preußen etc. etc. Zählt die persönlichen Lobpreisungen der Arschkriecher und Speichellecker auf allen ZK-, Volkskammer-, Bezirks- und Kreissitzungen, zählt die »Werke«, gesammelte natürlich, dieser Gernegroße und zählt die Tage, bis sie eingestampft werden. Siehe Stalin, siehe Ulbricht, siehe NÖSPL: Heute Nationalpreis und morgen Makulatur, es lebe der wissenschaftliche Leitungsstil.

Dieser ist enorm: Nummer eins (SED-Generalsekretär und Staatsratsvorsitzender Erich Honecker, A.d.R.) und der zuständige Fachsekretär entscheiden, was irgendwo geschieht, nachdem ihnen der zuständige Abteilungsleiter des Apparates die Vorlage gebracht hat. Der Abteilungsleiter, ein total abhängiger, gesichts- und rückgratloser Mann, anonym, bestimmt, was nach oben geht. Da geht nur das, was seine Stellung nicht gefährdet, denn die Partei hat immer Recht, Genossen.

Kein Minister wagt gegen einen Abteilungsleiter des ZK, seinen eigentlichen Vorgesetzten, aufzumucken: Die Partei führt, Genossen, nicht der Verstand.

Drei weltfremde Leute, seit Jahrzehnten im Getto lebend, sorgfältig von jeder Regung des Volkes abgeschirmt, fachlich ungebildet, dekretieren Offenställe (von den Sowjets übernommene Rindviehställe von leichter Bauweise, mit einer offenen Seite, die sich nicht bewährt haben, A.d.R.), die Sowjet-Wissenschaft ist schließlich führend. Der LPG-Bauer zahlt. Durch Überalterung auch in der politischen Urteilsfähigkeit gehemmt, kanalisieren sie den Fachverstand von Tausenden. Kein Wunder, daß Wirtschaft, Gesellschaft und Staat qualitativ absacken.

So ist es auf zentraler, auf Bezirks- und Kreisebene. Da die oberste Leitung nicht leitungsfähig ist, können die darunter, falls sie könnten, nichts am verderblichen Prinzip ändern. Der Zentralismus zertritt seine Kritiker.

Schaut sie euch genau an: Da greift sich Nummer eins alleine 1977 drei Orden für die Familie, macht wieviel?

Da stopft er die Häuser seiner Verwandtschaft vom Keller bis zum Dach voll mit modernstem West-Komfort. Da schafft er für den Schwager, einen stadtbekannten Schürzenjäger, extra einen Abteilungsleiter-Posten im ZK im ideologischen Bereich, wo sich die teuersten Arbeitslosen der DDR wechselseitig fast tottreten. Da hat er einen Ministerposten, eine hohe Vertrauensstellung im West-Apparat der Gewerkschaften für Frau und Schwiegervater bereit. Macht wieviel?

Kommentar am Mittagstisch im Großen Haus (Zentralkomitee der SED am Ost-Berliner Marx-Engels-Platz, A.d.R.): Wie wird man, wenn man Erich nahesteht? Antwort: Feist (Mädchenname von Margot Honekker, A.d.R.). Da schafft er Extra-Titel zu allem Ordensblech, seine treuesten Stützen werden »Helden« – kostet?

Nun, und wie der Herre, so's Gescherre: Da sagt ein Kultur-Sekretär (Kurt Hager, Mitglied des Politbüros, A.d.R.), der die geistige Elite der DDR in die Emigration treibt, wie moralisch sie leben, die wertvollsten Kader der Partei: Sie haben kein Haus, kein Auto, keine Luxus-Jacht, keine Urlaubsheime, Kliniken etc. als Eigentum.

Das stimmt, sie lassen sich alles auf Staatskosten bezahlen: Der Arbeiter darf in der AWG (Arbeiter-Wohnungsbaugenossenschaft, A.d.R.) sein Salär für den Wohnungsbau spenden und der Trabbifahrer auch seinen Wagen und sein Benzin bezahlen. Die Politbüro-Mitglieder dürfen derart niedrige Privathandlungen nicht vollziehen. Selbst beim Mittagessen sind sie unter sich im separaten Speisesaal des ZK – Genossen, fahrt mal mit dem Paternoster im Großen Haus eine Etage über den Speisesaal für die gewöhnlichen Apparatschiks hinaus! Werft einen Blick auf ihren von der Stasi bewachten Müllplatz!

Sie hoffen sicher, daß der Kapitalismus noch lange so hübsche Sächelchen produziert, die sie verwerten dürfen. Dabei haben sie jahrelang jeder Oma die Westschokolade für ihre Enkelkinder vom Zoll abnehmen lassen, und erst die Devisennot hat jetzt Einfuhrerleichterungen gebracht.

Da sagt der Kultur-Sekretär (Hager, A.d.R.), daß er ein Spanien-Kämpfer sei. Er hat nie einen Schuß an der Front, sondern nur von den Liquidationskommandos der GPU (Sowjetische Geheimpolizei, A.d.R.) gehört. Er lag nie in Feuer und Dreck, sondern verwaltete die Bibliotheken im Hinterland und säuberte sie von trotzkistischer Literatur. Durch Spitzeldienste für die GPU säuberte er auch etwas personell. Er fälschte seine Legende wie der Agit-Sekretär (Lamberz, A.d.R.), der aus einer Nazi-Ordensburg kam und noch heute im ND- und Agitationsapparat Ex-Nazis konzentriert beschäftigt.

Lüla fälschte seinen Fragebogen, was laut Statut ein Vergehen, unvereinbar mit der Zugehörigkeit zur Partei ist. So qualifizierte er sich zum Arbeiter und widmete sich fortan der Pflege seiner Karriere und seinem privaten Image.

Da gibt es noch einen Agit-Sekretär (Albert Norden, Mitglied des Politbüros, A.d.R.), zuständig für die Kontrolle der DKP, der sich Schreiner von Berufs wegen nennt, weil er vor 56 Jahren einmal vier Wochen einem Meister beim Sortieren von Brettern geholfen hat – ist nun klar, Genossen, weshalb das Thema Biographie der Bosse strengstes Tabu ist?

Da vermacht die Nummer eins der Hauptstadt (Konrad Naumann, Berliner SED-Bezirkschef, Mitglied des Politbüros, A.d.R.) seinen Söhnen Offiziers-Stellen in der Bezirksverwaltung des MfS (Ministerium für Staatssicherheit, A.d.R.), seiner Gespielin das Palast-Theater sowie eine Villa, die Möbel-Hübner (West-Berlin, A.d.R.) ausstaffiert. Da regelt Lüla die Folgen seiner amourösen Touren großzügig mit Abfindungen aus der Staatskasse.

Korruption, Ämtermißbrauch, skandalöses Schmarotzertum, Nepotismus, wohin man blickt. Nach Statut müßte diese Sorte von Genossen längst aus der Partei ausgeschlossen sein.

Schaut sie euch genau an: So etwas schafft ein politisch-ideologisches Klima, das dazu führt, daß der DDR-Bürger in einer halbschizophrenen Situation lebt: Öffentlich und verbal ist er für diesen seltsamen Sozialismus, privat und im Herzen träumt er, meist viel zu positiv, vom Westen und praktiziert täglich geistige und irgendwann reale Republikflucht.

Diese Clique an der Spitze schadet der sozialistischen Idee in Deutschland und Europa mehr als alle sogenannte Feind-Propaganda. Sie verfahren nach dem Rezept aller Kurpfuscher, viel hilft viel, und erreichen durch die Überdosis den politischen Tod ihrer Klienten. Solche Zustände erklären, weshalb die Partei 1953 in der DDR, 1956 in Polen und Ungarn, 1968 in der ČSSR über Nacht handlungsunfähig geworden war.

Die angeführte Schizophrenie lebt auch unter den Kommunisten, die gegen besseres Wissen parieren müssen. Der undemokratische Zentralismus vernichtet sonst ihre politische, materielle und ökonomische Existenz. Sie können sich nicht wehren. In der Partei, in der Gewerkschaft, in der Konflikt-Kommission, beim Arbeitsgericht, bei der ABI (Arbeiter-und-Bauern-Inspektion, Kontrollorgan für die Durchführung der Beschlüsse von Partei- und Staatsführung, A.d.R.), in den Parlamentsausschüssen, kurz, wo immer sie auch Klage führen wollen, ertönt immer nur die eine Stimme der Nummer eins der jeweiligen Leitungsebene, des dazugehörigen Fachsekretärs und seines diensthabenden Apparatschiks.

Wir sind hinter die reaktionäre Feudalordnung zurückgeworfen. Wir haben vor-zaristische Zustände.

Dies tötet jede Initiative, jedes Verantwortungsgefühl, öffnet den Weg für Schludrigkeit, Unordnung, Vergeudung, Diebstahl und stranguliert den gesellschaftlichen Fortschritt. Dies bringt zuwege, daß sich die DDR politisch, ökonomisch und national im Kreise dreht: Im Osten nichts Neues.

Schaut genau hin: Da gibt es einen Eid von Nummer eins, Gerechtigkeit zu üben gegen jedermann, da gibt es eine Unterschrift unter der Schlußakte von Helsinki, die Akzeptierung der Menschenrechte – das ist die eine Seite. (Übrigens: Die DDR-gesteuerte KPD hatte 1952 im Bundestag als einzige Partei nicht für die Annahme der Menschenrechtskonvention gestimmt.)

Da läßt der Generalsekretär (welch symbolische Verknüpfung von Militärbrutalität und bürokratischem Habitus!) X als Schauspieler mit allem Brimborium ausreisen und am gleichen Tag die Arbeiterfamilie Y verhaften und einsperren, weil sie auch ausreisen wollte.

Da weinen sich die minderjährigen Arbeiterkinder – Vater Schlosser, Mutter Verkäuferin – die Augen aus nach ihren Eltern. Sie sitzen bei der alten Oma, weil ihre Eltern der Meinung waren, sie könnten einer schriftlichen internationalen Verpflichtung des Staatsoberhauptes vertrauen.

Da werden familiär verbundene Menschen, Künstler, Wissenschaftler und Techniker von allen Westkontakten abgeblockt, so wie die Funktionäre, weil der Klassengegner mit ihnen sicher am leichtesten fertig würde. Aber die persönlichen Bekannten der Sekretärskaste, gleichfalls

Künstler, Wissenschaftler und Techniker, bekommen Ein- und Ausreiseerlaubnis auf Dauervisum, wann und wie sie möchten.

Nach Marx ist das Recht ein gleicher Maßstab für ungleiche Individuen, sonst hört es auf, Recht zu sein. Wir stellen fest: Die DDR ist demnach ein Staat mit absoluter Rechtsunsicherheit. Die nackte Willkür regiert. Wann verhaftet man die Rechtsbrecher? Wann beruft das Parlament das Staatsoberhaupt wegen Bruchs der Verfassung und des Amtseides ab? Wann bestraft das Oberste Gericht das Politbüro wegen willkürlichen Menschenhandels, 50.000 Westmark pro freigelassenen Kritiker?

Schreiben wir das 18. Jahrhundert? Befinden wir uns an einem Fürstenhof in Hessen? Gibt es neben einem Klassiker Marx nicht auch noch einen deutschen Klassiker Schiller, der den Verkauf von Landeskindern gegeißelt hat? Wie alt ist die Forderung nach Gedankenfreiheit? Da hat Genosse Bahro Gebrauch davon gemacht, und schon ist er ein Spion, weil übrigens alle DDR-Spione in der BRD auch von sich aus offen ihre Position in Büchern darlegen, denn das, Genossen, ist die beste Tarnung für konspirative Arbeit!

Wir fordern ein öffentliches Partei- und Gerichtsverfahren für Genossen Bahro und sofortige Haftentlassung. Ferner ein Ermittlungsverfahren gegen den Minister für Staatssicherheit (Erich Mielke, Mitglied des Politbüros, A.d.R.) wegen Machtmißbrauchs.

Da wird Genosse Havemann entwürdigend behandelt, ein Mann, der Hitlers Volksgerichtshof trotzte und, von Freisler zum Tode verurteilt, hundertmal mehr für die Genossen in der Haft tat als der Kalfaktor Honekker, der die Disziplin der Illegalen eigenmächtig brach. Er brach auch die Solidarität nach der Haft, indem er gegenüber der Stalinschen Geheimpolizei nicht einmal seinen sozialdemokratischen Lebensretter rehabilitierte.

Erinnern wir uns übrigens: Als FDJ-Führer hat er kein Wort des Widerspruchs gegen die willkürlichen Deportationen von unschuldigen Jugendlichen, sogenannten Werwölfen, gefunden, die zu Tausenden in den Stalinschen Lagern zugrunde gingen, grundlos verhaftet und verschleppt.

Wir sehen: Willkür und Rechtsunsicherheit haben Tradition, und es wird sie weiter geben, bevor nicht demokratische Verhältnisse im Überbau die ökonomische Basis ergänzen und den reaktionären Bürokratismus zermalmen. Denn jeder Bürokrat in der Hierarchie macht es auf seine Weise seiner Obrigkeit nach. Er beutet auch privatim aus, indem er über die Arbeitskraft seiner persönlichen Mitarbeiter, Kraftfahrer etc., nach Belieben verfügt, vom Hundeflöhen bis zur Regenwurmbeschaffung, von der Privatspritztour mit dem Dienstwagen bis zu den Spesen für den dienstlichen Aufwand nach dem Motto: ein ausländischer Gast, 15 freundliche Mitesser.

Wir ersuchen unsere Genossen aus Westeuropa, sich das alles sehr genau anzusehen, damit sie wissen, was sie von einem Parteien-Pluralismus, Ausgabe DDR, zu halten haben.

Wir erklären: Kein DDR-Bürger ist zur Einhaltung bestimmter politischer Gesetze verpflichtet, wenn die Führung ihre Verpflichtungen nicht einhält. Protest ist die erste Bürgerpflicht. Wir sind für Marx, nicht für Murx. Die Sekretärs-Diktatur versteift sich auf ihre verfälschten Begriffe rechts und links. Wir sind dafür, zwischen oben und unten zuerst zu unterscheiden, und kein Übel währt ewig. Man kann nicht 17 Millionen lebenslänglich einsperren.

Auf einigen Murx wollen wir noch eingehen: die sogenannte Hauptaufgabe, die angebliche Einheit von Wirtschafts- und Sozialpolitik, die mit der Preisproblematik verbunden ist.

Unterstellen wir, die Politbürokraten hätten zumindest die ersten Kapitel von Marx' Hauptwerk, dem »Kapital«, gelesen. Sie wissen also, was das Wertgesetz ist. Folglich wäre es sinnvoll, den ökonomischen Mechanismus zu nutzen und mit realen Preisen real zu planen. Dies geht aber nicht, weil sie stolz darauf sind, völlig unreale Preise zu haben, sogenannte stabile, die in Wirklichkeit seit Jahren überall anziehen, von Grundnahrungsmitteln abgesehen, was für die Landwirtschaft sehr schädlich ist, weil auch sie subventioniert werden muß und der Arbeiter aus der Industrie den Zuschuß zu erwirtschaften hat.

Es ist unerfindlich logisch, wieso bei sich ständig nach oben und unten ändernden Kosten die Preise stabil bleiben sollen. Deshalb ja auch der Unsinn der Industrie- und Verbraucherpreise, der Subventionierungen, der Ausgleichszahlungen im privaten Bereich, der verschiedenen Preise für gleiche Werte in normalen Läden, Sonderläden, Exquisit-Läden, Delikat-Geschäften oder im Wohnungsbau und bei den Mieten etc. etc.

Führende Wirtschaftswissenschaftler haben eindeutig festgehalten, daß die Wertgröße und ihr Geldausdruck im Preis bei diesem Chaos überhaupt nicht meßbar ist. Somit entfällt zugleich jede echte Effektivitätsberechnung und damit das soviel beschworene Leistungsprinzip, die theoretische Grundlage des sogenannten realen Sozialismus!

Deshalb entfällt harmonischer Produktionsrhythmus, hohe Qualität, Ersatzteillieferung usw. Die Plankommission kann überhaupt nicht qualitativ, sie kann nur quantitativ ohne Wertbestimmung planen. Der fehlerhafte schädliche Kreislauf der staatsmonopolistischen DDR-Wirtschaft, den NÖSPL abschaffen sollte, hält an.

Die Lohn-, Preis- und Strukturprobleme wurden nicht gelöst. Die Qualität der Produktion sinkt ab, die Reparatur-, Garantie- und Lagerhaltungskosten steigen, die Verluste wachsen, die Außenwirtschaftsverschuldung nimmt im Osten und Westen zu. Die DDR-Bevölkerung lebt über ihre Kosten auf Kredit, die Zins- und Schuldtilgungen fressen die Investitionsmittel auf, und das wiederum verhindert die durchgreifend nötige Struktur-, Lohn-, Preis- und Währungsreform, ein Teufelskreis!

Wir hatten positive Ansätze: Luft- und Raumfahrtindustrie, Elektronik, das NÖSPL-Konzept – Milliarden wurden investiert, dann haben die Sowjets diese Projekte aus Konkurrenzgründen zerschlagen. Heute hängen wir hoffnungslos hinter dem Westen zurück. Hätten wir ihn doch bloß nach der weisen Losung des Politbüros überholt, ohne ihn einzuholen! Das hat nun das Volk davon, wenn es nicht auf die Führung hört.

Statt Produktionsbereinigungen durchzudrücken, läßt diese die Sortimente in die Breite wachsen. Statt automatisierter Massenfertigung läßt sie Handwerkelei praktizieren. Statt Energie-Einsparung produziert man Energie-Vergeudung, weil man nicht einmal in der Lage war, den DDR-Maschinenpark ausreichend zu modernisieren, trotz unserer hohen Leistungsfähigkeit in diesem Bereich. Von der Infrastruktur wagen wir gar nicht zu reden.

Wir geben Hunderte Millionen Dollar aus für Rohstoffe, denn die Handwerker, etwa im Reparaturdienst, werden ökonomisch gestraft, falls sie etwa Kupferspulen, Messingringe oder ähnliches aufsammeln. Wir sind nicht einmal in der Lage, die Sekundär-Rohstoffe zu verwerten, welche von den Kindern gesammelt werden und dann wochenlang im Regen auf den Schulhöfen liegen, um zu verkommen. Wir importieren gegen Devisen teure Möbel für die Bonzen, aber unsere Holzvorräte werden nicht wirtschaftlich genutzt.

Urplötzlich hat man nun das Heilmittel gegen alles entdeckt: Rationalisierung, Sparsamkeit, höhere Qualität, höhere Effektivität. Nun, die Sparsamkeit trifft den produktiven, nicht den unproduktiven Bereich. Man kann sich auch zu Tode sparen. Prämierte Einsparungen an Material, Rohstoffen und Energie ergeben die sprunghaft gestiegene Qualitätsverschlechterung unserer Produkte.

Das Wort von der »schludrigen Russenarbeit« geht um. Die Ehre des deutschen Facharbeiters gilt nichts mehr. Jeder Fachverkäufer warnt davor, langlebige Gebrauchsgüter zu kaufen, die gegen Jahresende produziert wurden.

Honecker selbst hat wiederholt lautstark die einschneidenden Verbesserungen der Lebensverhältnisse im Dienstleistungssektor verkündet. Die Wartezeiten zur Reparatur von Hausgeräten haben sich inzwischen teilweise verdreifacht. Monatelang können in der DDR keine Gas- oder Elektroherde, Umlaufpumpen, Waschmaschinen und Staubsauger oder Kühlschränke repariert werden. In Ost-Berlin wird das kaschiert, auf Kosten der Bezirke.

Auf eine Wohnung in der Hauptstadt mußte man unter Ulbricht durchschnittlich vier, heute muß man durchschnittlich acht Jahre warten. Trotz des Wohnungsprogramms, das zwanzig Jahre zu spät kommt. Abriß und Substanzverfall fressen in Berlin den Neubauzuwachs auf. Das ist die Wirklichkeit.

Nennen wir noch ein die ganze Bevölkerung ernsthaft bewegendes Problem: Die Ärzte der Universitätskliniken in Berlin können an Krebs oder Steinleiden erkrankte Patienten erst nach zwei- bis vierjähriger Wartezeit operieren, es sei denn, hin und wieder kann sich ein Patient gegen Höchstsummen ein Bett kaufen. Die Wartezeiten in der Chirurgie bedeuten vielfach ein Todesurteil und erklären mit die hohe Zahl republikflüchtiger Mediziner, die mit ihren Konflikten nicht mehr fertig werden.

Während die Sonderkliniken der Bonzen halb leer stehen, fehlt es auf den Unfallstationen und in den Krankenhäusern an ärztlichen und an Hilfskräften, die übrigens beide unglaublich unterbezahlt werden. Verletzte liegen stundenlang ohne Erste Hilfe. Kräftige Patienten müssen zugreifen, Schwerverletzte zu transportieren. Denn welcher Pfleger kann für 350 Mark eine Familie ernähren? Qualifiziertes Personal wird für die Sonderkliniken abgezogen und dort natürlich auch höher bezahlt.

Knapp gesagt: Die arbeitenden Menschen aller Bereiche sehen sich mit der Tatsache konfrontiert, daß die Ergebnisse ihrer harten, angestrengten Arbeit sich gegen sie kehren, weil es keine fähige Leitung gibt, die in der Lage ist, den gesellschaftlichen Gesamtprozeß zu koordinieren. Die primitive Agitation, wie etwa die Preislüge von der Überlegenheit unserer Staatsfinanzen gegenüber der westlichen Währung, soll das mit verschleiern.

Aber Tatsache ist: Konsum-, HO-, Exquisit- und Intershop-Preise sind alles andere als »stabil« im Sinne der Wertgröße. Die gestiegene Arbeitsproduktivität hat sich seit Jahren nicht mehr in gesenkten Preisen niedergeschlagen. Die Subventionen bei Grundnahrungsmitteln werden bei langlebigen Konsumgütern preislich dazugeschlagen, denn das Wertgesetz gilt. Der DDR-Konsument zahlt überhöhte Preise für sehr viele Industriewaren.

Warum also dieser ökonomische Verstoß gegen die ökonomische Theorie von Marx? Die ökonomische Vernunft wird zugunsten der Ostblock-Touristen, besonders zugunsten der in der DDR überreichlich stationierten Sowjets, vergewaltigt. Sie leben von den subventionierten Preisen, ohne wie die West-Touristen Eintrittsgebühr zu bezahlen.

Die DDR hebt das allgemeine Konsumniveau im RGW (Rat für Gegenseitige Wirtschaftshilfe, Wirtschaftsverbund des Ostblocks, A.d.R.) besonders stark mit an und sackt dabei ab, das heißt, die erstrebte ökonomische Angleichung im RGW wird zum hohen Teil auf Kosten der DDR praktiziert, deren wirtschaftliche Perspektive es ist, zur Reparaturwerkstatt der Russen degradiert zu werden, bei abnehmenden Rohstoffen und ständiger Strukturverschlechterung.

Die Subventionen dienen zugleich allen Großverdienern der DDR, die steuerlich geschont werden wie solche Einkommen in keinem kapitalistischen Staat. Auch das geht zu Lasten des Lebensniveaus der arbeitenden Menschen.

Wir fordern eine andere Politik: reale, kostendeckende Preise, entsprechend reale Planung, reale, den jetzigen Stand des Lebensniveaus garantierende Einkünfte für die Arbeiter, Handwerker, Angestellten. Die hohen Einkommen müssen festgefroren und teilweise gesenkt werden. Durch reale Preise werden sie kräftiger abgeschöpft. Die Preis- und Lohnentwicklung muß je Fünfjahrplan zugunsten der Produzenten in Industrie und Landwirtschaft mit dem realen Wirtschaftswachstum gekoppelt werden. Nicht für alle aus dem großen Topf, sondern alles für die arbeitenden Menschen mit niedrigem Einkommen!

Wir fordern, daß die Funktionäre nicht höher als der Arbeiter mit einem durchschnittlichen DDR-Einkommen bezahlt werden. Dieses liegt nach Ansicht unserer Genossen in der Zentralverwaltung für Statistik bei etwa 600 Mark monatlich. Sämtliche Privilegien der Funktionäre müssen gestrichen werden. Zusammengenommen ist das die Chance, die bestehenden Beschlüsse zur Reduzierung des Apparates wirklich umzusetzen.

Wir fordern: Schluß mit den unverantwortlichen Ausgaben für den Leistungssport, für kulturlose Schlagerproduzenten und Fernsehdilettanten. Was ist eine Goldmedaille wert, die 25 Millionen Mark kostet? Warum verdient ein Fußballprofi 2.000, aber ein hochqualifizierter Facharzt mit allen Nachtdienstzuschlägen 1.500 Mark?

Wir fordern, die Sperrgebiete in der DDR aufzuheben und die Sperrzonenzuschläge einzusparen. Wir wollen uns wenigstens innerhalb der DDR frei bewegen können. Unsere Bauern sollen die Sperrgebiete, so groß wie Luxemburg, landwirtschaftlich intensiv nutzen können. Die Minenfelder können vorher von jenen geräumt werden, die den Befehl zum Verminen gegeben haben.

Wir fordern die Abschaffung der Zensur gegenüber der Presse und den Verlagen. Zeitungen und Literatur müssen sich selbst finanzieren. Subventionieren soll man sofort das philosophische Werk des Mitbegründers der KPD, Karl Liebknecht, drucken, was bisher auf Weisung des Sekretariats des ZK nicht geschehen durfte.

Wir fordern die Offenlegung der Parteifinanzen. Die parasitäre Parteibürokratie hat keinen Anspruch auf nur einen Pfennig des Staatshaushaltes.

Wir fordern den Abbau des auf Subversion getrimmten riesigen Diplomaten-Apparates. Leben wir im Zeitalter der Postkutsche oder der Elektronik? Die echten diplomatischen Aufgaben können mit 25 Prozent des jetzigen Personals gelöst werden. Die eingesparten Mittel können zugunsten der Entwicklungsländer verwandt werden.

Wir fordern den Abbau der riesigen, altmodischen und unmodernen Verwaltungsapparate von SVK (Sozialversicherungskasse, A.d.R.), DER (Staatliches Reisebüro, A.d.R.), DSF usw. Ferner der riesigen Kaderabteilungen in allen Betrieben und Einrichtungen, die genau gesehen nur Filialen der Staatssicherheit sind. Überall lassen sich hier Mittel und Arbeitskräfte freisetzen. Hier muß die Sparsamkeit ansetzen. Genosse Bahro hat das alles detailliert beschrieben.

Wir fordern, nach Konsultation mit unseren Genossen aus den Betrieben, für die DDR-Arbeiter mindestens einen solchen sozialen Status, wie ihn die Arbeiter westlicher Industrieländer haben, vor allem: die 35-Stunden-Woche, die Herabsetzung des Rentenalters um fünf Jahre, um wenigstens RGW-Niveau zu haben, vier Wochen Jahresurlaub, 14 Tage Bildungsurlaub. Die Sechs-Stunden-Arbeitszeit muß im Drei-Schicht-System bei vollem Lohnausgleich praktiziert werden. Für Jugendliche und Arbeiter über 40 Jahre muß die Nachtarbeit verboten werden.

Wir wenden uns gegen die Gewährung von sozialen Verbesserungen, wenn die Erleichterungen für eine Gruppe der Werktätigen zu Lasten der anderen gehen. Bekanntlich darf das Planstellenangebot gegenwärtig nicht verändert werden, das heißt, bestimmte Kollegen müssen die aufgrund partieller Entlastung anfallende Mehrarbeit für andere Arbeitskollegen miterledigen. Wir wenden uns gegen die daraus entstehende Überbelastung, die auch in Betrieben der Reparatur auftritt, weil die Leistung ganzer Brigaden zusätzlich erbracht werden muß, wenn diese zum Beispiel in Ost-Berlin tätig sind.

Wir fordern nachdrücklich die Beseitigung des Verbots, über Fragen der Lebensqualität, besonders über die ökologischen Probleme, öffentlich zu diskutieren. Die Gefahren für die Gesundheit unserer Bürger müssen beim Namen genannt und abgewandt werden. Die Datschisten an den Seeufern sollten enteignet werden. Wir brauchen ruhige Erholungsplätze für überarbeitete Werktätige.

Genossen, propagiert unsere Kritik, popularisiert das Ideengut der Reformkommunisten Europas und Japans, fordert die Veröffentlichung der grundsätzlichen Dokumente der westeuropäischen und japanischen Bruderparteien, entlarvt mit allen Mitteln die widerlichen Praktiken der selbsternannten Parteibürokraten auf Lebenszeit! Zeigt den moralischen Zerfall der SED, beweist, wie widerlich Karrieristen, Zyniker, angepaßte Apparatschiks mit den primitivsten Regeln menschlichen Anstandes unablässig auf Kriegsfuß leben!

Propagiert und organisiert! Die weltweite Tendenz in der internationalen Arbeiterbewegung läuft auf den Verfall der moskowitischen Theorie und Praxis hinaus. Es entwickelt sich ein schöpferischer, undogmatischer, demokratisch-humanistischer Reformkommunismus. Die Zeiten des kommunistischen Feudalsystems weichen einer Renaissance und Aufklärung, die Vertrauen auch wieder bei Deutschlands Arbeitern erreichen kann. Nur so werden wir die Probleme der Zukunft unseres deutschen Volkes verantwortlich mit beeinflussen können.

Berlin, Oktober 1977
BDKD, Zentrale Koordinierungsgruppe

Abkürzungsverzeichnis

ADN	Allgemeiner Deutscher Nachrichtendienst
AKG	Allgemeine Kontrollgruppe
APuZ	Aus Politik und Zeitgeschichte. Beilage zur Wochenzeitschrift Das Parlament
BA	Bundesarchiv
BDKD	Bund Demokratischer Kommunisten Deutschlands
BF	Abteilung Bildung und Forschung des BStU
BL	Bezirksleitung
Bl.	Blatt
BND	Bundesnachrichtendienst
BRD	Bundesrepublik Deutschland
BStU	Der Bundesbeauftragte für die Unterlagen des Staatssicherheitsdienstes der ehemaligen Deutschen Demokratischen Republik
BZ	Berliner Zeitung
BZG	Beiträge zur Geschichte der Arbeiterbewegung
CDU	Christlich-Demokratische Union
DA	Deutschland Archiv
DDR	Deutsche Demokratische Republik
DLF	Deutschlandfunk
dpa	Deutsche Presseagentur
DW	Deutsche Welle
DZ	Deutsche Zeitung – Christ und Welt
EA	Europa Archiv
EG	Europäische Gemeinschaft
EWG	Europäische Wirtschaftsgemeinschaft
FAZ	Frankfurter Allgemeine Zeitung
FDJ	Freie Deutsche Jugend
FR	Frankfurter Rundschau
GATT	General Agreement on Tariffs and Trade
GH	Geheimzuhaltende Akte (mit besonderem Geheimhaltungsgrund)
HA	Hauptabteilung
HR	Hessischer Rundfunk
HV A	Hauptverwaltung A(ufklärung)
IPW	Institut für Internationale Politik und Wirtschaft
JHS	Juristische Hochschule des MfS (in Potsdam-Eiche)
KL	Kreisleitung
KP	Kommunistische Partei
KPD	Kommunistische Partei Deutschlands
KPdSU	Kommunistische Partei der Sowjetunion
KSZE	Konferenz für Sicherheit und Zusammenarbeit in Europa
LDP	Liberal Demokratische Partei
MAH	Ministerium für Außenhandel
MBFR	Mutual Balanced Force Reduction
MfAA	Ministerium für Auswärtige Angelegenheiten
MfS	Ministerium für Staatssicherheit
NATO	North Atlantic Treaty Organization
ND	Neues Deutschland
NL	Nachlaß
NÖS	Neues Ökonomisches System
NÖSPL	Neues Ökonomisches System der Planung und Leitung
NVA	Nationale Volksarmee
OECD	Organisation for Economic Co-operation and Development

OiBE	Offizier im besonderen Einsatz (des MfS)
o. J.	ohne Jahresangabe
OV	Operativer Vorgang (des MfS)
PDS	Partei des Demokratischen Sozialismus
PPP	Parlamentarisch-Politischer Pressedienst
RGW	Rat für Gegenseitige Wirtschaftshilfe
SAPMO-BA	Stiftung Archiv der Parteien und Massenorganisationen der ehemaligen DDR im Bundesarchiv
SBZ	Sowjetische Besatzungszone
SED	Sozialistische Einheitspartei Deutschlands
SMAD	Sowjetische Militäradministration in Deutschland
SPD	Sozialdemokratische Partei Deutschlands
SZ	Süddeutsche Zeitung
UdSSR	Union der Sozialistischen Sowjetrepubliken
UNO	United Nations Organization
USA	United States of America
WDR	Westdeutscher Rundfunk
ZA	Zentralarchiv
ZfG	Zeitschrift für Geschichtswissenschaft
ZK	Zentralkomitee

Quellen und Literatur

1. Ungedruckte Quellen/Archivbestände

Archiv der Humboldt-Universität Berlin (unverzeichnet)
Privatarchiv Hermann von Berg, Schöneiche (unverzeichnet)
Stiftung Archiv der Parteien und Massenorganisationen der ehemaligen DDR, Bundesarchiv (SAPMO-BA)
- Berichte der SED-Bezirksleitungen (DY 30/B2/5/134, 241, 397, 655, 766, 1000, 1139, 1296, 1386, 1697)
- Berichte der SED-Kreisleitungen (DY 30/IV B2/9.04/23)
- Büro Lamberz (DY 30/IV 2/2.033/111)
- Büro Axen (DY 30/IV 2/2.035/085, 179)
- Büro Norden (DY 30/IV B2/2.028/010)
- Nachlaß Lamberz (NL 205)
- Politbüro (DY 30/J IV 2/2/1726; DY 30/J IV 2/2A/2126, 2128, 2129, 2130, 2152)
- Westabteilung (DY 30/J IV 2/2.002/497)

Zentralarchiv des Bundesbeauftragten für die Unterlagen des Staatssicherheitsdienstes der ehemaligen DDR (BStU, ZA)
- Allgemeine Kontrollgruppe (MfS HA XX/AKG/II)
- Bestand IM »Günter« (MfS GH 25/87)
- Operativer Vorgang »Tal« (MfS GH 65/88)

2. Zeitungen und Zeitschriften

Berliner Zeitung
Frankfurter Allgemeine Zeitung
Frankfurter Rundschau
Neues Deutschland
Der Spiegel
Stern
Süddeutsche Zeitung
Die Welt
Die Zeit

3. Interviewpartner

Hermann von Berg
Herbert Brehmer
Dettmar Cramer
Heinz Niemann
Manfred Rexin
Ulrich Schwarz
Markus Wolf

4. GEDRUCKTE QUELLEN UND LITERATUR

Albrecht, Günter (Hg.): Dokumente zur Staatsordnung der Deutschen Demokratischen Republik, Bd. 2, Ost-Berlin 1959 [Albrecht: 1959]*

Bahro, Rudolf: Die Alternative. Zur Kritik des real existierenden Sozialismus, Köln, Frankfurt a. M. 1977 [Bahro: 1977]

Ders.: »Ich werde meinen Weg fortsetzen«. Eine Dokumentation, Köln, Frankfurt a. M. 1977 [Bahro: 1977a]

Baring, Arnulf: Machtwechsel. Die Ära Brandt–Scheel, 4. Aufl., Stuttgart 1983 [Baring: 1983]

Bäuerlein, Heinz: Der Eurokommunismus – ein abgeschlossenes Kapitel, in: EA 1992 (1), 653–663 [Bäuerlein: 1992]

Bender, Peter: Episode oder Alarmzeichen für Honecker, in: DA 1978 (2), 113–116 [Bender: 1978]

Ders.: Der goldene Angelhaken. Entspannungspolitik und Systemwandel, in: APuZ 1994 (14), 11–15 [Bender: 1994]

Ders.: Die »Neue Ostpolitik« und ihre Folgen. Vom Mauerbau bis zur Vereinigung, 3. überarb. u. erw. Neuaufl., München 1995 [Bender: 1995]

Berbig, Roland/Born, Arne/Judersleben, Jörg/Karlson, Holger Jens/Krusche, Doris/Martinkat, Christoph/Wruck, Peter (Hg.): In Sachen Biermann. Protokolle, Berichte und Briefe zu den Folgen einer Ausbürgerung, Berlin 1994 [Berbig u. a.: 1994]

von Berg, Hermann: Vorbeugende Unterwerfung, München 1988 [v. Berg: 1988]

Ders.: Die Europäische Gemeinschaft aus östlicher Sicht (= Straßburger Gespräche der Konrad-Adenauer-Stiftung, Heft 14), Melle 1988 [v. Berg: 1988a]

Ders.: Positionen der Linken zur nationalen Problematik in Deutschland, in: Löw, Konrad (Hg.): Verratene Treue. Die SPD und die Opfer des Kommunismus, Köln 1994, 207–233 [v. Berg: 1994]

Ders./Loeser, Franz/Seiffert, Wolfgang: Die DDR auf dem Weg in das Jahr 2000. Politik – Ökonomie – Ideologie. Plädoyer für eine demokratische Erneuerung, Köln 1987 [v. Berg u. a.: 1987]

Berner, Wolfgang: Kubaner-Interventionen in Afrika und Asien, in: Außenpolitik 27, 1976 (3), 325–344 [Berner: 1976]

Besier, Gerhard: Der SED-Staat und die Kirche 1969–1990. Die Vision vom »Dritten Weg«, Berlin 1995 [Besier: 1995]

Bethkenhagen, Jochen/Machowski, Heinrich: Integration im RGW, West-Berlin 1976 [Bethkenhagen/Machowski: 1976]

Ders. u. a.: Zur Wirtschaftslage im RGW, in: DA 1980 (9), 920–929 [Bethkenhagen: 1980]

Böhme, Erich (Hg.): Deutsch-Deutsche Pressefreiheit. Vom Grundlagenvertrag bis zur Schließung des Spiegel-Büros, Hamburg 1978 [Böhme: 1978]

* Im Anschluß an die Titelangabe werden jeweils die in den Fußnoten verwendeten Kurztitel aufgeführt.

Bohnsack, Günter/Brehmer, Herbert: Auftrag: Irreführung. Wie die Stasi Politik im Westen machte, Hamburg 1992 [Bohnsack/Brehmer: 1992]
Conze, Werner: Jakob Kaiser. Politiker zwischen Ost und West 1945–1949, Stuttgart, West-Berlin, Köln, Mainz 1969 [Conze: 1969]
Cornelsen, Doris: Die Wirtschaft in der Honecker-Ära, in: Glaeßner, Gert-Joachim (Hg.): Die DDR in der Ära Honecker, Opladen 1988, 357–370 [Cornelsen: 1988]
Cramer, Dettmar: Provokation oder Alternative?, in: DA 1978 (3), 225–227 [Cramer: 1978]
Croan, Melvin: Regime, Gesellschaft und Nation, in: DA 1979 (10), 1032–1042 [Croan: 1979]
Ders.: Eurocommunism and East Germany, in: Aspaturian, Vernon V./Valenta, Jiri/ Burke, David P. (eds.): Eurocommunism Between East and West, Bloomington 1980, 140–156 [Croan: 1980]
Crusius, Reinhard/Wilke, Manfred (Hg.): Entstalinisierung. Der XX. Parteitag der KPdSU und seine Folgen, Frankfurt a. M. 1977 [Crusius/Wilke: 1977]
Danos, Ninel: Energiekrise und Wirtschaftsbeziehungen im RGW, New York 1988 [Danos: 1988]
DDR-Handbuch, hrsg. v. Bundesministerium für innerdeutsche Beziehungen, wiss. Leitung Hartmut Zimmermann, 2 Bde., Köln 1985 [DDR-Handbuch: 1985]
Dohse, Rainer: Der Dritte Weg. Neutralitätsbestrebungen in Westdeutschland zwischen 1945 und 1955, Hamburg 1974 [Dohse: 1974]
Dokumente des geteilten Deutschlands. Quellentexte zur Rechtslage des Deutschen Reiches, der Bundesrepublik Deutschland und der Deutschen Demokratischen Republik, hrsg. v. Ingo v. Münch, Stuttgart 1976 [Dokumente: 1976]
Dokumente der Sozialistischen Einheitspartei Deutschlands, Bd. XIII, Ost-Berlin 1974 [Dokumente: 1974]
Dokumente der Sozialistischen Einheitspartei Deutschlands, Bd. XVI, Ost-Berlin 1980 [Dokumente: 1980]
Doler, Ingolf: Rudolf Augstein, die deutsche Frage und die Westbindung, in: Zitelmann, Rainer/Weißmann, Karlheinz/Großheim, Michael (Hg.): Westbindung. Chancen und Risiken für Deutschland, Frankfurt a. M., Berlin 1993, 195–214 [Doler: 1993]
Einheit. Zeitschrift für Theorie und Praxis des wissenschaftlichen Sozialismus, hrsg. v. ZK d. SED, 1979 (9/10) [Einheit: 1979]
Engelmann, Roger/Erker, Paul: Annäherung und Abgrenzung. Aspekte deutsch-deutscher Beziehungen 1956–1969 (= Schriftenreihe der Vierteljahreshefte für Zeitgeschichte, Bd. 66), München 1993 [Engelmann/Erker: 1993]
Engert, Jürgen: Willi Stophs verschwundener Professor. Wer ist Hermann von Berg, den die Versenkung wieder freigab?, in: DZ v. 24. 3. 1978, 5 [Engert: 1978]
Falin, Valentin: Politische Erinnerungen, München 1993 [Falin: 1993]
von Flocken, Jens/Scholz, Michael F.: Ernst Wollweber. Saboteur – Minister – Unperson, Berlin 1994 [v. Flocken/Scholz: 1994]
Förster, Andreas: Ein Universitätsprofessor wird entführt, in: BZ v. 16. 5. 1995, 14 [Förster: 1995]
Ders.: Was Euch helfen würde, wäre ein richtiger Skandal, in: BZ v. 17. 5. 1995, 16 [Förster: 1995a]

Ders.: Die Kohl-Regierung setzt auf die Stabilisierung der DDR, in: BZ v. 18. 5. 1995, 16 [Förster: 1995b]
Förster, Günter: Die Dissertationen an der »Juristischen Hochschule« des MfS. Eine annotierte Bibliographie, hrsg. vom BStU, Abt. Bildung und Forschung, Reihe A: Dokumente 2/94, Berlin 1994 [Förster: 1994]
Frerich, Johannes/Frey, Martin (Hg.): Sozialpolitik in der DDR (Handbuch der Geschichte der Sozialpolitik in Deutschland, Bd. 2), München 1993 [Frerich/Frey: 1993]
Freudenhammer, Alfred/Vater, Karlheinz: Herbert Wehner. Ein Leben mit der Deutschen Frage, München 1978 [Freudenhammer/Vater: 1978]
Fricke, Karl Wilhelm: Die SED und die europäische KP-Konferenz, in: DA 1976 (7), 673–677 [Fricke: 1976]
Ders.: Der Arbeiteraufstand. Vorgeschichte, Verlauf, Folgen, in: Spittman, Ilse/ders. (Hg.): 17. Juni 1953. Arbeiteraufstand in der DDR, Köln 1982, 5–22 [Fricke: 1982]
Ders.: Opposition und Widerstand in der DDR, Köln 1984 [Fricke: 1984]
Ders.: Streitschriften als Provokation (Rezension zu Löw: 1994), in: DA 1994 (9), 998f. [Fricke: 1994]
Ders.: Ein MfS-Kompendium – hochinformativ (Rezension zu Siebenmorgen: 1993), in: DA 1994 (11), 1203f. [Fricke: 1994a]
Fuchs, Jürgen: Gedächtnisprotokolle/Vernehmungsprotokolle, Reinbek bei Hamburg 1990 [Fuchs: 1990]
Garthoff, Raymond L.: Détente and Confrontation, Washington DC 1985 [Garthoff: 1985]
Garton Ash, Timothy: Im Namen Europas. Deutschland und der geteilte Kontinent, München, Wien 1993 [Garton Ash: 1993]
Ders.: Rückblick auf die Entspannung, in: APuZ 1994 (14), 3–10 [Garton Ash: 1994]
Gieseke, Jens: Doktoren der Tschekistik. Die Promovenden der »Juristischen Hochschule« des MfS (BF informiert 6/1994), Berlin 1994 [Gieseke: 1994]
Gill, David/Schröter Richard: Das Ministerium für Staatssicherheit. Anatomie des Mielke-Imperiums, Berlin 1991 [Gill/Schröter: 1991]
Görtemaker, Manfred: Die unheilige Allianz. Die Geschichte der Entspannungspolitik 1943–1979, München 1979 [Görtemaker: 1979]
Ders./Hrdlicka, Manuela R.: Das Ende des Ost-West-Konflikts? Die amerikanisch-sowjetischen Beziehungen von den Anfängen bis zur Gegenwart, Berlin 1990 [Görtemaker/Hrdlicka: 1990]
Grabas, Margit: Der Beitrag Schumpeters zur Erklärung von Stabilität und Instabilität der sozioökonomischen Entwicklung. Dargestellt an der Wirtschaftsgeschichte der DDR (unveröff. Manuskript) [Grabas: o. J.]
Grebing, Helga: Die intellektuelle Opposition in der DDR seit 1956. Ernst Bloch – Wolfgang Harich – Robert Havemann, in: APuZ 1977 (45), 3–19 [Grebing: 1977]
Grotewohl, Otto: Im Kampf um die einige Deutsche Demokratische Republik. Reden und Aufsätze, Bd. 1, 2. Aufl., Ost-Berlin 1959 [Grotewohl: 1959]
Hacke, Christian: Die Ost- und Deutschlandpolitik der CDU/CSU. Wege und Irrwege der Opposition seit 1969, Köln 1975 [Hacke: 1975]
Ders.: Von Adenauer zu Kohl: Zur Ost- und Deutschlandpolitik der Bundesrepublik 1949–1985, in: APuZ 1985 (51–52), 3–22 [Hacke: 1985]

Ders.: Weltmacht wider Willen. Die Außenpolitik der Bundesrepublik Deutschland, aktualisierte u. erw. Neuausg., Frankfurt a. M., Berlin 1993 [Hacke: 1993]

Hacker, Jens: Das »Manifest« bringt Bonn aus dem Gleichschritt, in: Welt v. 16. 1. 1978, 5 [Hacker: 1978]

ders: SED und nationale Frage, in: Spittmann, Ilse (Hg.): Die SED in Geschichte und Gegenwart, Köln 1987, 43–64 [Hacker: 1987]

Ders.: Deutsche Irrtümer. Schönfärber und Helfershelfer der SED-Diktatur im Westen, Berlin, Frankfurt a. M. 1992 [Hacker: 1992]

Haftendorn, Helga: Sicherheit und Stabilität. Außenbeziehungen der Bundesrepublik zwischen Ölkrise und NATO-Doppelbeschluß, München 1986 [Haftendorn: 1986]

Hager, Kurt: Der IX. Parteitag und die Gesellschaftswissenschaften. Rede auf der Konferenz der Gesellschaftswissenschaftler der DDR am 25. und 26. November 1976 in Berlin, Ost-Berlin 1976 [Hager: 1976]

Hamel, Hannelore/Leipold, Helmut: Wirtschaftsreformen in der DDR. Ursachen und Wirkungen (= Arbeitshefte zum Systemvergleich der Forschungsstelle zum Vergleich wirtschaftlicher Lenkungssysteme, Heft 10), Marburg 1987 [Hamel/Leipold: 1988]

Handcke-Hoppe-Arndt, Maria: Wer wußte was? Der ökonomische Niedergang der DDR, in: DA 1995 (6), 588–602 [Handcke-Hoppe-Arndt: 1995]

Hanson, Philip: Soviet Trade with Western Europe, in: Dawisha, Karen (ed.): Soviet-East European Dilemmas, New York 1981, 90–107 [Hanson: 1981]

Havemann, Robert: Warum ich Stalinist war und Antistalinist wurde. Texte eines Unbequemen, Berlin 1990 [Havemann: 1990]

Ders.: Dokumente eines Lebens. Zusammengestellt und eingeleitet von Draheim, Dirk/Hecht, Hartmut/Hoffmann, Dieter/Richter, Klaus/Wilke, Manfred, Berlin 1991 [Havemann: 1991]

Herbst, Andreas/Ranke, Winfried/Winkler, Jürgen: So funktionierte die DDR. 3 Bde., Reinbek bei Hamburg 1994 [Herbst u. a.: 1994]

Herrnstadt, Rudolf: Das Herrnstadt-Dokument. Das Politbüro der SED und die Geschichte des 17. Juni 1953, herausgegeben, eingeleitet und bearbeitet von Stulz-Herrnstadt, Nadja, Hamburg 1990 [Herrnstadt: 1990]

Heym, Stefan: Nachruf, München 1988 [Heym: 1988]

Holzer, Jerzy: »Solidarität«. Die Geschichte einer freien Gewerkschaft in Polen, München 1985 [Holzer: 1985]

Holzweißig, Gunter: Klassenfeinde und »Entspannungsfreunde«. West-Medien im Fadenkreuz von SED und MfS (= Schriftenreihe des Berliner Landesbeauftragten für die Unterlagen des Staatssicherheitsdienstes der ehemaligen DDR, Bd. 2) [Holzweißig: 1995]

Honecker, Erich: Reden und Aufsätze. Bd. 1, 2. Aufl., Ost-Berlin 1977 [Honecker: 1977]

Ders.: Reden und Aufsätze. Bd. 5, 2. Aufl., Ost-Berlin 1983 [Honecker: 1983]

Ders.: Reden und Aufsätze. Bd. 6, Ost-Berlin 1980 [Honecker: 1980]

Jänicke, Martin: Der Dritte Weg. Die antistalinistische Opposition gegen Ulbricht seit 1953, Köln 1964 [Jänicke: 1964]

Janson, Carl-Heinz: Totengräber der DDR. Wie Günter Mittag den SED-Staat ruinierte, Düsseldorf, Wien, New York 1991 [Janson: 1991]

Jesse, Eckhard: Der »dritte Weg« vor und nach der Wiedervereinigung, in: Zitelmann, Rainer/Weißmann, Karlheinz/Großheim, Michael (Hg.): Westbindung. Chancen und Risiken für Deutschland, Frankfurt a. M., Berlin 1993 [Jesse: 1993]

Johannes, Günter/Schwarz, Ulrich: DDR – Das Manifest der Opposition. Eine Dokumentation. Fakten. Analysen. Berichte, München 1978 [Johannes/Schwarz: 1978]

Kaelble, Hartmut/Kocka, Jürgen/Zwahr, Hartmut (Hg.): Sozialgeschichte der DDR, Stuttgart 1994,

Kaiser, Jakob: Wir haben Brücke zu sein. Reden, Aufsätze und Äußerungen zur Deutschlandpolitik, hrsg. v. Christian Hacke, Köln 1988 [Kaiser: 1988]

Keller, Dietmar/Kirchner, Matthias: Biermann und kein Ende, Berlin 1991 [Keller/Kirchner: 1991]

Keworkow, Wjatscheslaw: Der geheime Kanal. Moskau, der KGB und die Bonner Ostpolitik, Berlin 1995 [Keworkow: 1995]

Kissinger, Henry A.: Memoiren 1968–1973, München 1979 [Kissinger: 1979]

Ders.: Die Vernunft der Nationen. Über das Wesen der Außenpolitik, Berlin 1994 [Kissinger: 1994]

Kleines Politisches Wörterbuch, Ost-Berlin 1967 [Kl. Polit. Wörterbuch: 1967]

Kleinschmid, Harald: »Das nützliche Korrektiv«, in: DA 1977 (10), 1011–1017 [Kleinschmid: 1977]

Kleinwächter, Wolfgang: Massenmedien und internationale Beziehungen, in: Deutsche Außenpolitik 1977 (10), 78–92 [Kleinwächter: 1977]

Kleßmann, Christoph: Opposition und Dissidenz in der Geschichte der DDR, in: APuZ 1991 (5), 52–62 [Kleßmann: 1991]

Klotzbach, Kurt: Der Weg zur Staatspartei. Programmatik, praktische Politik und Organisation der deutschen Sozialdemokratie 1945 bis 1965, Berlin, Bonn 1982 [Klotzbach: 1982]

Knabe, Hubertus (Hg.): Aufbruch in eine andere DDR. Reformer und Oppositionelle zur Zukunft ihres Landes, Hamburg 1989 [Knabe: 1989]

Ders.: Stille Verkehrung der Fronten. Sind die ehemaligen Bürgerrechtler zu sehr auf die Vergangenheit fixiert?, in: FAZ v. 28. 3. 1996, 11 [Knabe: 1996]

Knötzsch, Dieter: Innerkommunistische Opposition. Das Beispiel Robert Havemann. Modellanalyse, Opladen 1968 [Knötzsch: 1968]

Kosing, Alfred/Schmidt, Walter: Nation und Nationalität in der DDR, in: DA 1975 (11), 1221–1228 (ebenfalls abgedruckt in: ND v. 15. 2. 1975) [Kosing/Schmidt: 1975]

Ders.: Nation in Geschichte und Gegenwart. Studie zur historisch-materialistischen Theorie der Nation, Ost-Berlin 1976 [Kosing: 1976]

Krol, Gerd-Jan: Die Wirtschaftsreform in der DDR und ihre Ursachen, Tübingen 1972 [Krol: 1972]

Krzeminski, Adam: Polen im 20. Jahrhundert. Ein historischer Essay, München 1993 [Krzeminski: 1993]

Kusmin, Iwan: Die Verschwörung gegen Honecker, in: DA 1995 (3), 286–290 [Kusmin: 1995]

Kwizinskij, Julij A.: Vor dem Sturm. Erinnerungen eines Diplomaten, Berlin 1993 [Kwizinskij: 1993]

Lahann, Birgit: Genosse Judas. Die zwei Leben des Ibrahim Böhme, Reinbek bei Hamburg 1994 [Lahann: 1994]

Larrabee, Stephen F.: Soviet Policy toward Eastern Europe: Interests, Instruments and Trends, in: Laird, Robbin F./Hoffmann, Erik P. (eds.): Soviet Foreign Policy in a Changing World, New York 1986, 531–548 [Larrabee: 1986]

Laudon, Louis: Kommt das europäische Schisma? in: DA 1976 (2), 153–165 [Laudon: 1976]

Lemke, Michael: Eine neue Konzeption? Die SED im Umgang mit der SPD 1956 bis 1960, in: Kocka, Jürgen (Hg.): Historische DDR-Forschung, Berlin 1993, 361–377 [Lemke: 1993]

Leonhard, Wolfgang: Kreml ohne Stalin, Köln 1959 [Leonhard: 1959]

Leptin, Gerd: Das »Neue ökonomische System« Mitteldeutschlands, in: Thalheim, Karl. C.: Wirtschaftsreformen in Osteuropa, Köln 1968, 100–130 [Leptin: 1968]

Meyers Enzyklopädisches Lexikon, Bd. 22, Mannheim, Wien, Zürich 1978, 285 [Lexikon: 1978]

Mitter, Armin/Wolle, Stefan: Untergang auf Raten. Unbekannte Kapitel der DDR-Geschichte, München 1993 [Mitter/Wolle: 1993]

Lexikon des Sozialismus, hrsg. v. Meyer, Thomas/Klär, Karl-Heinz/Miller, Susanne/Novy, Klaus/Timmermann, Heinz, Köln 1986 [Lexikon: 1986]

Link, Werner: Außen- und Deutschlandpolitik in der Ära Schmidt 1974–1982, in: Jäger, Wolfgang/ders.: Republik im Wandel 1974–1982. Die Ära Schmidt (= Geschichte der Bundesrepublik Deutschland, Bd. 5/II), Stuttgart 1987 [Link: 1987]

Ders.: Der Ost-West-Konflikt. Die Organisation der internationalen Beziehungen im 20. Jahrhundert, 2. überarb. u. erw. Aufl., Stuttgart u. a. 1988 [Link: 1980]

Lorenz, Thomas: Interview mit Günter Sarge v. 18. 9. 1991 (unveröff. Manuskript) [Lorenz: o. J.]

Ludz, Peter Christian: Eurocommunism and Its Influence on the Social Democratic Party in West Germany, in: Schwab, George (ed.): Eurocommunism. The Ideological and Political-Theoretical Foundations, London 1981, 55–80 [Ludz: 1981]

Marcum, John A.: Lessons of Angola, in: Foreign Affairs 1976 (3), 407–425 [Marcum: 1976]

Marx, Karl: Die Frühschriften, hrsg. v. Landshut, Siegfried, Stuttgart 1968 [Marx: 1968]

Ders./Engels, Friedrich: Zur Geschichte des Bundes der Kommunisten, 5. Aufl., Ost-Berlin 1974 [Marx/Engels: 1974]

Materialien der Enquete-Kommission »Aufarbeitung von Geschichte und Folgen der SED-Diktatur in Deutschland« (12. Wahlperiode des Deutschen Bundestages), hrsg. vom Deutschen Bundestag, Baden-Baden, Frankfurt a. M. 1995 [»Materialien« werden zitiert mit ihrer jeweiligen Bandangabe]

Mayer, Tilman (Hg.): Jakob Kaiser, Gewerkschafter und Patriot. Eine Werkauswahl, Köln 1988 [Mayer: 1988]

Meissner, Boris (Hg.): Die deutsche Ostpolitik 1961–1970, Köln 1970 [Meissner: 1970]

Ders.: Der sowjetische Nationsbegriff und die Frage des Fortbestands der deutschen Nation, in: EA 1977, 315–324 [Meissner: 1977]

Ders.: Die Sowjetunion im Umbruch, Stuttgart 1988 [Meissner: 1988]

Merseburger, Peter: Grenzgänger. Innenansichten der anderen deutschen Republik, München 1988 [Merseburger: 1988]

Mettke, Jörg R.: Das Draufsatteln reicht nicht aus. Provozierende Anmerkungen zur Deutschlandpolitik, in: Vorwärts v. 18. 11. 1976, 3 [Mettke: 1976]

Minnerup, Günter: Politische Opposition in der DDR vor dem Hintergrund der Reformdiskussion in Osteuropa, in: Die DDR im 40. Jahr. 22. Tagung zum Stand der DDR-Forschung, Köln 1989, 66–74 [Minnerup: 1989]

Mittag, Günter: Um jeden Preis. Im Spannungsfeld zweier Systeme, Berlin 1991 [Mittag: 1991]

Müller-Enbergs, Helmut: Der Fall Rudolf Herrnstadt. Tauwetterpolitik vor dem 17. Juni, Berlin 1991 [Müller-Enbergs: 1991]

Ders.: Das Zusammenspiel von Staatssicherheitsdienst und SED nach der Selbstverbrennung des Pfarrers Oskar Brüsewitz aus Rippicha am 18. August 1976, hrsg. vom BStU, Abt. Bildung und Forschung, Reihe B: Analysen u. Berichte 2/93), Berlin 1993 [Müller-Enbergs: 1993]

Ders./Schmoll, Heike/Stock, Wolfgang: Das Fanal. Das Opfer des Pfarrers Brüsewitz und die Evangelische Kirche, Frankfurt a. M., Berlin 1993 [Müller-Enbergs u. a.: 1993a]

Mytze, Andreas (Hg.): Wolf Biermann. Materialsammlung (= europäische ideen, Sonderheft), London u. a. 1977 [Mytze: 1977]

Naumann, Gerhard/Tümpler, Eckhard: Von Ulbricht zu Honecker. 1970 – ein Krisenjahr der DDR, Berlin 1990 [Naumann/Tümpler: 1990]

Nicklauß, Karlheinz: Kanzlerdemokratie. Bonner Regierungspraxis von Konrad Adenauer bis Helmut Kohl, Stuttgart 1988 [Nicklauß: 1988]

Niemann, Heinz F.: Der sogenannte »Bund Demokratischer Kommunisten Deutschlands« in der Opposition und Dissidenz der DDR. Zu einem Artikel von Christoph Kleßmann in Aus Politik und Zeitgeschichte, in: DA 1991 (5), 533–538 [Niemann: 1991]

Ders.: Als Honecker und Schmidt sich einig waren ..., in: ND v. 27. 7. 1994, 8 [Niemann: 1994]

Noelle-Neumann, Elisabeth: Wie disponibel ist das Nationalgefühl? (1982), in: dies.: Demoskopische Geschichtsstunde. Vom Wartesaal zur Deutschen Einheit, Zürich 1991 [Noelle-Neumann: 1991]

Norden, Albert: Alles schon mal dagewesen, in: Weltbühne v. 17. 1. 1978, 65–69 [Norden: 1978]

Oldenburg, Fred: Die Demontage des Erich Honecker. Trotz Wehner und Nollau: Wer steht hinter der DDR-Charta?, in: DZ v. 20. 1. 1978, 4 [Oldenburg: 1978]

Otto, Wilfriede: Opposition und Widerstand zwischen Hoffnung und Enttäuschung, in: Ansichten zur Geschichte der DDR, Bd. III, Bonn, Berlin 1994, 227–255 [Otto: 1994]

Paes, Thomas: Die Carter-Administration und die Regierung Schmidt (1977–1981), Rheinfelden, Berlin 1991 [Paes: 1991]

Pelikán, Jiri/Wilke, Manfred: Menschenrechte. Ein Jahrbuch zu Osteuropa, Reinbek bei Hamburg 1977 [Pelikán/Wilke: 1977]

Philosophisches Wörterbuch, hrsg. v. Buhr, Manfred/Klaus, Georg, Leipzig o. J. (1964) [Philos. Wörterbuch: o. J.]

Poppe, Ulrike/Eckert, Rainer/Kowalczuk, Ilko-Sascha (Hg.): Zwischen Selbstbehauptung und Anpassung. Formen des Widerstandes und der Opposition in der DDR, Berlin 1995 [Poppe u. a.: 1995]

Potthoff, Heinrich: Die Koalition der Vernunft. Deutschlandpolitik in den 80er Jahren, München 1995 [Potthoff: 1995]

Prokop, Siegfried: »Doppelt hält besser«. Hermann von Berg – ein deutscher »Fall«, in: Der Neue Pester Lloyd v. 18. 1. 1995, 2 [Prokop: 1995]

Prowe, Diethelm: Die Anfänge der Brandtschen Ostpolitik in Berlin 1961–1963. Eine Untersuchung zur Endphase des Kalten Krieges, in: Benz, Wolfgang/Graml, Hermann (Hg.): Aspekte deutscher Außenpolitik. Aufsätze Hans Rothfels zum Gedächtnis, Stuttgart 1976, 249–286 [Prowe: 1976]

Przybylski, Peter: Tatort Politbüro. Die Akte Honecker, Berlin 1991 [Przybylski: 1991]

Petzina, Dietmar: Deutsch-deutsche Wirtschaftsbeziehungen nach dem Zweiten Weltkrieg – eine Bilanz, in: Jeismann, Karl-Ernst (Hg.): Einheit – Freiheit – Selbstbestimmung, Frankfurt a. M., New York 1988, 179–201 [Petzina: 1988]

Rexin, Manfred: Maulkorb für Korrespondenten, in: DA 1979 (4), 449–450 [Rexin: 1979]

Riese, Hans-Peter (Hg.): Bürgerinitiative für Menschenrechte. Die tschechoslowakische Opposition zwischen dem »Prager Frühling« und der »Charta 77«, Köln, Frankfurt a. M. 1977 [Riese: 1977]

Roesler, Jörg: Zur Wirtschaftsreform der DDR in den 60er Jahren, in: ZfG 38, 1990 (11), 979–1003 [Roesler: 1990]

Ders.: Zwischen Plan und Markt. Die Wirtschaftsreform in der DDR zwischen 1963 und 1970, Freiburg i. Br. 1990 [Roesler: 1990a]

Roggemann, Herwig: Die DDR-Verfassungen. Einführung in das Verfassungsrecht der DDR, West-Berlin 1989 [Roggemann: 1989]

Rühle, Jürgen: Eurokommunismus – Arzt an wessen Krankenbett?, in: DA 1977 (4), 344–346 [Rühle: 1977]

Saage, Richard: Politische Utopien der Neuzeit, Darmstadt 1991 [Saage: 1991]

Schabowski, Günter: Der Absturz, Berlin 1991 [Schabowski: 1991]

Schapiro, Leonard (ed.): Political Opposition in One-Party States, London 1972 [Schapiro: 1972]

Schenk, Fritz: Magie der Planwirtschaft, Köln, West-Berlin 1960 [Schenk: 1960]

Ders.: Rudolf Bahro und das Dilemma des Marxismus-Leninismus, in: DA 1978 (5), 469–472 [Schenk: 1978]

Schirdewan, Karl: Fraktionsmacherei oder gegen Ulbrichts Diktat?. Eine Stellungnahme vom 1. Januar 1958, hrsg. von Bretschneider, Günther/Libera, Kurt/Wilhelm, Rena, in: BZG 1990 (4), 498–512 [Schirdewan: 1990]

Ders.: Aufstand gegen Ulbricht, Berlin 1994 [Schirdewan: 1994]

Schmidt, Helmut: Menschen und Mächte, Berlin 1987 [Schmidt: 1987]

Ders.: Die Deutschen und ihre Nachbarn. Menschen und Mächte II, Berlin 1990 [Schmidt: 1990]

Schmidt, Rudolf: Angola – ein internationaler Konflikt, in: Außenpolitik 27, 1976 (4), 460–471 [Schmidt: 1976]

Schultze, Harald: Das Signal von Zeitz. Reaktionen der Kirche, des Staates und der Medien auf die Selbstverbrennung von Oskar Brüsewitz 1976. Eine Dokumentation, hrsg. in Verbindung mit Bäumer, Friedrich-Wilhelm/Bräuer, Siegfried/Henkys, Reinhard/Krusche, Werner/Onnasch, Martin, Leipzig 1993 [Schultze: 1993]

Schulz, Hans-Dieter: Schwerpunkte der Wirtschaftspolitik, in: DA 1972 (5), 499–503 [Schulz: 1972]

Ders: »Alles andere als ein Spaziergang«, in: DA 1977 (12), 1236–1243 [Schulz: 1977]
Schumacher, Kurt: Reden – Schriften – Korrespondenzen 1945–1952, hrsg. v. Willy Albrecht, Berlin, Bonn 1985 [Schumacher: 1985]
Schütze, Gisela: Zwei Feste im Oktober. DDR-Jugend zwischen Opportunismus und Opposition, in: DA 1977 (12), 1243–1247 [Schütze: 1977]
Schweitzer, Roland: Die DDR und die nationale Frage, in: APuZ 1985 (51/52), 37–54 [Schweitzer: 1985]
Seiffert, Wolfgang: SED und nationale Frage, in: Venohr, Wolfgang (Hg.): Die deutsche Einheit kommt bestimmt, Bergisch-Gladbach 1982 [Seiffert: 1982]
Ders.: Die SED und die deutsche Frage. Analysen eines Zeitzeugen (Vortrag vor der Staats- und Wirtschaftspolitischen Gesellschaft in Hamburg), Hamburg 1984 [Seiffert: 1984]
Sethe, Paul: Öffnung nach Osten. Weltpolitische Realitäten zwischen Bonn, Paris und Moskau, Frankfurt a. M. 1966 [Sethe: 1966]
Siebenmorgen, Peter: »Staatssicherheit« der DDR, Bonn 1993 [Siebenmorgen: 1993]
Skilling, Harold Gordon: Charter 77 and Human Rights in Czechoslovakia, London 1981 [Skilling: 1981]
Soell, Hartmut: Die deutschlandpolitischen Konzeptionen der SPD-Opposition 1949–1961, in: Kosthorst, Erich/Gotto, Klaus/ders.: Deutschlandpolitik der Nachkriegsjahre. Zeitgeschichtliche und didaktische Ortsbestimmung, Paderborn 1976, 41–61 [Soell: 1976]
Ders.: Der junge Wehner. Zwischen revolutionärem Mythos und praktischer Vernunft, Stuttgart 1991 [Soell: 1991]
Spittmann, Ilse: Risiken des Wandels, in: DA 1977 (3), 225–229 [Spittmann: 1977]
Dies.: Frostiger Jahreswechsel, in: DA 1977 (1), 10–11 [Spittmann: 1977a]
Dies.: Balance zwischen Konflikt und Konsens, in: DA 1978 (8), 785–790 [Spittmann: 1978]
Staadt, Jochen: Die geheime Westpolitik der SED 1960–1970. Von der gesamtdeutschen Orientierung zur sozialistischen Nation (= Studien des Forschungsverbundes SED-Staat an der Freien Universität Berlin), Berlin 1993 [Staadt: 1993]
Stalin, Josef: Über die Grundlagen des Leninismus, Moskau 1947 [Stalin: 1947]
Staritz, Dietrich: Die SED und die Opposition, in: Mannheimer Berichte. Aus Forschung und Lehre an der Universität Mannheim, 1986 (30), 29–42 [Staritz: 1986]
Ders.: Die SED und die Opposition, in: Spittmann, Ilse (Hg.): Die SED in Geschichte und Gegenwart, Köln 1987, 78–97 [Staritz: 1987]
Statistisches Jahrbuch der Deutschen Demokratischen Republik 1980. Jahrgang 25, hrsg. v. der Staatlichen Zentralverwaltung für Statistik, Ost-Berlin 1980 [Stat. Jahrbuch: 1980]
Steiner, André: Abkehr vom NÖS. Die wirtschaftspolitischen Entscheidungen 1967/68 – Ausgangspunkt der Krisenprozesse 1969/70?, in: Černý, Jochen: Brüche, Krisen, Wendepunkte. Neubefragung von DDR-Geschichte, Leipzig, Jena, Berlin 1990, 247–253 [Steiner: 1990]
Steinkühler, Manfred: Eurokommunismus im Widerspruch. Analyse und Dokumentation, Köln 1977 [Steinkühler: 1977]
Ders.: Ursprung und Konzept des Eurokommunismus, in: DA 1977 (4), 347–349 [Steinkühler: 1977a]

Stephan, Gerd-Rüdiger: Zwei Moskauer »Germanisten« schauen zurück, in: DA 1994 (12), 1312–1316 [Stephan: 1994]
Stern, Carola: Ulbricht. Eine politische Biographie, Köln, Berlin 1963 [Stern: 1963]
Stöckigt, Rolf: Ein Dokument von großer historischer Bedeutung, in: BZG 1990 (5), 648–654 [Stöckigt: 1990]
Texte zur Deutschlandpolitik, hrsg. v. Bundesministerium für innerdeutsche Beziehungen [Texte werden zitiert mit Serien- und Bandnummern. Serie I: 13. 12. 1966–20. 6. 1973; Serie II: 22. 6. 1973–1. 10. 1982; Serie III: 13. 10. 1982–31. 12. 1990]
Thalheim, Karl C.: Die Wirtschaft im »real existierenden Sozialismus« und im Kommunismus, in: DA 1978 (11), 1160–1171 [Thalheim: 1978]
Timmermann, Heinz: Eurokommunismus – eine Herausforderung für Ost und West, in: DA 1976 (12), 1276–1298 [Timmermann: 1976]
Ders.: Die Konferenz der europäischen Kommunisten in Ost-Berlin, in: EA 1976, 599–608 [Timmermann: 1976a]
Ders.: Carillo, Moskau und die SED, in: DA 1977 (8), 789–794 [Timmermann: 1977]
Ders.: Ost-Berlins Beziehungen zu Jugoslawien und »Eurokommunisten«, in: DA 1977 (9), 949–965 [Timmermann: 1977a]
Tuchman, Barbara: In Geschichte denken. Essays, Düsseldorf 1982 [Tuchman: 1982]
Verhandlungen des Deutschen Bundestages. Stenographische Berichte [werden zitiert mit Angabe der jeweiligen Wahlperiode, der Sitzung und des Datums; z. B. 8. Wahlperiode, 67. Sitzung, Bonn, den 19. 1. 1978, 1234 = Verhandlungen/Bundestag 8/67 (19. 1. 1978), 1234]
Vogt, Michael: Nationalismus von links. Die deutsche Frage aus sozialistischer Sicht 1848–1985, in: Willms, Bernard (Hg.): Handbuch zur Deutschen Nation, Bd. 1, Tübingen, Türich, Paris 1986, 135–202 [Vogt: 1986]
Volze, Armin: Geld und Politik in den innerdeutschen Beziehungen 1970–1989, in: DA 1990 (3), 382–387 [Volze: 1990]
Weber, Hermann (Hg.): Der deutsche Kommunismus. Dokumente, Köln 1963 [Weber: 1963]
Ders.: Demokratischer Kommunismus? Zur Theorie, Geschichte und Politik der kommunistischen Bewegung, Hannover 1969 [Weber: 1969]
Ders.: Der dritte Weg, in: DA 1978 (9), 921–927 [Weber: 1978]
Ders.: DDR. Grundriß der Geschichte 1945–1990, vollst. überarb. u. erg. Neuaufl., Hannover 1991 [Weber: 1991]
Ders.: Die DDR 1945–1990, 2., überarb. u. erw. Aufl., München 1993 [Weber: 1993]
Wehner, Herbert: Der Grundirrtum Ulbrichts. Die gesamtdeutsche Aufgabe der deutschen Arbeiterklasse völlig verkannt, in: Vorwärts v. 15. 2. 1957, 3 [Wehner: 1957]
Ders.: Ulbrichts Dolchstoß gegen den Deutschlandplan, in: Vorwärts v. 10. 4. 1959, 1 [Wehner: 1959]
Weidenfeld, Werner/Korte, Karl-Rudolf (Hg.): Handbuch zur deutschen Einheit, Frankfurt a. M., New York 1993 [Weidenfeld/Korte: 1993]
Wettig, Gerhard: Die Sowjetunion, die DDR und die Deutschlandfrage 1965–1976, Stuttgart 1977 [Wettig: 1977]
Ders.: Sowjetische Wiedervereinigungsbemühungen im ausgehenden Frühjahr 1953?, in: DA 1992, 943–958 [Wettig: 1992]

Ders.: Neue Gesichtspunkte zur sowjetischen Note von 1952?, in: DA 1994 (4), 416–421 [Wettig: 1994]

Winters, Peter Jochen: Mehr als eine Kaffeekrise, in: DA 1977 (12), 1233–1236 [Winters: 1977]

Wolter, Ulf (Hg.): Antworten auf Bahros »Herausforderungen des Sozialismus«, West-Berlin 1978 [Wolter: 1978]

Woods, Roger: Opposition in the GDR under Honecker 1971–1985, Houndsmill, London 1986 [Woods: 1986]

Das Wörterbuch der Staatssicherheit. Definitionen des MfS zur »politisch-operativen Arbeit«, hrsg. vom BSTU, Abt. Bildung und Forschung, Reihe A: Dokumente 1/1993, 2. Aufl., Berlin 1993 [Wörterbuch: 1993]

Ziegler, Gottfried: Die Haltung von SED und DDR zur Einheit Deutschlands 1949–1987, Köln 1988 [Ziegler: 1988]

Zitelmann, Rainer: Demokraten für Deutschland. Adenauers Gegner – Streiter für Deutschland, Frankfurt a. M., Berlin 1993 [Zitelmann: 1993]

Ders.: Neutralitätsbestrebungen und Westorientierung, in: ders./Weißmann, Karlheinz/Großheim, Michael (Hg.): Westbindung. Chancen und Risiken für Deutschland, Frankfurt a. M., Berlin 1993 [Zitelmann: 1993a]

Danksagung

Zahlreiche Menschen haben mir geholfen, diese Studie zu schreiben. Bei ihnen möchte ich mich abschließend bedanken:

Prof. Dr. Dr. Hermann von Berg hat viele Stunden lang geduldig meine Fragen beantwortet. Ohne sein Entgegenkommen und seine Bereitschaft, mich zu unterstützen, wäre mein Vorhaben von Anfang an aussichtslos gewesen. Gleiches gilt für Ulrich Schwarz, der mir ausführlich über seine Erlebnisse als Korrespondent in Ost-Berlin berichtet hat. Darüber hinaus verdanke ich ihm manchen wichtigen Hinweis, manche interessante Anregung. Allen anderen Zeitzeugen, die mir Rede und Antwort gestanden haben, sei ebenfalls herzlich gedankt.

Die kompetenten und kooperativen Mitarbeiter der »Stiftung Archiv der Parteien und Massenorganisationen der ehemaligen DDR« im Bundesarchiv haben mir auf angenehm unkomplizierte Weise geholfen, mich in den Aktenbergen des ehemaligen Parteiarchivs zurechtzufinden. Frau Kopka von der »Behörde des Bundesbeauftragten zur Sicherung der Unterlagen des Staatssicherheitsdienstes der ehemaligen DDR« hat alles in ihren Kräften Stehende getan, mir den nicht immer einfachen Umgang mit ihrer Behörde zu erleichtern.

Jacques Schuster hat nicht nur mein Interesse am »Manifest« geweckt; er hat mir außerdem im Verlauf meiner Recherchen immer wieder wertvolle Ratschläge gegeben. Frank Müllers und Sven Kellerhofs fundierte, konstruktive Kritik hat meine Argumentation stringenter, meinen Text lesbarer gemacht. Christina Klett und Karen Niehues danke ich für die Sorgfalt, mit der sie das Manuskript auf orthographische, stilistische und inhaltliche Fehler durchgesehen haben.

Ganz besonderen Dank schließlich schulde ich Prof. Dr. Arnulf Baring. Er hat meine Arbeit mit außergewöhnlichem Engagement begleitet. Seine oft unorthodoxen, stets pointierten Anregungen haben meinen Überlegungen mehr als einmal eine neue, erhellende Richtung gewiesen. Seine Kritik ist mir Ansporn, sein Interesse an meiner Arbeit Ermutigung gewesen.

Personenregister

Seitenangaben mit * verweisen auf eine Fußnote.

Angaben zum Autor

DOMINIK GEPPERT
Jahrgang 1970, Studium der Geschichte, Philosophie und Rechtswissenschaft in Freiburg und Berlin, Mitarbeiter am Lehrstuhl für Zeitgeschichte und Internationale Beziehungen der Freien Universität Berlin, publizistische Tätigkeit u. a. für die *Frankfurter Allgemeine* und den *Spiegel*.